AF475078

KARL-HENRY LUNDIN 1921–2004

KARL-HENRY LUNDIN

Yrkesjägaren berättar

Memoarer

Andra upplagan

Grafisk form Markus Nikula, Instant Book
CKM Förlag
Box 49109, 100 28 Stockholm
Tel 08-651 39 70 info@ckm.se
Tryck: Instant Book AB, Stockholm 2009
ISBN 978-91-7040-069-8

Innehåll

Förord

Denna bok tillägnar jag min hustru Gun som under ett halvt sekel skött jägarhemmet med stor kärlek och omsorg. Hennes lugn och tålamod har gett familjen all den trygghet och livsglädje som jag och barnen kunnat önska oss.

Karl-Henry Lundin

STAVSJÖ I MAJ 2000

I

Uppväxten

En grupp orrtuppar plockade i sig björkknopp.

Min musik

Decembermorgon anno 1925 några mil söder om Skövde. Tjälad barmark. De rimfrostklädda enbuskarna i hagen bakom ladugården lyste nästan vita mot den gamla gärdesgården som var gräns mot grannens skogklädda skifte, där björkrisets lilatonade färg blandades med gnistrande vit rimfrost.

Mitt i allt detta vackra klängde en grupp orrtuppar omkring och plockade i sig björkknopp medan de sällskapligt småkuttrade. Ett par kilometer bortom, och över björkarnas toppar, skymtade Plantabergets sluttning. Solen var på väg upp. Allt var betagande vackert. Jag var fyra år och stod utanför ladugårdsknuten i stum beundran. Skönheten i det julkort jag såg framför mig etsade sig så grundligt fast att jag ännu har detaljerna i denna smakfulla komposition i klart minne. Men dagen skulle ha mer fantastiskt att bjuda på.

Far hade en stövare som hette Stej. Redan då jag började krypa omkring på golvet hade han utsett sig själv till min ständige följeslagare och livvakt. Ingen främmande människa tilläts att komma i min närhet. Katten förvisades till vrån invid dörren.

När jag hade börjat få vistas utomhus gjorde Stej och jag långa vandringar i markerna. Han gick alltid vid min sida. Om jag blev trött och satte mig ner, lade han sig bredvid mig och jag kunde vila en stund med Stej som huvudkudde. Tryggare kan ingen vara.

Om vi stötte upp en hare gjorde han kanske ett eller annat språng efter haren, men insåg genast att hans bevakningsuppgift inte tillät några hardrev och vände tillbaka.

Stej hade beslutat att det fanns ett undantag från bevakningsregeln. När far tog på sig jaktkläderna och hakade ner torparbössan (Husqvarnas billigaste variant av hagelbössor kallades så) från spiken tittade Stej urskuldande på mig och började en dans runt far. Möjligheten att få jaga räv gick nämligen före allting annat.

En stund före gryningen denna underbart vackra morgon hade min far och Stej följts åt för att jaga räv. Nu hördes Stejs kraftfulla stämma från berget där en gammelräv ritade ut vida bukter. Plötsligt ökade ljudet i styrka. Drevet kom brusande utför sluttningen och hördes allt starkare.

Där! Där utmed gärdesgården som avgränsade beteshagen i västra kanten, kom den fullpälsade mickeln i full fart med Stej trehundra meter efter. Ett par hagelhåll innan gärdesgårdshörnet vek räven av mot den stenmur som kantade hagen mot norr och hoppade över.

Därefter sprang han diagonalt över en åker för att i skydd av en annan stenmur söka sig mot dalgångens björkhagar och vidare mot Brunnhemsberget en mil bort. Han kände trakten väl och visste precis vilka vägar han skulle ta för att visa sig så lite som möjligt.

Far kom hem strax efteråt och var besviken. Han hade sett räven men på något för långt håll. Nu skulle Stej sannolikt inte komma hem förrän framåt natten. Jag berättade med stor iver om det intressanta jag sett och om vilka vägar räven valt. Far gick in i köket för att få en kopp kaffe. Bössan ställde han i hörnet vid förstudörren. Jag stannade kvar ute på gården.

Plötsligt hörde jag Stejs skall på nytt. Räven hade genom människors verksamhet hindrats från att ta sig fram den väg som han hade tänkt välja. Han föredrog att vända om mot Plantaberget. Jag rusade med ilbud in till far som kastade bullen på bordet, grep bössan och sprang för att ställa sig på pass intill gärdesgården. Det var ju jag som varskott så jag tyckte att jag hade rätt att få vara med och sprang efter.

Då far stannat upp bakom den stora enbusken där han tänkte stå, fick han se att jag kom efter. Han gjorde ett stopptecken. Och det var hög tid för Stejs skall hördes nu ganska nära. Där! Där slank räven över stenmuren! Men nu hade han tänkt att springa parallellt med den väg han valt en stund tidigare. Han kom nästan rakt mot mig. Fortsatte han i den riktningen skulle far få för långt håll det visste jag. Far hade lärt mig.

Jag kröp ner vid en enbuske. Jag borde kunna skrämma räven så att den kom närmare far. När räven var tjugo meter bort reste jag mig upp och skrek till. Mickel tvärstannade i försvarsställning med huvudet lågt och svansen rakt upp. Nu fick jag bevittna en gammelrävs fenomenala förmåga att blixtsnabbt avgöra om en uppkommen situation betydde fara eller ej. En snorunge var ofarlig. Han fällde ner svansen, stramade upp sig, girade en aning och promenerade förbi mig på tio meters håll. Då sparkade jag av mig trätofflorna och kastade den ena framför honom.

Han gick fräckt fram och nosade på den. Då träffade den andra toffeln ett av hans framben. Nu hoppade han högt i luften och satte full fart i riktning mot min far. Hagelhållet blev en aning för långt. Räven rullade runt i skottet men var blixtsnabbt på fötter igen. Han hade fått ett ben avskjutet och tvärvände samtidigt som han slank ner i en svacka som var tillräckligt djup för att skydda honom. Far kom inte åt att skjuta ett andra skott.

Stej var snart ikapp honom. Nu hördes ståndskall från granngården och vi skyndade dit. Räven hade krupit in under en dörr som lagts upp på ett par stockar bakom dasset. Stej stod ovanpå dörren och skällde. När han fick se oss repade han mod. Han for in under dörren och släpade fram räven, grep honom snabbt över ryggen och skakade honom våldsamt. Han visste hur en skadad Mickel skulle behandlas. När han släppte sitt grepp låg räven livlös på marken. Trodde vi! Stej gick fram till mig och strök sig mot mig. Han sökte min blick med svansen svängande fram och tillbaka. Han var lycklig, han också.

När vi gick hemåt över tjälade plöjen gick jag på fars högra sida. På vänster axel bar han bössan. Men den hade jag sett förut. Räven i fars högerhand var däremot högintressant. Plötsligt, då Stej travade förbi, såg jag att räven följde honom med blicken. Mickel höll på att vakna till liv, så jag sa till far. Han bad mig hålla bössan. Sedan fattade han räven i bakbenen och slog honom med våldsam kraft mot en plogtilta. Mickel gick över till sällare jaktmarker där det förmodligen vimlar av sork eller andra läckerheter, och där inga snorungar kastar träskor.

Denna min första jakt minns jag i detalj. Jag minns bland annat att när far stod och flådde räven bad han att jag skulle dra tillbaka näsan. Min nyfikenhet gjorde att han inte såg var han skar.

Det stora rävskinnet hade hög kvalitet. Uppköparna bjöd över varandra på marknaden i Skövde. Åttio kronor blev högsta bud och det var stora pengar på den tiden. Som jämförelse kan nämnas att Valdemar, fars förträfflige dräng, hade som full dränglön trettio kronor i månaden plus kost och logi. Ett högklassigt rävskinn var således nästan värt tre månaders dränglön.

Innan jag kröp i säng efter denna min första jaktdag och drömde om undersköna rävar och dito orrar i topp, hade jag vägen utstakad. "Detta skulle hädanefter bliva min musik!" Jag hade då i mors närvaro påpekat för far att utan min hjälp hade han inte fått räven. Jag krävde att i fortsättningen få följa med far och stå bakom honom på passet. Han lovade, och från mor hördes en djup suck.

Bland gårdens djur var som sagt Stej min speciella favorit. Men jag hade också stort intresse för de övriga djuren på gården. När ungar kom till världen brukade jag som alla barn kela med dem. Till och med lammungarna, trots att fåren annars gick mig på nerverna. I självhushållets tidevarv behövdes deras ull, men fåren som hade sin kätte i ladugården kunde aldrig hålla tyst. Jag hade möss och fågelungar av olika slag i små burar. Allt studerades med stort intresse.

Min syster hade lärt mig att läsa, och bland den litteratur som fanns att tillgå i vårt hem var Brehms *Djurens lif* en oöverträffad delikatess. Där kunde jag bland annat lära mig att huggormshonan klättrar upp i en buske då hon föder sina ungar. Det skulle vara nödvändigt eftersom de små tegelröda honorna, som kallades äspingar, var mycket ilskna och giftiga. Detta tyckte jag borde vara intressant att undersöka.

Far hade köpt ett stort ystkar på auktionen efter ett nedlagt mejeri. Det hade en bottenyta på ett par kvadratmeter och drygt en meter höga, lodräta väggar. Men det var inte karet han ville komma åt utan innehållet, det var fyllt av en massa småprylar som skulle komma väl till pass. Själva karet blev stående oanvänt i ett uthus, men för mina planer skulle det passa bra.

I karets centrum spikade jag fast en videbuske som jag grävt upp med rötterna. Byggde ett litet stenrös omkring och täckte stenarna med grästorvor. Sedan fångade jag en jättestor huggormshona som uppenbarligen var färdig att nedkomma med en kull. Hon fick sällskap med fem mindre huggormar. De fick bo tillsammans med honan i deras gemensamma hem i karet.

Några möss fick umgås med ormarna vilket kanske inte var särskilt angenämt. Tanterna i granngårdarna förfasade sig över att jag tilläts umgås med sådana lekkamrater. Mor var orolig. En morgon var tappen borta som fanns vid karets botten. Alla ormarna jämte möss hade rymt. Far tillät inte att jag fångade nya. Så jag har aldrig fått se en huggormshona föda sin kull uppe i en buske. En lucka i utbildningen.

Det nästan sjukliga intresset för djur av olika slag tycks ha gått i arv till vår dotterdotter. Som litet barn kunde hon sitta långa stunder och studera en mask, en larv eller en spindel. När hon nu närmar sig tonåren ägnar hon nästan all ledig tid åt att pyssla om de många djuren på en lantgård. Ack ja!

Barndomsåren

I likhet med andra på den svenska landsbygden föddes jag i mina föräldrars hem. I det här fallet en liten bondgård på gränsen mellan skog och jordbruksbygd.

Av min mors berättelser att döma var jag ganska besvärlig redan från början. Hon klagade över att jag sov för lite, och en unge som har litet sömnbehov har förmåga att effektivt störa nattsömnen för sina föräldrar. Därtill kom att jag lärde mig gå ganska tidigt. Sedan jag förvärvat den färdigheten fordrade jag att få komma upp ur sängen så fort jag öppnat de blå, även om klockan bara var fyra på morgonen.

Ett barn i den åldern kan inte tillåtas att härja fritt. Stej blev något av räddningen. Han tyckte mycket om barn så han och jag blev verkligen förtjusta i varandra. En bättre barnvakt får man leta efter. Han tillät till och med att jag stal hans mat som alltid brukade serveras i köket.

Andra hundar (för att inte tala om kattjäkeln) fick hålla sig på avstånd. Stej ingav respekt. Han brukade lägga sig så nära mig som möjligt när jag lekte med byggklossarna eller andra leksaker.

Min två år äldre syster Karin, fick i likhet med andra äldre syskon hjälpa lillungen med både det ena och det andra. En bondmora hade inte tid att pyssla mer med sina barn än som var alldeles nödvändigt. Det hade vissa fördelar. Ungarna fick från början lära sig att lösa många problem på egen hand. Min mor hade en tung arbetsbörda men var alltid glad och humoristisk. Innan vi gick till sängs ägnade hon alltid en stund åt oss barn och vår sömn blev lugn och rofylld.

Mor föddes i ett bondehem och på hennes sida hade så vitt jag vet alla tidigare generationer mest sysslat med jordbruk. Ingen av hennes förfäder hade gjort sig känd för att lida av ett "sjukligt" intresse för jakt och natur.

Mitt allt överskuggande intresse för skog och fauna kom av allt att döma från min fars sida. Min farfars far var torpare under Rådene Herrgård som ligger vid foten av Billingen. Farfars första jobb fick han när han var sex år, då han efter kort inskolning blev vallpojk för herrgårdens kor. Efter morgonmjölkningen skulle korna lunka upp på berget och söka sin föda tills de mot kvällen drog sig hemåt för att bli mjölkade igen.

Vallpojkens uppgift var att hålla korna samlade och att tuta i luren om vargarna blev för närgångna. Om en varg bet sig fast i någon ko kunde man höra på kons nödrop vad som höll på att hända. Då skulle vallpojken rusa till undsättning och om han blåste i luren flydde vargarna. Två gånger kunde han på detta sätt rädda kvigor från att bli vargarnas byte. Det var inte småsaker man begärde av ett barn, men man visste att vargar har skräck för människor.

Efter några år som vallpojk fick farfar tjänstgöra som hantlangare åt godsets hantverkare. Han visade sig vara en gammaldags universalbegåvning och blev snabbt en kunnig byggnads- och möbelsnickare, murare, grov- och finsmed. Han behövde inte längre syssla med jordbruks- och skogsarbete som de andra torparna. Godsägarfrun såg till att han fick hålla gårdens byggnader i stånd, tillverka nya möbler och laga gamla. Han fick rycka in där han behövdes. Hemma på torpet ägnade han sig bland annat åt att tillverka väggur. När han gjort så många som kunde bäras på ryggen i en stor säck, gick han de sexton milen till Göteborg och sålde klockorna. Hans ur blev populära i besuttna kretsar och han fick undan för undan nya beställningar.

En av dem som beställt en klocka hade nyligen avlidit när farfar kom med leverans. Den bortgångne hade varit ivrig jägare och ägde en fin hagelbössa. Änkan frågade om hon kunde få lämna bössan som likvid för klockan. Farfar sysslade inte med jakt, men äldste sonen Johan som då var sexton år hade visat jaktintresse. Farfar vandrade hem som nybliven vapenägare.

Johan arbetade i godsets trädgård på sommaren och var friställd på vintern. Farfar utverkade nu tillstånd för Johan och min far Artur, som var tio år yngre, att få jaga på godsets marker.

Det fanns tydligen mycket skogsfågel på den tiden. Johan sköt ett stort antal orrtuppar när dessa på vintern flög ner till lövskogen som täckte sluttningarna och slog till i björkarna intill den uppsatta bulvanen. Artur fick följa med som bärare men fick också ibland ta över bössan. Sin första tupp sköt han som sexåring. Bröderna sköt också många tjädrar, rapphöns och en och annan hare.Varje vecka bar de sina ätbara byten till Skövde där de såldes på torget.

Viltskinn var på den tiden både efterfrågade och väl betalda, så varje vinter sköt pojkarna ett stort antal både rävar och ekorrar. Ett och annat utter- och mårdskinn kunde de också saluföra. Min far hade en skicklig läromästare och gick helt i sin brors fotspår.

Farbror Johan utvandrade som ganska ung till Amerika där han snart hade tjänat ihop en liten förmögenhet. När han gick bort i tidig ålder fick far ärva honom, och detta arv användes som grundplåt för inköp av den lilla gård där jag kom att växa upp.

Jakträtten tillhörde då som nu markägaren. Far tecknade jaktarrendekontrakt med ägarna till en lång rad fastigheter i trakten. Att någon arrenderade jakträtt var då mycket ovanligt. Jägarna var få. Den som ägde en bössa hade bara att börja jaga. Han kunde hålla på tills han blev bortkörd av markägaren eller av den eventuella jaktarrendatorn.

Kunde det inte bevisas att han blivit förbjuden att jaga på en viss mark, ville länsman inte befatta sig med en anmälan om olovlig jakt. Därför var det nödvändigt att "lysa av" jakten i ortspressen på alla de fastigheter där far arrenderade jakträtten. Eftersom alla gårdar måste räknas upp blev det en lång annons i Skaraborgs läns Annonsblad. Samma sak måste upprepas år efter år. Antalet jägare ökade snabbt. Det visade sig ha varit klokt att i god tid försäkra sig om jakträtt över stora områden.

Fars jaktintresse fanns kvar även sedan han köpt en egen gård, men jakttillfällena blev färre. Jordbruket tog nästan all tid under höstarna, och jordbrukstraktorer fanns inte ens på de stora gårdarna. Det tog tid att bruka jorden med hästar som var de snabbaste dragarna att tillgå.

Utöver själva jordbruket fanns massor av andra tidskrävande sysslor på ett småjordbruk. Det hjälpte inte att drängen Valdemar var stor, stark, kunnig och pålitlig. På hösten blev det bara en stunds jakt på söndagarna för min far. Älgjaktdagarna (licensjakt kom till senare) var ju heliga. Någorlunda gott om tid blev det först sedan höstplöjningen var klar, och då var det rävjakt med stövare som lockade mest.

Far hade även en annan hobby. Han var medlem i Kavlås skytteförening och tävlade med stor framgång. Det var Mausergevär modell 96 med öppna riktmedel som gällde. Den som studerade resultatlistorna från såväl riksskyttetävlingarna som tävlingar på länsplanet, hittade ofta namnet Artur Lundin bland de som låg i toppen. Han var den ende som lyckats bli förbundsmästare två gånger och hans framgångar gav honom det smickrande smeknamnet "Skytten".

Mitt tidiga intresse för djurlivet såväl på gården som ute i markerna samt lusten att jaga, är således lätt att förstå. Mina första stapplande steg på Dianas stigar följdes med stort intresse av Stej. Gödselvården vid ladugårdarna var inte så välordnad som idag. Urinbrunnar och cementerade gödselbottnar fanns över huvudtaget inte. På väl tillrättalagda plankor kärrades gödseln ut från stallar och fähus och tömdes direkt på marken.

När dynghögen forslades vidare och spriddes ut på åkrarna, följde alltid en del av jorden under gödseln med. Det bildades en grop där gödsel, urin och regnvatten samlades. Detta bidrog säkert till att det brukade finnas gott om flugor som sökte sig in i gårdarnas bostadshus. Min mor bekämpade flugorna i köket med stor iver. Hemgjorda flugsmällare av en läderlapp fastspikad på träskaft var hennes mest effektiva vapen. Jag iakttog hennes jakt med spänning och gjorde tafatta försök att själv decimera flugbeståndet. Stej tittade på och gjorde höga hopp efter flugor som jag "skadsköt".

Jag hade sett hur far tränade med såväl Mausern som hagelbössan. Därför brukade jag inleda mina jaktraider med att försöka blunda på ena ögat och sikta med flugsmällan. Kanske var det denna inledning som gav min far idén att ge mig ett eget vapen, vilket visade sig vara som gjort för flugjakt. Jag blev både glad och stolt över gåvan. Vapnet var ett leksaksgevär där en pil med sugkopp i spetsen trycktes in i pipan och hakade fast. Genom flitig träning lärde jag mig att med gevärets hjälp förvandla flugorna till blöta fläckar på väggarna.

Mor förbjöd mig att skjuta flugor mot tapetserade väggar. Hon ansåg att mönstret på de småblommiga tapeterna stördes. Jag delade inte hennes uppfattning, för torkade fluglik kunde vara lika fin prydnad som älghorn eller andra troféer. Men det var mor som bestämde.

En av min fars jaktvänner hade lagt märke till mitt brinnande intresse för djurliv, jakt och skytte. När jag var fem år kom han tillbaka från en affärsresa till Amerika. I bagaget hade han ett högklassigt luftgevär som jag fick. Bland alla gåvor jag fått är kanske detta gevär den present som betytt mest för min utveckling till jägare och skytt. Gevärspipan hade kalibern fyra och en halv millimeter. De projektiler som kunde användas var pilar, kulor samt blyhagel nummer nio (det var svensk numrering på den tiden).

Innan jag fick fars löfte att ladda min dyrgrip gav han mig mycket detaljerade säkerhetsföreskrifter.

– Om jag en enda gång ser att du har geväret riktat mot en människa, vare sig det är laddat eller inte, låser jag in det en månad, löd hans lag.

Med hot om detta straff som skulle bli nära nog outhärdligt att bära, lärde jag mig snabbt att ha mynningen riktad uppåt när det fanns människor omkring mig.

Pilarna hade kort livslängd. Snart nog träffade man i en annan pil som redan satt i tavlan och så var båda förstörda. Kulorna var visserligen bra, men de var dyra. Ett hekto hagel var däremot billigt. Det kostade femton öre och innehöll omkring 215 projektiler. Om jag köpte ammunitionen i Stenstorps järnhandel visade vågen att 210 hagel vägde ett hekto. I Dahlins järnhandel i Skövde fick man 230 stycken. Det blev bara en affär med Stenstorp.

Jag tränade och tränade. Måltavlorna som jag till en början använde var hemmagjorda. De kanske var bra, men det var mycket mer spännande att skjuta mot djur- och fågelfigurer. Far fick bli tavelgranskare, och förklarade vilka träffar som var dödande och vilka som betydde skadskjutning.

Snart ville jag skjuta mot rörligt mål. Jag sågade av tunna skivor från en stock. De kunde rullas iväg i hög fart av en medhjälpare, men en sådan fanns sällan tillgänglig. Syster Karin underkändes med en gång som obildbar för denna krävande uppgift.

Det var istället far som blev min assistent. Han skulle kasta fem trissor varje gång han lämnade stugan efter en måltid. Men detta betydde bara omkring tjugofem skott per dag. Det måste gå att hitta bättre alternativ.

De konserver som fanns i vårt hem var bleckdosor med ansjovis. En sådan dosa var omkring fem cm hög med en diameter på cirka tio centimeter, och öppnades med en enkel konservöppnare. En cirka tre centimeter bred tunga lämnades oöppnad. När dosan var tom tog jag vara på den. Sedan jag hyfsat till locket så att det blev fritt från skarpa kanter, kunde jag vika ut det och använda det som "handtag" när dosan singlades iväg. Luftgeväret fick ligga laddat på marken.

Det gällde att kvickt böja sig ner, fatta geväret och skjuta mot den snabbt försvinnande dosan. Om man höll rätt kunde man höra ett "pling" när haglet träffade. Hade målet börjat dala uteblev oftast plinget. Det blev alltför svårt att träffa.

Min nya träningsmetod visade sig vara givande i flera avseenden. Dels var det ett utmärkt sätt att öva snabbskytte mot rörligt mål, dels blev det en fin inkomstkälla. Fars goda vänner tröttnade nämligen aldrig på att försöka vinna tävlingarna jag utmanade dem i.

Vi sköt var sin femskottsserie mot egenhändigt kastade ansjovisdosor. Den extra sekund det tar för en vuxen person att böja sig ner och rycka åt sig geväret, är tillräcklig för att han inte ska ha en chans att vinna en sådan duell mot en vältränad femåring. Jag höll med vapen och ammunition. Insatsen var 15 öre. Min spargris blev tung, välmående och avgörande för mina kommande hundaffärer.

Mira

En eller ett par gånger varje år brukade min far bjuda in en god vän till rapphönsjakt. Denne hade en engelsk settertik som var en ganska bra fågelhund. Hennes näsa var kanske inte den allra bästa och därför stötte hon en och annan fågel. Men hon hade god samarbetsvilja och trots att hennes dressyr var bristfällig gick det bra att jaga fågel med henne. Hon var klok och hade insett hur hon skulle uppträda för att jakten skulle ge resultat.

Vid dessa jakter brukade gubbarna skjuta några tiotal rapphöns per dag. Detta trots att det blev en hel del bommar och att man bara hunnit jaga av en liten del av de jaktmarker som far arrenderade.

När jag var fem år fick jag äntligen följa med på en sådan jakt. Far var visserligen tveksam men då jag märkte detta påminde jag honom om hans löfte efter rävjakten vintern innan, och han måste falla till föga. Det kunde trots allt vara bra att ha mig med som bärare.

Efter en sådan jakt frågade jag honom varför han inte hade någon egen fågelhund. Hans svar blev att han säkert skulle ha stor användning för en sådan hund, men han hade inte möjlighet att lägga ner tid på all dressyr som en fågelhund kräver.

Det svaret funderade jag en tid över. Jag förstod naturligtvis att far inte hade tid, men visst skulle jag ha möjlighet att syssla med en fågelhund. Det var kanske rent av min plikt att rätta till den här bristen i gårdens djurhållning. Jag hade fyllt sju och börjat skolan. Far och mor hade åkt till Skövde för affärer. Det var när jag kom hem från skolan som århundradets chans dök upp. Då jag slog upp Skaraborgs läns Annonsblad såg jag annonsen! "Högädla engelska settervalpar till salu". Av kavlåsstam! Det finaste som fanns! I Tidaholm som låg två mil bort och där jag aldrig varit! Vilken otur att inte far var hemma. Eller kanske det var bäst så? Beslutet var lätt att fatta. Jag skulle låna fars cykel och trampa till Tidaholm för att köpa en valp.

Två mil var ju inte långt även om vägarna var i ganska bedrövligt skick. De användes så gott som uteslutande av hästfordon med hjul av trä och ett järnband runt. Hästarnas skodda hovar och vagnarnas smala hjul luckrade upp vägbanan. Att det inte fanns vägvisare i korsningarna hade mindre betydelse för det fanns alltid någon i närheten att fråga.

En margarinlåda av trä som jag tiggt av handlarn och som jag haft att frakta kaniner i, skulle räcka åt en valp och surrades fast på pakethållaren. Ett nedstoppat fårskinn fick bli madrass. Spargrisen med alla pengarna jag vunnit på luftgevärsskytte slaktades. Jag trampade iväg. Cykeln gick trögt i det lösa gruset. Bitvis blev det lite jobbigt eftersom jag inte räckte ner till pedalerna och cyklade under stången. I uppförsbackarna måste jag kliva av och gå eller springa, vilket gav omväxling.

När jag knackade på möttes jag av en vänlig tant. Hon såg frågande ut då jag framförde mitt ärende.

– Nej, min man är inte hemma, han är på sitt arbete. Ta med dej pappa och kom tillbaka om ett par timmar, föreslog hon.

– Jag kommer från Dala, och har cyklat hit, svarade jag.

–Va? bor du i Dala. Är inte din far med? Herre Gud, vad är detta! hon tog sig för pannan. Du får sitta ner och vila dig.

– Nej tack, jag såg var valparna är och tittar hellre på dem när jag väntar.

Valet var lätt. En av tikarna var ledare i kullens vilda lekar. Hon rörde sig lätt och smidigt och var den enda i kullen som hade lärt sig att hoppa upp på en trälåda som låg i hundgården. Mira skulle hon heta. Visst var även de andra valparna trevliga men Mira hade vad jag skulle kunnat kalla elegans och charm, om jag vetat att det fanns sådana ord.

När uppfödaren, som visade sig vara målarmästare, kom hem blev han lika förvånad som hans fru blivit en stund tidigare. En sjuårig snorvalp som första spekulant! Han ställde en massa frågor.

– Var bor du? Har du cyklat ensam från Dala? Vad heter din far? Jaså är du son till Skytten! Då ska jag gå in och ringa.

Telefonapparater var sällsynta på den tiden. I vår församling fanns tre. Jag hade sett och hört när handlarn pratade i sin telefon. Prästen och mjölnarn hade de andra två. Eftersom hundägaren också hade en var han nog en fin karl.

Efteråt, långt efteråt, fick jag veta att han ringt kollegan Johan Theodor Wallgren i Stenstorp, som var min fars jakt- och skyttekompis. Hundägaren lär ha fått ungefär följande svar på sina frågor:

– Pojken är alldeles jakt- och skyttegalen och han kommer ta väl hand om valpen. Men han har väl inga pengar? Det får Artur ordna senare. Sälj en valp till pojken!

Hundägaren hade klarat av sitt samtal och kom tillbaka ut.

– Hur mycket tror du en valp kostar?

Jag fick medge att det hade jag ingen aning om. Pojkarna hemma i byn sålde kattungar för 25 öre styck, och det tyckte jag var för mycket för en katt. (Det tycker jag fortfarande.) En valp måste kosta betydligt mer.

Jag berättade hur mycket pengar jag hade.

– Ja, egentligen kostar en valp betydligt mer, men vi får väl säga att du får ta en för det priset. Vilken skulle du vilja ha?

– Jag vill ha den där tiken, sa jag och pekade, och hon ska heta Mira.

Han svarade att det var illa för just den valpen tänkte han behålla för avel.

– Men du kan väl ta någon av de andra?

– Nej, hon har de vackraste rörelserna. De andra är för klumpiga. Och därmed gjorde jag mig beredd att åka hemåt utan valp. Då bestämde sig uppfödaren – denna underbara människa – att eftersom jag kunde se att Mira var den bästa valpen skulle jag också få köpa henne. Han kunde ju ta en valp ur nästa kull till avel. Därför kunde världens lyckligaste sjuåring trampa hemåt med sin dyrgrip i margarinlådan på pakethållaren.

Far och mor hade redan kommit hem när jag återvände, och de hade läst lappen jag skrivit.

– Va ska dä bli av dej pöjk? suckade mor.

Fars tillrättavisning för mitt tilltag var inte allvarligt menad, det såg jag på hans min. Han verkade nästan stolt över mitt beslut.

Stej godkände också köpet. Han fick visserligen en konkurrent men hon var ju bara en valp. Även när Mira klängde på honom och slet i hans öron lät han henne hållas.

Sommartid fick Stej ofta stå kopplad vid löplinan ute på gården och ligga i sin koja på nätterna. Men Mira fick ligga på en dyna på golvet bredvid min säng, men aldrig i sängen. Hundar ska ligga bekvämt i en korg eller på en dyna på golvet. Aldrig i soffor eller fåtöljer. Det är en regel som jag alltid hållit på. De ska heller inte disponera alla rum, bara gå fram till vardagsrummets tröskel, men inte längre.

Nästa dag berättade jag givetvis i skolan om min affär. Vår

snälla lärarinna Nanna Viberg lyssnade med stort intresse och ställde många frågor. Men att ta med Mira till skolan, nej det gick inte för sig. Då kunde det bli fler elever som ville ta med sig djur.

Mira och jag fick alltså nöja oss med att vara tillsammans när jag var hemma. Första tiden blev det givetvis mest lek. Men undan för undan fick hon lära sig att ligga, att sitta på kommando, att gå fot och så vidare.

Johan Theodor Wallgren blev en av mina välgörare. Han lånade mig den bok som är den mest intressanta jag någonsin haft i min hand, *Fågelhundens dressyr* av C M Pay. Det var en helt annan klass än *I Önnemo by* eller *Katekesen* och annat som min rara lärarinna kom med. Men det vågade jag inte tala om för henne. *Fågelhundens dressyr* var värd att läsas gång på gång och att lära sig utantill, vilket hon kanske skulle haft ännu svårare att förstå.

Så vitt jag kan minnas var det i den boken som jag för första gången fick lära mig att vid hunddressyr måste man komma ihåg att hunden är ett flockdjur. I flocken finns alltid en ledare som de övriga ska följa. Hos varje individ i flocken måste finnas en strävan att klättra uppåt i flockens rangskala.

När man lär hunden lydnad måste man behandla den så att den aldrig känner sig kuvad. Då får man en frimodig och trivsam jaktkamrat. Jag försökte tänka på detta när jag tränade Mira. Frånsett de timmar jag var i skolan hade jag henne vid min sida dygnet runt. Under sådana förhållanden lär man känna varandra helt och fullt. Dressyren går framåt snabbt och säkert. Det blir en hund som är färdig och genomarbetad redan när den är mycket ung. Detta gäller kammardressyren. Jaktdressyren måste vänta tills hunden är tillräckligt mogen för så allvarliga övningar. Allt detta och mycket annat lärde jag mig ur *Fågelhundens dressyr.*

Mira fick följa mig en bit på väg till skolan. När jag stannade och lät henne förstå att hon måste återvända hem till matte, tittade hon bedjande på mig. Men ingenting hjälpte, så med slokande svans och lågt buret huvud lommade hon långsamt tillbaka mot gården.

När det började närma sig den tidpunkt då jag brukade komma hem, lät mor henne gå ut och lägga sig på gräsmattan. Där låg hon och väntade tills hon hörde min signal och då kom hon stormande i raketfart. Sedan vi omfamnat varandra och hon gjort några glädjerusningar runt mig, var det dags för henne att gå vid min vänstra sida tills vi var hemma. Hon lämnade mig inte förrän nästa morgon.

Om jag hade någon uppgift att sköta i ladugården eller ute på fälten följde hon mig och fick då alltid gå vid min vänstra sida. Under morgnar och kvällar måste jag mjölka några kor. Då fick hon ligga på stallgolvet på en matta en bit ifrån.Vid arbete på fälten lade jag ner henne på någon plats där hon alltid kunde se mig. När jag besökte någon av gårdarna i omgivningen fick hon ligga utanför dörren och vänta tills det var dags för oss att gå hem.

Appelldressyren går lätt när man umgås flitigt med unghunden. Därför var det lätt att ge Mira den dressyr som en fågelhund måste ha innan man börjar träna på fältet.

Fältdressyren var också enkel eftersom Mira hade utomordentligt goda anlag. Hon var dessutom mycket angelägen om att uppträda så att jag skulle vara nöjd med hennes arbete. Själva fågelarbetet måste i stort sett anstå tills stråsäden var skördad. Rapphönskullarna ligger ofta ute i de oskördade fälten där man inte kan se hunden och kontrollera att den uppträder som man önskar.

I väntan på skördetiden tränade jag tiken på de talrika beckasinerna som hon snabbt lärde sig att hantera på rätt sätt. Den sortens fåglar trivdes i de delar av betesmarkerna där det fanns kallkällor. Kring dessa hade korna trampat upp jorden över stora områden som på så sätt blev försumpade. Där kunde beckasinerna lätt finna den föda de behövde. Och det kunde huggormarna också, för där kryllade av grodor och annan ormmat.

Jag minns ett tillfälle när Mira tvärstannat i perfekt stånd för en beckasin. När jag nästan hunnit upp vid hennes sida upptäckte jag att det låg en stor huggorm hopringlad under henne. Jag blev väldigt rädd att han skulle bita henne. Att ormen skulle kunna hugga mig i mina bara fötter glömde jag. Jag fattade med båda händerna under Mira, lyfte henne rakt upp och bar henne ett par meter åt sidan. Sedan fortsatte vi träningen.

Det blev dags att börja skjuta över Mira, men när skulle detta ske? Far hade inte tid och någon annan litade jag inte på. Skulle jag våga fråga om jag kunde få låna hagelbössan för att kunna fullfölja dressyren? Nej, det var nog säkrast att vänta med den saken. Jag hade visserligen fått bära bössan hem från jakterna, men först sedan far plockat ur patronerna. Jag fick ibland provsikta mot skator, trastar och andra fåglar och en eller annan katt, men bara med tom bössa.

Jag hade tjatat mig till att skjuta några skott mot stillastående mål. Far hade lärt mig att det gällde att hålla fingrarna på rätt sätt och ta ett stadigt grepp annars skulle rekylen kunna skada både händerna och axeln. Jag fick lära mig att trettio meter var maximalt hagelhåll och tränade på att bedöma avståndet till stenen, stubben eller busken. Jag sköt oftast på en uppspänd tidning. Far visade mig att redan vid trettio meters skotthåll fanns flera "hål" i träffbilden. Han lärde mig att på korta håll trängde haglen långt in i en katalog från Åhlén&Holm. På längre håll hade haglens hastighet minskat. De orkade bara in några sidor. Jag började kunna det. Men att få skjuta mot levande vilt, nej! Det var säkrast att inte ens fråga. Det var vattenbrist på gården. Far hade med slagrutans hjälp konstaterat att det någonstans nere i kalkberget fanns en vattenåder, men trots att han sprängde sig ner ganska djupt gav brunnarna inte tillräckligt mycket vatten för att det skulle räcka till hushållet och djuren.

Uppe i sluttningen mot Plantaberget fanns en kallkälla med högklassigt vatten i en strid ström hela året runt. Far beslöt att lägga en lång rörledning ner till gården. En barndomsvän som lovat utföra jobbet hade en firma vilken med dagens vokabulär skulle kunnat kallas "VVS service".

En söndag i september, vid lunchdags, skulle fars gode vän med kamrat komma och titta på projektet. Sedan man besökt källan skulle man jaga hare en stund. Att jag måste se till att jag fick komma med var självklart. Men först skulle jag gå i söndagsskolan. Harjakt var inte giltigt skäl för att utebli, det bestämde mor.

Oj, vad prästen tjatade och tuggade om! Skulle han aldrig sluta. Jag satt och våndades och fattade inget av vad han hade att förkunna. När han äntligen sagt amen rusade jag ut och sprang hela vägen hem. Jag mötte gubbarna i förstugan. Far beordrade att jag skulle äta ordentligt innan jag kom efter till källan. Han skulle ge hästarna foder i förbifarten.

– Du kan få bära bössan till källan men ammunitionen tar jag själv i fickan, sa han när de gick iväg.

Ammunition! Ja, det hade jag också och det var mycket mer spännande att gå med laddad bössa. Jag skulle givetvis smyga ur patronerna innan vi kom fram till källan. De båda stövarna fick gå lösa och när jag nästan sprungit ikapp gubbarna fick hundarna plötsligt upp en fälthare som i full rulle passerade far och de båda andra. Rörläggarn sköt två präktiga bommar. Haren hade för hög fart. Kompisen som följt med honom, och som ägde hundarna, hade glömt att ladda. Haren kom i full fart mot mig med hundarna tätt efter. Jag hann inte tänka över huvud taget. Spän-

En tjädertupp på fodersök kommer plötsligt promenerande förbi rävpasset. Upptäcker den orörlige jägaren med färdig kamera. Skär näbb och drar sig undan. Ökar takten och lyfter.

de hanarna och när haren passerade höll jag fram ordentligt och tryckte av. Haren dog i språnget och rullade åtskilliga varv innan den låg stilla.

Från gubbarna hördes ett gapskratt.Vad skulle far säga? Han försökte se allvarlig ut men även han hade svårt att hålla sig för skratt.

– Ja, nu har du visat att du kan skjuta en hare.Visa nu gubbarna att du kan ta ur den också, blev hans kommentar.

Den saken kunde jag. Jag hade tjatat mig till att få ta ur alla harar som far skjutit de senaste åren och hade fått utförliga instruktioner. Urtagningen gick både snabbt och bra.

Far tog sin bössa och någon mer hare blev det inte den gången. Vi gick hemåt för att gubbarna skulle hinna äta ett ordentligt kvällsmål innan de reste hem. Jag var givetvis med och lyssnade hela tiden. Man pratade inte bara om vattenledning utan kom in på jakt gång på gång. När jag förstod att gubbarna tänkte bryta upp smög jag snabbt i säng. På så sätt skulle jag tills vidare slippa bannor för mitt tilltag.

Följande morgon nämnde inte far något om gårdagens harjakt. Jag började tro att allt var OK. När jag kom hem från skolan var han ute på fälten. Jag lånade bössan och stoppade några patroner i fickan för här skulle det jagas rapphöns med Mira.

Rapphönskullen hade plockat spillsäd på en mossodling med havrestubb och låg nu i solgasset intill ett öppet dike. Mira skötte sig korrekt. Hon stod vackert och gjorde en snabb avans på mitt kommando och kastade sig ner på marken när kullen lyfte. Jag sköt den höna som flög längst ut på högerkanten. Mira apporterade lugnt och säkert som en gammal hund gör.

En höna vek av från de övriga och slog vid ett annat dike. Mira stod perfekt och avancerade i lagom takt efter hönan som löpte undan. Även den detaljen skötte hon utan anmärkning. När hönan äntligen tryckte stod hon säkert och gjorde en snabb avans på mitt kommando. Mira fick ligga kvar en halv minut varefter jag kommenderade apport. Hon hämtade och avlämnade hönan så lugnt och säkert att ingen fullt injagad hund skulle kunnat klara den detaljen bättre än hon.

Far hade hört skotten och förstod vad som hänt. Det blev ett långt förmaningstal som dock avslutades med orden

– Jag förstår att det nu inte går att hindra dig längre. Men i fortsättningen får du aldrig låna bössan utan lov. Om du ser en människa i närheten av dig plockar du ur patronerna, och kommer det några pojkar går du hem direkt.

Redan den andra hösten blev Mira en fullgod fågelhund. Både far och hans jaktvänner, och inte minst jag själv hade mycket glädje av henne.

Den jakt med Mira som jag minns bäst av alla var när jag en tidig septembermorgon under hennes andra höst hade gått upp på Plantaberget för att jaga orre innan jag skulle gå till skolan. Plötsligt tvärstannade hon i en högstammig björkskog. Näsan pekade mot en liten buskig gran där jag var övertygad om att det var en orrkull eller möjligen en morkulla som hon fattat stånd för, och hade laddat med lagom hagelgrovlek för fåglar av den storleken.

Jag kommenderade avans och hon gjorde en rusning mot granbusken. Upp brakade en gammal tjädertupp. Jag hade klart för mig att om jag skulle skjuta med de fina hagel bössan var laddad med, gällde det att skjuta på kort håll och att försöka träffa huvudet. Jag lyckades och hade skjutit min första tjädertupp.

Tuppen var stor och jag hade ingen ryggsäck utan tog tuppen om halsen och svängde upp den på ryggen. Det var bäst att vända hemåt direkt så att jag kunde ta en liten omväg och ändå hinna till skolan i tid.

Jag stoppade i en ny patron och valde för säkerhets skull ett grövre hagelnummer för vänsterpipan. Det visade sig vara klokt. Strax efteråt stod Mira på nytt. Upp for en ny gammeltupp som jag också plockade ner.

Mira gick vid min sida de tre kilometer vi hade hem. Jag hängde bössan på tvären över ryggen och försökte också få de båda tupparna att bli kvar där men det gick inte. De var för stora och ryggen för smal. Jag måste greppa tag om halsen på den ena och släpa den på marken. Det blev jobbigt att ta sig hem i tid men det gick.

Upplevelsen var fantastisk, eller uttryckt med nutidsbarnens vokabulär, "jätteball".

Nya hundaffärer

Stej, min käre vän, höll på att falla för åldersstrecket. Näsan fungerade fortfarande bra men han hörde illa och synen var ännu sämre. När han drev sprang han emot diverse hinder av vilka taggtrådarna var de otäckaste. Det kändes svårt när min gamle kamrat inte längre kunde följa mig i markerna.

Far påpekade att man lättast glömmer en trotjänare genom att köpa en ny hund. Han skaffade en valp som var släkt med Stej och som också fick samma namn. Den hunden blev kanske inte lika bra som jakthund, men anlaget att vakta småbarn hade han ärvt. Den nye Stej tog hand om vår yngre bror Sven, lika pålitligt som den gamle vaktat mig.

Själv köpte jag mig en korthårig taxvalp som jag tänkte använda för rådjursjakt, och en släthårig foxterriervalp som jag hoppades få användning för som rävsprängare. När de två blivit färdiga för jaktdressyr visade det sig att taxen drev tyst, men blev inte så oäven grythund. Terriern blev oduglig som rävsprängare. Detta var en nyttig lärdom. Jag hade inte i förväg förvissat mig om att såväl föräldrar som tidigare generationer var användbara för de ändamål som jag väntade mig att de båda hundarna skulle passa till.

Jag bestämde mig för att köpa en stövarvalp. Jag ville ha en Hamilton eftersom den rasens färger tilltalade mig. Far gav samtycke till att jag köpte en tik ur en kull med högt meriterade föräldrar. Valpen visade sig vara en lugn och fin tik med känsla för samarbete och mottaglighet för dressyr.

Mira hade ju blivit utomordentligt lydig. Jag funderade över varför man inte brukade lära stövare att sitta och ligga på tecken. Varför lärde man inte en sådan hund att gå okopplad vid husses sida? Här skulle det bli andra bullar, och det blev det.

Klinga hette min nya stövare, hon lärde sig allt det uppräknade utan större besvär. Det var inte minst värdefullt när jag skulle cykelmotionera de båda tikarna. Att ha två snabba hundar i koppel bredvid cykeln är besvärligt. Plötsligt måste ju någon stanna och kissa och då blir det tvärstopp. Nu fick de springa okopplade tätt bakom så att vi kunde dra på för fullt.

När Klinga blivit vuxen visade det sig att näsan inte riktigt räckte till för att hon skulle kunna utvecklas till en högklassig harpiska. Dessutom drev hon ogärna hare annat än på kommando. Kanske kände hon rent av på sig att husse tyckte att hararna var ganska ointressanta jämfört med de knipsluga rävarna. Och för rävjakt räckte hennes väderkorn.

Hennes skall passade också bra för rävjakt, och efter en kort stund brukade hon ligga mycket nära räven. Jakterna blev spännande och jag kom ofta till skott. Hon drev inte fort, men blev räven skadskjuten lade hon omedelbart in en högre växel och var snart ikapp Mickel.

Klinga brukade inte bita räven utan nöjde sig med att skälla ståndskall strax framför nosen på den röde. Under sådana förhållanden kan det vara svårt att komma åt att skjuta. Men Klinga kom ögonblickligen när jag visslade till och skottet kunde gå.

Under 1920- och 30-talen var det mycket lönsamt att farma blå- och silverräv. I min hemtrakt växte såväl små som stora farmar upp som svampar ur jorden. Eftersom uppfödning av mink ännu inte kommit igång var det inte tvång att ha stängsel kring gårdarna.

Att en och annan räv rymde medförde inga andra problem än att uppfödaren förlorade det djur som slapp ut. Någon enstaka gång hände det att ägaren lyckades återfånga sin räv. Oftast drog rymlingarna uppenbarligen iväg ganska långt och gjorde sig oåtkomliga för farmaren.

Vid flera tillfällen hände det att Klinga träffade på en sådan räv under våra jakter. Då blev det bara ett kort drev och därefter ståndskall. Om räven var fullhårig satt skinnet snart på tanan, i annat fall täljde jag mig en käpp med en lagom stor klyka i toppänden.

Jag smög mig på Mickel bakifrån och tryckte ner honom mot marken med klykan. Sedan tog jag den i nackskinnet och bakfötterna och bar hem räven.Var jag långt hemifrån hyste jag in den i någon bondgård. Efter hemtransport fick den bo i en för ändamålet hopspikad bur tills pälsen var mogen.

Ibland tog en uppfödare kontakt med mig när en räv rymt. Om jag hann dit med Klinga medan hon ännu kunde följa spåret brukade farmaren snabbt få tillbaka sin räv.

Oftast fick jag en snålt tilltagen "hittelön". Men det ändrade en verkligt reko uppfödare snart på. Jag fångade in en av hans rävar och han föreslog att jag skulle ha halva rävens värde som tack för hjälpen. Denna överenskommelse spred han vidare runt bland de andra farmarna som alla gett mig så dåligt betalt.

Om jag eller någon annan skadat en räv var Klingas taktik föredömlig. Högsta fart så snart hon kände blodlukt. Det gällde att attackera räven tillräckligt hårt för att få honom att stanna innan den fick tillfälle att slinka ner i ett gryt.Att hennes attacker även passade bra för förrymda tamrävar gjorde henne ännu mer värdefull.

Den mest erfarne uppfödaren hade skaffat sig stora kunskaper om tamrävar och köpt högklassiga avelshannar från Norge. Han var den uppfödare i trakten som hade de värdefullaste rävarna. När någon ville köpa ett avelsdjur av honom ansågs han ta oförskämt bra betalt.

Under nödtider ökas människornas behov av att ha någon högre makt att tro på. Så var fallet under första världskriget och ett par decennier framåt. De troende brukade högaktas oavsett vilken sekt de tillhörde. Men somliga ansågs ha "låtsastro" för att skaffa sig ekonomisk vinning och blev illa sedda. De var "rävaktiga" och kallades frimicklar, och den här mannen var just en sådan.

Vid ett tillfälle hade jag med Klingas hjälp fångat en sällsynt vacker hanräv som var i det närmaste fullpälsad. Ryktet kan ibland flyga på snabba vingar. Ett par dagar senare dök "storfarmaren" upp med en transportlåda på cykeln.

– Du lär ha fångat en av mina rävar och nu vill jag hämta den, förkunnade han med myndig stämma. Det är min räv, det ser jag.

När jag frågade vad farbror ville betala i hittelön fick jag en utskällning.

– Tror du att du ska kunna tjäna pengar på mina rävar din snorvalp! Hur mycket vill du ha?

Då nämnde jag ett belopp och han blev så ursinnig att han själv försökte öppna dörren till buren för att ta med sig räven.

Nu hade jag också börjat ilskna till. Jag bestämde mig blixtsnabbt för att lägga bort titlarna med gubben.

– Har du hört talas om frimicklar? frågade jag. I annat fall kan du se en här. Samtidigt öppnade jag en lucka på burens baksida. Räven tvekade inte en sekund utan försvann som en oljad blixt mot skogen.

Gubben insåg att slaget var förlorat. Han frågade om jag trodde att hunden skulle kunna hinna upp räven en gång till.

– Javisst, så snart du åkt iväg tänker jag hämta in den igen, blev mitt svar.

Nu började han ackordera och bjöd en allt högre ersättning. Jag skakade hela tiden på huvudet tills han var uppe i det dubbla beloppet jag först hade begärt. Då sa jag OK.

Räven var snart infångad, och det var en ganska slokörad frimickel som efter att först ha gjort rätt för sig, kunde vända hemåt på sin cykel. Klinga blev förstås ordentligt omklappad av mig.

En frimickel kan således efter lämplig behandling bli bättre, men det hade varit bättre om han blivit bra.

Första älgen

Som ovan nämnts var far en framstående skytt och därför ville han också ha ett älgvapen med god precision. Han blev en av de första som skaffade älgstudsare, medan de flesta övriga i älgjaktlaget använde sina hagelbössor även för älgjakten. Laddade med brennekulor i patronerna var dessa vapen användbara på korta håll, och dessutom tillåtna. Men det dröjde inte så länge innan alla jägare skaffat studsare och då vanligen Husqvarna 9,3 x 57. Jag vill minnas att priset var 37:50.

Ett av de älgjaktlag far ingick i disponerade jakträtten på det vidsträckta Billingen där det fanns en relativt hygglig älgstam. Dessutom arrenderade de jakträtten på Plantaberget vid vars fot vi bodde. Men där hade det inte funnits älg sedan en förödande brand härjade några tiotal år tidigare. Just på den marken ingick jag i jaktlaget och betalade min del av arrendet. Som småviltjägare ansågs jag nämligen vara godtagbar.

Redan i tioårsåldern tjatade jag om att få vara med och jaga älg men far sa alltid bestämt nej. Jag kunde visserligen få ta ledigt från skolan en dag varje år och sitta bredvid far på passet men det var allt. Att jag skulle få lossa ett skott på älg var otänkbart. Älgjakt är inget för småpojkar.

Älgfigurer och älgbanor fanns inte på den tiden. Far förklarade att jag först måste bli en skicklig kulskytt innan jag sköt på älg.

– Du måste bli medlem i skytteföreningen och ha klarat guldmärket, sa han. Sedan får du vara med och jaga älg.

Man kunde få börja rekrytklassen när man var elva år och skjuta i liggande från hundrametersvallen. Eftersom jag var storväxt och stark fick jag börja redan som tioåring, och det året lyckades jag vinna tävlingen för rekryter i Skövde. För att sedan få börja i första klass skulle man vara tolv år, men eftersom jag vunnit rekryttävlingen fick jag börja ett år tidigare.

Vägen till guldmärket var lång. I första klassen sköt man i liggande på tvåhundra meter. Fyllde man stipulerade krav i tillräckligt många serier fick man bronsmärket samt flyttades upp till andra klass följande år. Jag tränade flitigt med fars gevär och lyckades bli mästare på länstävlingen för förstaklassare. Första pris var ett Mausergevär. Far såg till att vapnet blev sakkunnigt utvalt, varför det således inte var gevärets fel att jag aldrig nådde upp till fars nivå på tävlingar i den frivilliga skytterörelsen.

Då jag fyllde tolv fick jag börja i andra klassen. I den sköt man också från tvåhundrametersvallen, i varje serie sköt man fem skott liggande, tre knästående och två i stående. Jag klarade silvermärket utan svårighet och fick som trettonårig börja i tredje klassen. Där sköt man från trehundra meter, och även här gällde fem skott liggande, tre knästående och två i stående. Jag fyllde guldfordringarna och trodde därför att det äntligen skulle bli dags för mig att få vara med på höstens älgjakt. Men guldmärket skulle delas ut först vid årsmötet följande vår. Jag fick vänta.

När jaktlaget sammanträdde det året hade jag hunnit bli fjorton år. Trots fars löfte till mig att jag skulle få börja jaga älg så snart jag erövrat guldmärket, sa nu de andra gubbarna i jaktlaget nej, man tyckte fortfarande att jag var för ung. Det kändes hårt.

I början av maj följande år höll jag en eftermiddag på och harvade med hästarna. Då kom plötsligt en högdräktig älgko travande förbi med kurs mot Plantaberget. Av allt att döma hade hon blivit skrämd från Brunnhemsberget som är en sydlig utlöpare av Billingen.

Under morgonen hade flygvapnet tränat låganfall mot mål på det berget. Flygplan var underliga maskiner som varken folk eller fä såg till vardags. Kon hade antagligen blivit stressad och till slut lämnat bergets skydd. Via björkdungar i dalgången hade hon satt kurs mot Plantaberget.

Att en älg var på väg mot vårt berg var ingenting annat än en sensation. Det var helt klart att kon skulle kalva inom ett par veckor. Skulle hon våga vända tillbaka till Brunnhemsberget eller skulle hon kalva på Plantaberget? Ja, varför skulle hon inte stanna där? Nu fanns det ju gott om mat.

Detta var verkligen något att berätta för far och de andra gubbarna i älgjaktlaget. Nu skulle de till hösten antagligen kunna jaga älg även på Plantaberget, och då skulle där förmodligen också finnas en tjur. Men jag skulle fortfarande bara få vara med och titta på! Fanns det i så fall verkligen någon anledning för mig att berätta om den sensationella upptäckten?

Efter någon timmes fortsatt harvande beslöt jag mig för att hålla tyst. Nästan hela Plantaberget var täckt av ungskog, och vatten fanns i ett par grunda tjärnar. Det borde helt enkelt vara en idealbiotop för kon och hennes kalvar, och en älgfamilj skulle kanske kunna hålla sig gömd utan att någon upptäckte att den fanns på berget.

Under de kommande veckorna vågade jag inte besöka berget. Morkullorna var på den tiden lovliga den sextonde maj. Gubbarna avstod från den jakten. Kullorna var små och svåra att finna om man träffade. Men jag hade Mira som apportör och brukade jaga kullor någon vecka varje år. Så måste det även bli det här året annars skulle far förstå att det var något lurt. Jag vågade inte gå upp på berget utan nöjde mig med att skjuta ett par nedanför bergskanten.

I slutet av månaden började jag smyga omkring på berget och leta efter spår. Mycket riktigt! Kon fanns kvar och hon hade fött två kalvar. Under resten av sommaren gjorde jag täta besök i den vidsträckta ungskogen och jag fick så småningom klart för mig var kon och kalvarna hade sitt favorittillhåll.

På den gemensamma marken uppe på berget hade bönderna sina kvigor betande samt de kor som inte gav mjölk den sista tiden före kalvningen. Det fanns viss risk att någon som var uppe för att se till sina djur skulle se spåren efter älgfamiljen, vilket i och för sig inte automatiskt innebar att de skulle förstå att det handlade om älgspår. Men om bönderna såg att det fanns spår efter små klövar kunde de börja fundera. Allt gick bra, ingen upptäckte hemligheten.

Så kom äntligen den dag då jaktlaget skulle samlas för att planera höstens jakter. Då som nu var älgjakten det stora samtalsämnet när jägare träffas. Vilket betydde att det var markerna på Billingen som all diskussion rörde sig kring. På min försynta fråga om det inte skulle kunna tänkas att jag kunde få vara med och sitta på eget pass, fick jag åter ett klart nej. Jag var fortfarande för ung.

Då frågade jag om jaktlaget kunde gå med på att jag ensam jagade älg på Plantaberget. Alla skrattade. Jo visst, fick jag försöka på Plantaberget. Där hade ju inte funnits älg på trettio år så visst gick det för sig.

En av gubbarna såg fundersam ut och kikade forskande på mig. Edvin! Han var arkitekt och brukade alltid stå på min sida. Det såg ut som om han anade ugglor i mossen och han fångade min blick, gjorde en grimas och blinkade. Men han teg.

Dagen före älgjaktens början åkte gubbarna till Billingen och inkvarterade sig i jaktstugan. När far åkt tog jag fram det Remingtongevär jag lånat och hållit gömt. Provskjutningen gick bra. Jag var rustad. Karin, min arbetsamma syster, lovade att ensam klara av morgonjobbet med djuren.

Sömnen blev orolig den natten. Det var spännande att veta att jag ensam skulle jaga älg i en mark där bara jag visste att det fanns älg. Jag steg upp tidigt och gödslade ut i stall och ladugård. Frukost och matsäcksbestyr var snart avklarat. Jag smög ut i mörkret och upp på berget. Där satte jag mig att lyssna i lä om det område där älgfamiljen oftast hållit till, men inget hördes som tydde på att det fanns älg.

När det började ljusna smög jag försiktigt framåt mot vinden. Vid ett tillfälle tyckte jag att jag hörde en gren trampas av ett hundratal meter bort. Det började bli spännande men det var ju inte säkert att det var älgarna. Någon av bönderna kunde ha låtit sina kvigor stanna kvar extra länge på berget. Så hörde jag nya ljud. Där fanns älg eller nötkreatur, den saken var klar!

Med bultande puls smög jag framåt mot ett surdrog där det fanns gott om älgmat. Jag skymtade något när jag tittade fram mellan grenarna på en gran. Ja, inte var det en svensk rödbrokig. Nu såg jag bättre. Där stod en älgkalv och betade. Och där kom den andra. Båda kom närmare. Nu blev avståndet knappt tjugo meter. Båda tittade åt höger och där fanns antagligen kon. Så kom också hon fram. Och där! Trettio meter bortom kalvarna stod ytterligare en älg bakom ett sälgsnår och åt av buskarna. Ett horn blänkte till. Tjuren!

En av kalvarna kom ännu närmare. Jag stod blickstilla men ändå märkte den att där fanns något som inte stämde. Oroligt tittade den åt höger. Jag hörde att kon fanns kvar där men jag kunde inte se henne just då. Kon signalerade tydligen inte fara så kalvens nyfikenhet tog överhand. Även den andra blev intresserad och båda tog några steg fram mot mig. Om de fick vittring av mig var det hela kört, då skulle de rusa iväg och dra de vuxna älgarna med sig.

Tjuren stod fortfarande vänd rakt mot mig. Men nu makade han på sig så mycket att jag tydligt såg huvud och hals. Fars ord till sina jaktkamrater ringde i mina öron: "Du ska aldrig skjuta på en älg framifrån annat än på nära håll. Och du ska aldrig skjuta om den inte håller huvudet högt. Du ska sikta en decimeter ovanför stickhålet. Men inte så högt att du riskerar att träffa huvudet. Nej, skjut helst från sidan. Försök inte träffa hjärtat. Det resulterar ofta i skadskjutning. Sikta en bit ovanför. Kommer du för högt träffar du ryggraden eller ett taggutskott. Då faller älgen som träffad av blixten. Men då måste du kvickt fram och skjuta avfångningsskott. Sikta på öronroten om det är en ko och mot de första halskotorna om det är en tjur och du är rädd om trofén. Stick älgen omedelbart om du träffat ryggen."

Kalvarna fortsatte att stirra och kon närmade sig. Skulle hon upptäcka att de såg något lurt? Varför kunde inte tjuren ändra ställning? Det började bli spännande i överkant.

Nu vred tjuren på huvudet! Jag kunde se att han hade tre taggar på vardera hornet. Han tog några steg och vände bredsidan mot mig. Sälgkvistarna skymde bröstpartiet men hela ryggen var fri. Jag smög upp det långa geväret. Siktade några centimeter ovanför kvistarna. Rakt under puckeln. Skottet gick och tjuren föll handlöst. Kon och kalvarna var borta på ett par sekunder.

Allt stämde. Blodet forsade ut i kraftiga stötar när jag trängde in kniven. Jag hade fått lära mig av far hur jag skulle få upp älgen på rygg. För att få ett djur att ligga kvar i den ställningen visste jag att djurets huvud skulle dras bakåt så att det stöder upp ena sidan.

När vi slaktat kalvar och grisar hade far visat hur man öppnar buken så att man lätt får ut innanmätet. Allt gick utan problem. Snart låg tjuren på rygg och snyggt urtagen. Det var bara att rusa hemåt och hämta hästskjutsen. Medan hästarna åt sitt morgonmål hjälpte jag Karin med diverse sysslor.

Jag hade erfarenhet av att en del hästar kan ha skräck för älgar. Ett par år tidigare skulle jag hjälpa en gammal farbror att hämta en älg som jaktlaget skjutit. Det blev en spännande och jobbig resa. Det visade sig att hästen vägrade att gå i närheten av älgen, så jag fick gå bredvid och hålla i hästens betsel. Vi gjorde det ena varvet efter det andra innan vi kom tillräckligt nära älgen. Därefter spände vi från hästen och band den vid ett träd medan vi lastade. Det tog tid och mörkret föll. På hemvägen fick jag snubbla bredvid hästen och hålla i betslet för att den inte skulle skena.

Men denna morgon kunde jag känna mig lugn. Gamla kloka Dolly skulle inte bråka och därmed skulle vår unghäst också känna sig trygg. Jag tog med mig några plankor och rep för att klara av att få upp älgen på vagnen. Allt gick bra och snart kunde jag börja färden mot Stenstorp där det fanns slakteri.

Det blev något av en triumffärd, för älgar var som sagt inte så vanliga. Alla jag mötte stannade och beskådade den stora tjuren och kommentarerna gick ungefär så här:

– Va, har din far skjutit en älg?

– Nej, han jagar på Billingen, svarade jag.

– Vem är det då som har skjutit?

Alla tittade tvivlande på mig när jag förklarade att jag ensam hade jagat på Plantaberget och att det var jag som skjutit. Ingen trodde mig.

Tjuren visade sig ha en slaktvikt på 214 kilo. Eftersom skottskadorna var obetydliga fick jag ett högt pris, två kronor per kilo sedan jag återtagit en bakfjärdedel. Det blev mycket pengar.

Jag hann plöja på åkern några timmar när jag hade kommit tillbaka hem. Sedan stökade jag undan sysslorna i stall och ladugård innan jag skar ut en stek ur älglåret. Med denna i bagaget trampade jag iväg på cykeln till jaktstugan på Billingen.

Gubbarna blev en aning förvånade när jag dök upp. De hade just kommit hem och var ganska blöta efter en rejäl störtskur. Någon älg hade de inte sett. Jag förklarade att det var precis vad jag hade väntat mig så därför hade jag tagit med mig en smakbit till dem.

– Ni ska inte behöva vara utan älgkött. Gubbarna stirrade oförstående.

– Har du köpt älgkött? alla var förvånade utom Edvin. Han skrattade för fullt.

– Dä va dä jag misstänkte, sa han. Jag anade redan vid sammanträdet att du upptäckt att det kommit älg till Plantaberget. Eller hur? Berätta nu från början!

Gång på gång fick jag berätta hela historien. Från upplevelsen med älgkon som travade förbi åkern fram till skottet. Gubbarna blev på ett strålande humör. På bygdemål lät kommentarerna ungefär så här:

– Sekken jäkla pöjk.

– Det har han gjort bra, sa Edvin.Vi ska inte dela pänga mä hônum.

Eller hur? Di ska han ha själver. Tökker i ente dä? "Dä töckte di". Far satt hela tiden tyst och myste. Det satt bra. Sedan var det dags att fylla cykellampan med karbid och vatten, skruva på vattentillförseln, tända lampan och trampa hemåt.

Älg två och tre

Året efter den lyckade älgpremiären fanns kon fortfarande kvar på Plantaberget men hade inga nya kalvar. Det var ont om älg. Kanske hade den tjur jag sköt uppvaktat någon ko på annat håll under den första brunsttiden och sedan han befruktat henne gett sig iväg på vandring för att finna en ny brud. Kon på Plantaberget hade inte någon uppvaktning när hon brunstade. Om jag inte skjutit tjuren hade möjligtvis kon brunstat om. Nu hade kon sina två fjolårskalvar i sällskap och vid sammanträdet beslöt jaktlaget att första jaktdagen skulle ägnas åt att försöka skjuta ettårstjuren. Därefter skulle jakten fortsätta på Billingen.

Jag var numera godkänd som älgjägare på hemmamarken och vid lottdragningen om vilka i jaktlaget som skulle vara drevkarlar i första såten och vilka som skulle stå i pass, hade jag turen att bli passkytt. Och inte bara det. Det var ingen mer än jag som visste var älgarna brukade hålla till, och jag hade föreslagit att vi skulle börja jakten i just det avsnittet. Jag hade också satt upp passpålarna och kvistat upp skottgator. Även i den lottdragningen hade jag turen att få det pass som jag ansåg i särklass bäst. Men den saken var de övriga lyckligt ovetande om.

Kon och de båda fjorlingarna kom i hård trav längs den upptrampade växeln. Jag hade inte lärt mig hur man i en sådan situation får älgarna att sakta ner farten eller rent av stanna. Skottet gick mot tjuren och i nästa ögonblick var hela gruppen uppslukad av täta granar. Hår och blod på skottplatsen.

När vi samlats berättade jag vad som hänt. Det var dags att någon försiktigt smög efter på blodspåret, för eftersökshund hade vi inte. Vem skulle spåra?

– Det behöver vi inte diskutera, sa Edvin snabbt. Pojken både ser och hör bättre än vi och dessutom skjuter han bättre. Även om någon annan av oss hade skjutit hade jag föreslagit att han skulle vara självskriven.

Det blev ett enkelt eftersök för tjuren hade bara gått en kort bit. Jag skulle ta hand om tjuren och gubbarna kunde åka till Billingen och börja jakten där.

När följande års älgjakt närmade sig hade mörka moln dragit upp över Europa. Det stod helt klart att ett andra världskrig var oundvikligt. Ammunitionsfabrikerna spottade fram krigsammunition för högtryck. Därför kom många jägare att sakna ammunition och fick stanna hemma från älgjakten eftersom sådan ammunition inte tillverkades. Själv hade jag köpt en liten lätt studsare som var en ombyggd Mauser i kalibern 8 x 57J. Jag hade bara nio patroner och kunde inte få tag på fler.

En äldre jägare i fars älgjaktlag på Billingen var hundhållare och ägde en gråhund som användes som löshund. Husse hade fått starr och såg för illa för att skjuta älg. Han måste ha en medföljande skytt när han kammade av de olika såtarna. Någon måste följa med och skjuta om det blev ståndskall då hunden fick upp. Jag befanns vara lämplig för den uppgiften och sålunda antagen som medlem trots att jag fortfarande ansågs för ung.

När hunden fått komma lös första morgonen visade han upp ett lagom stort sök. Vi såg honom ungefär var tionde minut och vi gick långsamt fram genom såten. Men när vi inte sett honom den senaste kvarten stannade vi upp och satte oss i kanten av den lilla släpväg vi följde. Just där hade vi äldre skog på höger sida i en sluttning ner mot en ungskog i en svacka. Hade jag varit riktigt uppmärksam eller haft mer erfarenhet, skulle jag ha sett att man tagit fyllning från den högra kanten av vägen och med det materialet byggt upp vägens vänstra sida som nu skymdes av gräs. I den lilla försumpade mosslaggen intill vägen hade björkslyet haft vissa svårigheter att växa och var betydligt lägre än granungskogen tio meter längre ut.

Plötsligt började hunden skälla i den täta granungskogen bara hundra meter från oss. Men hunden hade otur. Den hade hittat två fjolårskvigor och en tvåårstjur. I en sådan grupp brukar det finnas någon nervös och lättskrämd individ som sticker och drar de övriga med sig. Så även den här gången. Några sekunder senare bröt kvigorna fram ur granungskogen med tjuren tätt i hasorna och hunden vid sidan närmare oss. Överdelen av älgarna avtecknade sig tydligt genom björkslyet, men att skjuta under sådana förhållanden var vanskligt. Jag bestämde mig för att skjuta på tjuren när han passerade vägen, och följde honom hela tiden med lagom framförhållning och tryckte av just som han kom upp på vägen. Hade jag varit erfaren skulle jag följt honom över laggen med sikte strax under puckeln, och tryckt av just som han hoppade upp på vägen. Då hade överhållningen varit lagom. Nu förstod jag genast att jag skjutit för lågt.

Hunden var inte nämnvärt appelldresserad och föraren gjorde inget försök att koppla honom. Älgarna försvann bakom en lummig gran alldeles vid vägkanten. Vi kunde inte se dem längre och inga skall hördes från hunden. Vi väntade ett par timmar och gjorde därefter försök att följa blodspåret men den hårda marken i gammelskogen var täckt av tät ljung som räckte oss nästan till knäna, och under sådana förhållanden kan man sällan se varken klövavtryck eller blodspår.

När vi vid överenskommen tid samlades kunde en av förhållsskyttarna rapportera att en kviga strax efter skottet passerat honom utom skotthåll med hunden ett hundratal meter efter. Ingen hade hört något ståndskall. Plötsligt dök hunden upp bland oss. Skyttarna ställdes ut på nytt och hunden släpptes på skottplatsen. Mitt förslag att vi borde låta honom försöka spåra i koppel avvisades. När vi åter samlades en stund före solnedgången, kunde samme skytt berätta att kviga nummer två kommit i hög fart i den förstas spår med hunden efter. Jag blev ännu en gång påmind om att jag var för ung och oerfaren för att jaga älg. Jag sov oroligt den natten och kunde släppa in hunden som återkom vid midnatt.

Nästa dag skulle en annan såt jagas av men jag vägrade att följa med. Jag ville leta igenom det område där min skadskjutne tjur försvunnit. Det resulterade i att jag skrämde tjuren som blev skjuten av en förhållsskytt. Min kula hade gått genom bröstbenet en tum under hjärtat, utan att träffa något av benen. Det kändes skönt att veta att vi inte behövt lämna ett skadskjutet djur. Jag tackade för mig och åkte hem. Någon mer älg lyckades inte laget skjuta och min far berättade att Edvin kritiserat de båda jägare som påmint mig om att jag var för ung. Han hade fortsatt och gått ett steg längre.

– Har ni glömt att ni båda under tidigare jakter skadskjutit älgar som vi aldrig funnit.

Året efter avstod jag från älgjakt. Sedan kom kriget och det dröjde flera år innan jag fick jaga älg igen. Men mina erfarenheter av att ha skadskjutit en av mina första tre älgar satt kvar. Man ska inte tro att älgarna flyter fram lika jämnt i terrängen som figurerna på banan. Terrängen runt passet måste studeras noggrant när man sitter och väntar. Löshunden ska om möjligt kopplas på skottplatsen. Föraren ska låta hunden lukta på det blod som kanske finns, då säger hundens rovdjursinstinkt att just den älgen är lättast att komma åt.

Jaktskytte

I Skaraborgs läns Jaktvårdsförenings årsskrift från år 1939 berättas bland annat att de jaktskyttebanor som påbörjats 1937 utanför Skara, nu hade blivit färdiga.

Banorna invigdes i samband med tävlingsskjutningar den fjärde september 1938. Före skjutningarna höll kapten G. Bark, Gyttorp, föredrag och demonstrerade hur man skjuter lerduvor.

Alla medlemmarna i föreningen hade bjudits in att deltaga i invigningen och att tävla. På skeetbanan skulle skjutas på sex duvor från sex olika stationer. På löpande älg fem skott med eget gevär – studsare eller Mauser. Den som sammanlagt lyckades bäst i de båda grenarna skulle bli den förste länsmästaren.

Tävlingen hade väckt mycket större intresse än man vågat drömma om. Bara ett fåtal hade sett en lerduva förut, och den löpande älgfiguren hade man bara sett på bild i jakttidningar. Någon som hette Harald Wiberg hade ritat den. En del gubbar som inte jagade älg avstod från den grenen. De som anmält sig fick per post ett skjutkort med angiven skjuttid.Tävlingen lovade verkligen att bli en stor upplevelse och alla i vårt jaktlag ställde upp.

Jag har aldrig gått in för en tävling så intensivt som jag gjorde den gången. Det gällde att visa gubbarna i jaktlaget att jag kunde skjuta lika bra som de.Alla ville vara bäst i laget, men vi ansåg det uteslutet att någon av oss skulle kunna tävla om de främsta platserna i mästerskapet.

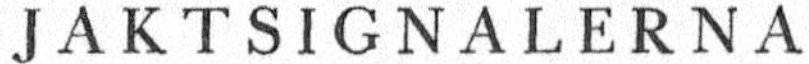

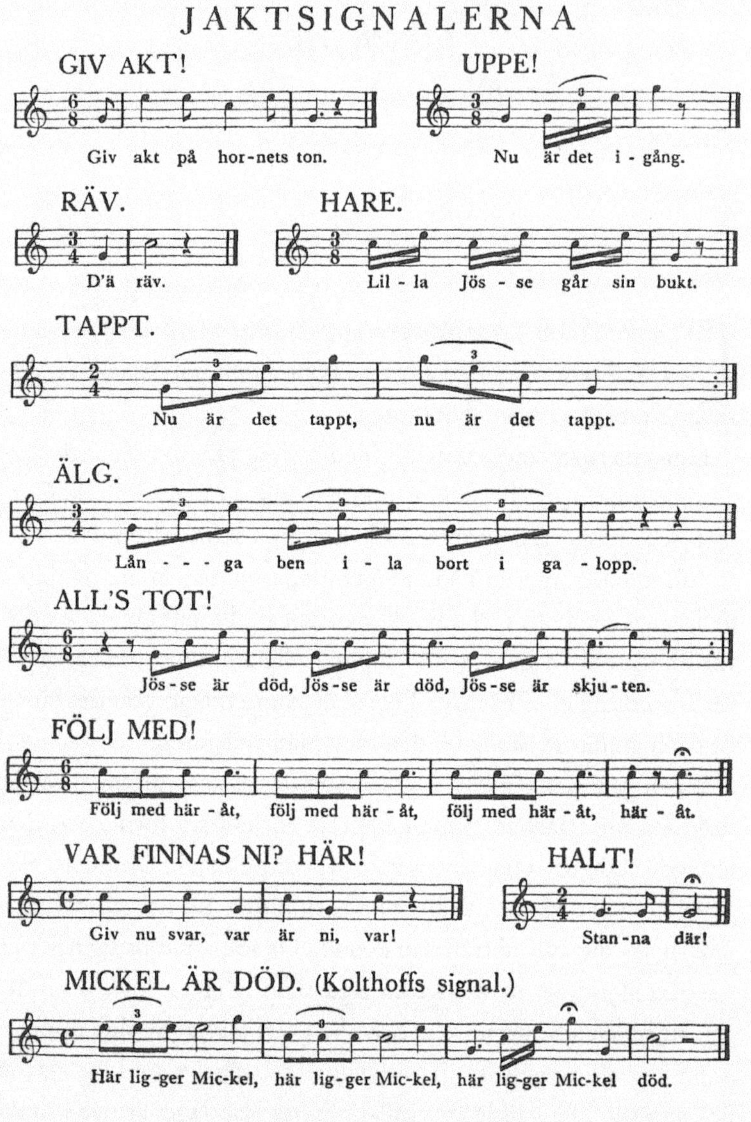
JAKTSIGNALERNA
GIV AKT!
Giv akt på hor-nets ton.
UPPE!
Nu är det i - gång.
RÄV.
D'ä räv.
HARE.
Lil - la Jös - se går sin bukt.
TAPPT.
Nu är det tappt, nu är det tappt.
ÄLG.
Lån - - - ga ben i - la bort i ga - lopp.
ALL'S TOT!
Jös-se är död, Jös-se är död, Jös-se är skju-ten.
FÖLJ MED!
Följ med här - åt, följ med här - åt, följ med här - åt, här - åt.
VAR FINNAS NI? HÄR!
Giv nu svar, var är ni, var!
HALT!
Stan-na där!
MICKEL ÄR DÖD. (Kolthoffs signal.)
Här lig-ger Mic-kel, här lig-ger Mic-kel, här lig-ger Mic-kel död.

Jaktsignalerna. Den vackraste av alla till sist.

Jag var sjutton år och tävlingens yngste deltagare. När det fram på eftermiddagen blev min tur att skjuta lerduvor hade det samlats massor av folk runt banan. Skjutledaren blev fundersam över att låta en så ung pojke skjuta under rådande förhållanden, han ansåg det farligt. Han frågade vänligt om jag kunde tänka mig att vänta tills det var färre åskådare runt banan. Ja visst, det kunde jag väl gå med på.

En stund senare var det min tur på älgbanan. Där fanns det inte så många åskådare. Jag sköt med mitt Mausergevär och lyckades få tjugotvå poäng vilket var dagens bästa resultat. Alla i vårt lag hade redan skjutit och ingen hade kommit över tio poäng! Inte ens far. Det satt fint.

När jag kom tillbaka till skeetbanan hade ryktet spritt sig att den unge grabben fått högst poäng på älgen. Någon ropade:

– Där kommer pojken som leder älgskjutningen! När skjutledaren hörde detta kom han fram och gratulerade.

– Nu vet jag att du kan skjuta. Det finns en ledig plats i nästa skjutlag. Passar det dig att du skjuter då?

– Jovisst, det passar mig utmärkt.

Nu gällde det att träffa alla sex duvorna, vilket en skytt gjort. Far var bäst i vårt jaktlag och hade träffat fyra, jag fick bara inte bli sämre. Jag koncentrerade mig intensivt före varje skott och lyckades plocka ner fem.

När alla var klara med älgbanan visade det sig att vi var tre som nått tjugotvå poäng. Vi fick skjuta oss isär. Ett skott i taget. Massor av folk samlades för att se den spännande finalen. Jag hade tävlingsvana från skarpskyttebanorna vilket de båda andra saknade. De sköt med sina studsare men hade blivit nervösa och misslyckades helt. Jag kunde lätt vinna särskjutningen och vann älgskyttet! Nu gällde det att också klara särskjutningen på skeetbanan där ytterligare två hade fått fem träffar.

Innan alla hunnit skjuta hade mörkret börjat falla. Lottdragning fick tillgripas vilket var en besvikelse för mig. Jag borde ha kunnat vinna särskjutningen. Vid lottdragningen kom jag tvåa bland oss tre som träffat fem duvor. Mitt sammanlagda resultat av båda grenarna gav sålunda fyra platspoäng. Jag vill minnas att tvåan hade tjugoåtta. Jag stod som överlägsen segrare. Priset var ett stort, hellindat jägarhorn i koppar.

När jag än i dag ser det högklassiga jägarhornet på vår vägg, eller blåser "Mickel är död", denna jublande melodi och den vackraste bland jaktsignalerna, känner jag fortfarande stolthet över att jag utklassade gubbarna i jaktlaget. Att jag faktiskt blev den första länsmästaren i jaktskytte känns fortfarande som en bisak.

Decemberjakt

Många av min ungdoms decemberjakter har etsat sig fast i minnet. Spännande episoder med smygandet mot varska tjädertuppar, som om det ville sig väl kunde upptäckas i snötyngda tallkronor. Bilder av orrflockar som kommer seglande mot bulvanen i rimfrostklädd björktopp. Duvhöken som slog bulvanen och slet loss den med åtta hål efter klor i det svarta tyget som minne av anfallet. Min första bock som i början av julmånaden ännu hade hornen kvar. Jag kan se honom då han i korta, snabba språng närmade sig kullen där jag stod.

Men bäst minns jag rävjakterna. Fullhåriga, vaksamma micklar i lugn galopp framför stövarna. Eller svepande ut ur gryt där en ettrig terrier eller en modig tax, genom sina attacker gjort räven nervös.

Jag tänker särskilt på en rävkull jag träffade på redan då valparna var kattstora och lekte utanför ett stenblock där rävfamiljen bodde. Ja, egentligen var det väl bara ungarna som bodde där. De trånga springorna mellan stenarna tillät knappast en vuxen räv att slinka in. Så är ju ofta rävfamiljens sommarviste beskaffat.

Det var något speciellt med den här rävkullen. Redan när jag skymtade den första lillmickeln såg jag att den var onormalt färgad. Och syskonen – det var nio i kullen – hade samma mörka färg på huvud och rygg. Modern som jag såg ett par gånger hade normal färg. Därför kunde man förmoda att den mörka färgen var ärvd från fadern. Det skulle bli spännande att se hur de här micklarna var färgade när vintern kom. Kanske skulle man få en eller annan korsräv i passet under decemberjakterna?

Redan i september, då det gällde att se till att stövarna fick den kondition som krävdes för vinterjakterna, fick vi svar på frågan. Några korsrävar blev det inte, men de hade en underlig stålgrå färg på de delar av kroppen där korsrävar brukar vara svarta.

Sådan herre sådan hund brukar det heta. Och det stämde bra vad gällde min jaktkamrat och hans stövare. Båda hade samma brinnande intresse för rävjakt. I den hundens ådror flöt av allt att döma blod från en rad olika raser, men driva räv kunde han. Eftersom min hamiltontik också hade räven som sitt favoritvilt hade vi två bra rävhundar. De båda stövarna visade ringa intresse för hararna, och det var tur för jössarna. Rådjuren var helt ointressanta.Vi kunde således släppa båda hundarna samtidigt.

Under höstmånaderna nöjde vi oss med att bara titta på rävarna. Ett fullhårigt rävskinn gick att sälja på den tiden. Det gällde att vänta med skott tills skinnen var vad man i våra trakter brukade benämna som "gilla". Det är tid att börja när skinnet på köttsidan har fått den ljusa, fina färg som avslöjar att pälsen är mogen. Hudens blåaktiga färg som talar om att det fortfarande produceras näring för håren, brukar sitta kvar till sist över svansroten. När huden ljusnat även där är det dags, och då är vi oftast inne i december.

Höstjakterna hade visat var ungmicklarna helst buktade och var de ville krypa in när stövarna blev alltför påträngande.Vi var sålunda väl förberedda då rävarna enligt vår egen jakttabell var lovliga.

Min kamrat sköt den första räven ur kullen. I likhet med de övriga som så småningom hamnade på våra tanor, hade den tät och fin päls. Färgen var inte vacker men körsnären var ändå beredd att betala en extra slant för skinnen eftersom färgen var så säregen. Nummer två och tre kom på min lott. Mötet med trean minns jag särskilt väl.

Det var en kall vindstilla förmiddag. Stövarnas röster hade hörts i nästan två timmar. Även när Mickel ritade ut bukter som sträckte sig långt bort från den ekstam som jag tagit plats vid, kunde jag höra deras skall. Min kamrat stod i generalpasset där rävarna brukade passera när de tänkte sig in i grytet borta i bergbranten.

Ett par gånger hade drevet brusat fram ganska nära mig. Det gick undan värre. Vittringsförhållandena var goda och det var lättsprunget på den tjälade, snöfria marken. Nu närmade sig drevet på nytt.Tänkte sig räven att springa mot grytet? Skulle han i så fall välja att ta generalpasset eller skulle han välja mitt trånga pass.

Nu hörde jag hur det prasslade i lövet under hasselbuskarna uppe på sluttningen. Spänningen steg, det måste vara räven. Snart skulle jag se honom genom riset, och där kom han.Visst var det en av de nio!

Han kom rakt mot mig. När han skymdes av en grov björk höjde jag bössan. Så fort han kom fram bakom stammen skulle skottet få gå. Av någon anledning fortsatte han ända fram till björken innan han girade för att komma förbi. På så sätt kom han alldeles för nära mig. I samma ögonblick som jag skulle trycka av fick han syn på mig och tvärvände samtidigt som högerpipan gick. Bom! Hade jag inte tagit ett par steg åt sidan hade björken skyddat hans reträtt. Nu fick han svärmen från vänsterpipan i nacken och hans saga var all.

Mötet med fadern till de nio blev dramatiskt. Hans färg gjorde att han på goda grunder kunde misstänkas vara den skyldige. Jag såg honom i samma terrängavsnitt några dagar senare, men nu var vädret inte lika vackert. Min kamrat kom och avlöste mig när jag hade stått i tre timmar på generalpasset och frusit i snålblåsten.

Drevet hade passerat ett par gånger uppe i sluttningen och man kunde vara ganska säker på att Mickel förr eller senare skulle söka sig till grytet. Jag var alldeles stelfrusen och behövde ta en språngmarsch för att få upp värmen.

Generalpasset var av den beskaffenheten att hållen ofta blev en aning långa. Det passade inte kompisens gamla utslitna bössa som strödde haglen ganska vårdslöst. Kanske borde han låna min bössa medan jag gav mig ut på en runda? Vi bytte vapen och jag rusade iväg för att få upp värmen. Men vi glömde en sak. Vi borde ha bytt ammunition också. Han hade nämligen en sextonkalibers bössa och jag en tolva.

Plötsligt växte hundskallet fram ur vindbruset där jag sprang genom täta hasselsnår längs en hålväg. Jag stannade till. Där! Trettio meter från mig for räven över vägen. Stor, mörk och högbent var han. I skottet, eller rättare sagt skotten, for han över ända men var snart på fötter igen. Jag försökte få iväg den andra pipan också men den hade redan gått. Muskedundret var så slitet att man inte fick spänna mer än en hane i taget och det visste jag inte om. Jag hade spänt båda hanarna så andra skottet hade gått genom rekylen av det första.

Räven linkade iväg mot grytet. Jag fick fram ett par patroner, men ingen har ännu lyckats ladda en sextonkalibers med patroner för en tolva. Vad skulle jag göra? Jag började springa efter räven. Hundarna kom nu rusande och var snart ikapp den mörkt röde. Den lille hanhunden for på räven utan att tveka, men det skulle han inte gjort. Ögonblicket efter satt hundnosen fastklämd mellan rävkäkarna. Tiken nöjde sig med att skälla ståndskall på en meters avstånd.

Jag letade febrilt efter en påk att drämma Mickel i skallen med. Kniven låg i ryggsäcken borta i generalpasset, annars hade det varit snabbt gjort att skära en lämplig bedövningspåk. Jag kunde helt enkelt inte hitta något lämpligt tillhygge.

Om man fattar en räv i svansen och svingar honom runt och slår honom hårt mot marken brukar den dö snabbt. Jag smög mig på Mickel bakifrån. Ett snabbt grepp i svansen och så rundsvingen! Men det höll på att gå alldeles galet. En hasselgren hindrade mig mitt i svingen så att jag var nära på att bli biten och blev tvungen att släppa taget. Resultatet var bara att han lyckades komma ett femtiotal meter närmare grytet innan hundarna fick stopp på honom igen. En sådan rusning till och han skulle kunna slinka in.

Vad skulle jag göra? Att slå honom i skallen med kolven var inte lämpligt. Den metoden har tillräckligt många praktiserat med misslyckat resultat. Har man nu inget annat än vapnet att tillgå, brukar det gå bra att koppla isär bössan, fatta piporna vid mynningen och slå räven i skallen. Godset kring patronlägena håller för slaget mot rävkraniet.

Inte heller den tekniken visade sig vara riktigt lyckad i det här fallet. Räven dog visserligen, men eftersom stoppskruven för patronutdragaren saknades flög utdragaren all världens väg och kunde inte hittas. När allt kommer omkring var det nog lika bra det som skedde. Kompisen behövde en ny bössa. Den gamla var lika utsliten som Mickels tänder visade sig vara. Båda hade tjänat ut.

Katt, iller och mink

Vår närmaste granne var skomakare. En trevlig granne och en skicklig yrkesman. Det fanns egentligen bara ett fel med honom. Han hade en stor svartvit hankatt som nattetid tog rejäla svängar genom markerna och säkerligen tullade ganska ordentligt bland rapphönskullarna och harbeståndet.

Tankbilar fanns inte utan mjölkbönderna levererade mjölken väl avkyld i krukor av olika storlekar. 50-litersflaskor var de största och vanligaste. När mjölkbilen kom för att hämta mjölken till mejeriet skulle de vara uppställda vid vägkanten på pallar av samma höjd som lastbilsflaket.

Ute vid landsvägen ett hundratal meter från vårt hem fanns en pall av ganska stort format. Flaskor från tre gårdar skulle rymmas på den. Mjölkbilen hämtade dem på morgonen. Ett par timmar senare kom bilen tillbaka och chauffören lastade av flaskorna. En del var tomma och andra innehöll vassla eller skummjölk som användes till svinmat. På eftermiddagen kom det två eller tre hästskjutsar från gårdarna och hämtade flaskorna.

Det var sålunda ganska stökigt kring pallen varje dag. Men detta hindrade inte att en rapphöna hade sitt rede mitt under pallen. Första året lyckades hon kläcka fram sin stora kull och vandra ut med ungarna. Nästa år valde hon samma oroliga plats för sitt bo.

Varje morgon då jag lastade av våra flaskor kontrollerade jag att hönan låg på sitt rede. Men så en morgon satt skomakarns katt och åt på hönan. Jag lastade snabbt av flaskorna på pallen och sedan fick hästen trava allt vad tygen höll hem till stallet.

Väl hemma rusade jag in för att hämta bössan och far frågade vad som stod på. När jag berättade om kattfan satte han stopp, grannsämjan var mer värd än en rapphöna! Jag hade bara att lyda. Men vreden kokade i mig och nästa natt hade jag mardrömmar om katter som ödelade hela viltbeståndet.

Några dar senare träffade far och jag skomakarn som bodde ganska nära landsvägen och mjölkpallen. Det fanns inte många bilar på den tiden och de som fanns höll ganska låg fart. Ändå kunde tidningsrubrikerna ibland berätta att ett eller annat vilt blivit påkört.

Nu var det grannens katt som hade stått i tur. Den hade legat död ute på vägen på morgonen och lyckligtvis hade den dött direkt, sa skomakarn för huvudet var krossat. Far gav mig en forskande blick. Han trodde uppenbarligen inte på det där med bilen. Det gjorde inte jag heller.

Iller var mycket sällsynt i våra trakter. Därför stod jag ganska undrande första gången jag såg spår efter den arten.

Det hade fallit ungefär en decimeter nysnö. Jag följde spåret efter en vuxen fälthare som en kort sträcka följt stenmuren vilken skiljde en enbuskehed från åkern. Plötsligt slutade harspåret med en stor tilltrampad blodfläck. Kringblåsta ulltussar visade att haren mött sitt öde. Jösses baneman hade tydligen upptäckt att ett lämpligt byte närmat sig och lagt sig på lur för haren. När denne passerat hade illern kastat sig fram och bitit sig fast i harens strupe. Efter att ha ätit upp större delen av det ena låret hade den släpat in haren i ett hål i muren.

Vad kunde det vara för ett rovdjur? Eftersom det inte var mårdspår och dessutom en kilometer till närmaste skog, förstod jag att det måste vara en iller. Jag visste att man hade sett illrar några mil längre söderut, men nu var de tydligen på väg till våra jaktmarker och var inte helt välkomna.

Innan jag lämnade platsen lade jag haren en meter från muren. I skymningen satte jag mig och vaktade, inget rovdjur syntes till. Men förr eller senare skulle illern komma.

Jag snickrade ihop en liljeforsbur i miniatyr och i utrymmet för lockfåglar lade jag haren. Ett par dygn senare hade illern passerat, och jag såg att den hade varit framme vid fällan men betet var tydligen inte tillräckligt lockande.

På en av granngårdarna fanns det gott om storråttor. Jag bad att få sätta ut en fälla och försöka fånga någon att ha som levande lockbete. Det gick givetvis för sig och följande morgon hade jag fem råttor i fällan.

Jag fyllde liljeforsburens lockbetesavdelning med mjuk halm och agnar och lät de fem råttorna gömma sig där. Det gick ett par dygn men sedan satt illern i fällan, för råttjakt kunde den tydligen inte motstå. Invandraren var en stor hane.

Några år hade gått sedan illern gjort entré. Tillsammans med ett par jaktkamrater var jag ute för att jaga kråkor. På vår gemensamma jaktmark fanns en stor mosse som man dikat ut och odlat upp. Mitt genom mossmarken hade grävts en bred kanal som alltid höll vatten och därför även en del fisk. Fram till kanalen ledde en rad öppna diken med ett hundratal meters mellanrum.

På dikeskanterna växte björkar och i dessa byggde kråkorna sina bon. När de värpt färdigt och lagt sig för att ruva, brukade vi gå dike upp och dike ner för att skjuta kråkorna när de lämnade boet. Vi gjorde den första turen i slutet av april och återvände en vecka senare. För om man sköt bort den ena kråkan kunde den andra ibland ensam fortsätta ruvningen.

En del kråkor var skygga och lämnade boet i god tid när vi närmade oss. Dessa gick dock lätt att komma åt om man skrämde upp dem ur boet sedan det blivit mörkt. Om man sedan kröp ner i diket och satte sig att vänta var de snart tillbaka och lätta att plocka ner när de slog till på någon gren.

På de här jakterna brukade jag ha med mig en liten foxterriertik som jag släppte om vi råkade vingskjuta en kråka. Terriern var snabbt ikapp kråkan och kom stolt tillbaka med den.

Vid ett tillfälle hade vi gått längs ett dike och var bara ett hagelhåll från kanalen. Plötsligt stannade terriern mitt för en rishög som täckte diket vilket för tillfället var vattentomt. Hon ville absolut ner och undersöka vad som kunde finnas under riset.

Ut sprang ett brunt djur som jag först trodde var en ovanligt mörk iller. Efter skottet kunde jag konstatera att vi för första gången fått minkbesök. Det var en stor hane som fortfarande hade bra päls. Jag fick sextio kronor för skinnet.

Denna första mink, i början av fyrtiotalet, lärde oss att vi hade att göra med en mycket effektiv jägare. Under riset låg nämligen en gräsanddrake samt två halvkilos lakar som alla var tagna under den gångna natten.

Hårt men lärorikt

Mors påstående att min energi kunde bli påfrestande för omgivningen var säkert sant. Jag hade ett starkt behov av att vara bäst, inte bara när det gällde att hantera luftgeväret utan även i andra avseenden.

Min syster Karin var två år äldre. När hon började småskolan hängde jag över hennes axel då hon gjorde sina läxor. Jag försökte lära mig av henne och hon lekte med förtjusning lärarinna. Följden blev att när det var min tur att börja skolan som sjuårig, hade jag klarat av läroböckerna för såväl första som andra klass.

Efter nio dagar i ettan flyttades jag över till andra klass. Första terminen gick inte helt bra. Britta, en av klasskamraterna, hade bättre betyg än jag och det grämde mig. Det hjälpte inte att hon var en rar flicka och fin kamrat, för jag måste helt enkelt vara bättre än hon.

Följande termin gick bättre och jag fick aningen högre betyg än hon. Jag insåg att för att hålla undan för henne gällde det att ligga i, varför hon blev en förnämlig sparringpartner.

Att vara bondpojke innebar att man hade förmånen att få lära sig arbeta redan som barn. Jag måste mjölka kor innan jag gick till skolan på morgonen, och det kunde ta tid eftersom mjölkningen gjordes för hand. När jag kom hem från skolan fick jag för det mesta rycka in och utföra en del sysslor. Arbetet var nyttigt för alla barn som var friska och starka, och man lärde sig dessutom att känna arbetsglädje.

Vi blev härdade och stod rustade mot de påfrestningar som livet bjuder på. Sommartid gick de flesta barfota så att fotsulorna blev härdade. Man kände inte att grus kan vara vasst. Under resten av året var trätofflor den vanligaste skobeklädnaden och sedan snön kommit fick man kränga på sig de dyra läderkängorna. Gummistövlar hade vi bara sett på bild i amerikanska kataloger.

Innan jag hade klarat av de fem åren i skolan kom min gamle lärare på besök i vårt hem. Han ville tala med far om mina möjligheter att studera vidare. Men vårt hem var för fattigt. Terminsavgifter, resor och inackordering skulle medföra alltför stor studieskuld. Dessutom behövdes jag på gården eftersom far skadat en höft och hade svårt att klara gårdens tunga arbete.

Kanske var det bäst som skedde. Jag är inte alls säker på att jag fått ett lyckligare liv om jag hade lyckats ta studenten. Däremot var både Karin och jag stolta och glada över att vår bror Sven senare fick den möjligheten. När han slutat folkskolan hade förhållandena förändrats till det bättre och han fick den utbildning han hade gjort sig förtjänt av.

På den tiden var det sed att äldste sonen skulle ta över gården, men jag trivdes inte med jordbruksarbetet. Att dag efter dag gå bakom hästarna i deras lugna takt passade mig inte. Jag ville nå bättre resultat med livet.

Våren, sommaren och förhösten betydde tråkigt jobb. Men när höstplöjningen var avklarad och jag fick börja i skogen kändes livet härligt att leva.

Då jag fyllt tolv började jag skogsarbetet på allvar. Kanske tog jag i lite väl hårt. Påfrestningarna kan bli lite för stora om man vill prestera lika bra resultat som de vuxna karlarna. Kroppen for illa och många av ålderdomens krämpor härrör från den tiden. Men roligt var det. Möjligheten att jaga och att på fritiden arbeta med dressyr och injagning av hundar förgyllde tillvaron. Tävlandet med min Mauser på fältskjutningar och banor inte att förglömma.

Sedan jag klarat av huggning och hemkörning av gårdens årsbehov av ved och husbehovsvirke, brukade jag hjälpa traktens bönder i deras skogar. Jag grämde mig över att jag i vissa fall måste klyva upp till ved både förstklassigt sågtimmer och fanerstockar. Vid sådana tillfällen försökte jag byta till mig stockarna mot färdighuggen björkved, eftersom jag köpt små björkposter på rot. Den mängd timmer och faner som jag på detta sätt kunde skrapa ihop blev så pass stor att jag tjänade en ordentlig slant på affärerna. Dessa timmeraffärer höll jag på med från femtonårsåldern fram till att militärtjänsten började.

När jag var elva år gick min mor bort i cancer. Det blev ett fruktansvärt hårt slag för hela familjen. Min far förlorade livsglädjen och arbetet blev alltmer betungande för honom. Att anställa en hushållerska var otänkbart för det tålde inte gårdens ekonomi.

Karin var således bara tretton år men måste ikläda sig en husmors arbete och ansvar. Hon hade en oerhörd energi och arbetslust och klarade av det hela med glans. Men priset blev högt. När hon var tjugoåtta drabbades hon av hjärnblödning och avled innan vi fick henne till sjukhuset. Enligt läkarna var hon lika utsliten som en åttioåring, så kära syster Karin offrade sig verkligen för familjen.

Militärtjänst

Andra världskriget pågick när jag kallades till mönstring. Några veckor innan jag skulle in hade jag råkat ut för en olyckshändelse vid timmerkörningen och fått en ryggskada. I militärläkarens ögon såg skadan uppenbarligen allvarligare ut än den var, så jag blev placerad i grupp fyra. Jag skulle med andra ord göra lumpen som malaj.

Eftersom jag hade viss vana vid snickeriarbeten blev jag placerad vid trängens anspannskompani för att arbeta i den snickeriverkstad som kompaniet hade. Vid krig skulle ett sådant kompani transportera fram ammunition och förnödenheter till de stridande. Transporterna utfördes med häst. Och eftersom kärrorna var gjorda av trä behövde de repareras när till exempel hästarna skenat vilket inte var något ovanligt.

När jag fick inkallelse nästan ett år efter mönstringen hade jag inte längre något obehag av ryggskadan. Då visade det sig att man tappat bort mitt namn i rullorna. I väntan på att namnet skulle dyka upp fick jag i likhet med kamraterna lära mig att göra honnör, höger vänster om, marschera och så vidare. När man så småningom fick klarlagt att jag var malaj, blev jag ombesiktigad och befanns vara vapenför, nu placerad i grupp tre och överförd till "elitplutonen".

Efter nio månaders utbildning skulle man välja ut rekryter som var lämpliga för befälsutbildning, och jag ansågs tillhöra den kategorin. Men eftersom sådana måste tillhöra besiktningsgrupp ett eller två, blev jag på nytt föremål för militärläkares granskning. Jag blev befunnen värdig tillhöra grupp två och fick börja gruppchefsskola.

Allt befäl på ett anspannskompani skulle vara ridutbildat. Eftersom det tar tid att lära sig sitta säkert i sadeln stod ridning ofta på programmet. Vi fick börja med att utan sadel rida runt, runt i ridhuset i en lång kolonn. Hästarna skulle hela tiden hållas i trav. Få av mina kamrater var vana vid hästar och för dem var detta rena skräckupplevelsen.

Om jag fick tillfälle att välja häst valde jag ett stort, stiligt sto med vackra rörelser. Det var en klok häst som skojade friskt med alla hästrädda. Därför hörde hon inte till mina kamraters favoriter. Men Norma, som hon hette, märkte givetvis att jag hade hästvana och uppskattade att jag tog kommandot.

Under utbildningen hade eleverna rätt och möjlighet att rida på fritiden och jag var den ende som utnyttjade denna "förmån". Då valde jag alltid Norma som givetvis trivdes med att få komma ut och röra på sig. Jag fick också tillåtelse att göra längre ridturer uppe på Billingen.

Norma och jag blev verkligt goda vänner. Om stallets stora portar stod öppna och Norma fick se mig ute på kaserngården brukade hon gnägga. Trots att där kanske rörde sig hundratals rekryter som alla var klädda på samma sätt så kände hon igen mig. Då var jag helt enkelt tvungen att gå in och klappa om henne.

Bland gruppchefsskolans cirka tjugofem elever skulle sex tas ut för plutonchefsutbildning. Kompaniets fem studenter ansågs vara självskrivna. Till min förvåning blev jag uttagen och måste på ny läkarbesiktning. Och se! Nu hade jag avancerat till grupp ett. Det innebar att jag skulle åka på lång utbildning i Sollefteå, fjärran från mitt hem och jaktmarker. Det fick bara inte ske. Jag saknade ingalunda intresse för det militära men jag behövdes hemma på gården som nu börjat förfalla alltmer.

Jag överklagade till inskrivningsnämnden där jag en gång förklarats så skröplig. Jag slapp plutonchefsutbildningen och blev istället överförd till ett kompani som gjorde beredskapstjänst i Värmland.

Kompanichefen var tilldelad två tjänstehästar som skulle rastridas. Han hade hästskräck och överlät till mig att ta hand om de båda kusarna.

– Om du vill göra långturer kan du beställa matsäck för flera dygn av husmor, bara jag slipper se de otäcka djuren, förklarade kompanichefen.

Vi såg oss omkring ordentligt, de båda hästarna och jag. De var kloka djur som alla hästar men gick inte upp mot Norma.

Senare var det dags för ny beredskapstjänst och jag överfördes till den enda kavalleripluton som fanns kvar. Nästa gång var jag infanterist och utsågs till ställföreträdande plutonchef.

II
Yrkesjägare

Öster-Malma

Under min militärtjänst började jag inse att jag inte skulle duga till bonde. Längtan till skogen var för stark så jag bestämde mig för att söka in på skogsskola. För att bli antagen krävdes inte bara skogspraktik utan även kunnighet som bland annat byggnadssnickare. Jag fick jobb hos en skicklig byggmästare i hemtrakten som också var jägare, vilket kanske bidrog till att vi kom så bra överens. Jag jobbade hos honom i två år samtidigt som jag hjälpte far på gården.

Vid den tidpunkten hade Svenska Jägareförbundet beslutat att starta en jaktvårdsskola på Öster-Malma. Jag tyckte det lät lockande, skickade in en ansökan och blev antagen som elev i den första årskullen 1947.

Jägmästare Georg Sparre var chef för skolan. Hans assistenter var Gunnar Hörberg som tidigare varit yrkesjägare och Svend Hansen som var viltuppfödare. En rad duktiga föreläsare gav oss kunskaper om jaktens historia, dåvarande organisation, lagar, viltbiologi, hundar och mycket annat. Bland dessa lärare kan nämnas rikskonsulenten Harry Hamilton, redaktören för Svensk Jakt jägmästare Bertil Haglund, professor Gösta Notini, professor Gustaf Lundberg, Svenska Kennelklubbens generalsekreterare Ivan Swedrup och forstmästare Tägtström som var vår lärare i fiske och fiskevård. Andra sakkunniga inte att förglömma.

Kamraternas berättelser om seder och bruk i de landsändar

de kom från gav givetvis också lärdom. Den mest erfarne och mångkunnige bland mina kamrater var min rumskompis Lennart Wingstrand från trakten kring Hornborgasjön.

När jag tänker tillbaka på lektionerna och de diskussioner vi hade minns jag att Bertil Haglund, Gösta Notini och Ivan Swedrup var lärare med speciell förmåga att fängsla sitt auditorium. De ville också höra vår uppfattning och såg gärna att vi ifrågasatte och diskuterade deras påståenden.

Jag hade till exempel bestämda åsikter om våra olika jakthundsraser och deras prestationsförmåga.Vissa rasers exteriör och kroppsbyggnad skulle kunna förbättras genom lämpligt urval.Till dessa hörde gråhunden som jag ansåg vara för tung och stelbent, och den släthåriga foxterriern som var för storväxt för att kunna röra sig med önskvärd smidighet i gryten. När det gällde älgvården riktade jag kritik mot att Svenska Jägareförbundet inte tog itu med det mest felaktiga av alla tokiga beslut riksdagen fattat i älgvårdsfrågor, nämligen kalvförbudet.

Då kurstiden närmade sig sitt slut fanns en hel del lediga jobb att välja mellan. Georg Sparre rådde mig att vända mig till Holmens Bruk som sökte en jaktvårdare. Det jobbet borde – menade han – vara som klippt och skuret för mig. Jag följde hans råd och blev anställd. I den tjänsten stannade jag fram till pensioneringen, det vill säga 38 år. De första tio åren trivdes jag utmärkt men under de sista decennierna kändes jaktvårdsarbetet ofta tungt och otacksamt.

En vårvinterkväll anno 1947, i ett av rummen i den nyrenoverade elevflygeln vid Öster-Malma Jaktvårdsskola, stod tolv unga jägare iförda nattdräkter och stirrade upp mot en gardin.

Naturens under är som bekant många och nu hade det märkliga inträffat att en fladdermus förirrat sig in i ett av elevrummen.

Fasthakad på en gardin lät den sig i all sin skönhet beskådas av en vetgirig kull jaktvårdselever.

Alla hade redan gått till sängs när en kurir, Sven Hansson, sedermera länsjaktvårdare i Södermanland, rusade genom korridoren:

– Grabbar, grabbar en fladdermus på vårt rum! skallade ropet.

Visserligen är en fladdermus i många avseenden märklig, men det var kanske inte musen i sig som väckte mest förvåning. Snarare undrade vi hur den lyckats ta sig in på rummet.

– Den kom svevande så fort vi sleckte ljuset, berättade rumskompisen Stickan på felfri stockolmsdialekt.

– Ni lär fälle hatt fönstre öppet näge tag, kom det från en nattskjorta på vilken namnet "Hildor" var broderat.

– Nej, vi har inte vedrat sen i förmiddags, kom det tvärsäkert på stockholmska. Då fladdrar vel inga lederlappar omkring.

Efter att grundligt ha studerats och artbestämts av Lennart Wingstrand, fladdrade den ut genom det öppna fönstret följd av tolv par stirrande ögon. Friden lägrade sig åter över jaktens högborg.

Men säg den frid som varar.Tio minuter senare var det färdigt igen. Åter löpte kuriren genom huset och dörrar slets upp.

– Hon ä inne igen den fan. Så fort vi släckte var hon tillbaka!

Åter blev det förtjusande lilla livet föremål för ingående granskning.

– Men gosse, sa Greger på sin trygga nordmalingska, ja tyckte hon såg större ut nyss!

Det kunde inte förnekas att hon verkade mindre där hon parkerat på ryggen av Notinis Jaktlexikon i Svens bokhylla. Men allt kan förklaras. Lennart, som hade betydligt större bredd på sitt zoologiska kunnande än någon av oss andra, hade genast en vettig förklaring till hands.Alla trodde honom. Han hade skaffat sig auktoritet på området, eftersom hans bror var zoologiprofessor på Köpenhamns universitet kan man gissa att det låg i släkten.

Om fladdermöss tyckte han tydligen mycket, den gode Lennart. Eftersom han nu utförligt kunde berätta om olika arter, raser, beteenden och så vidare. Lennart hade av en viss anledning nyligen plöjt igenom vad all tillgänglig litteratur kunde förtälja om Eptecisus Nilssoni, som enligt hans utsago var den ras kräket tillhörde.

– Mycke ä ännu okänt rörande fladdermössens biologi, fortsatte han och det lät fint och övertygande. Men va ja inte kan bli klok på ä va dä ä hos Sven som ä så tilldragande. Den ha ju snabbt och på oförklarligt sätt sökt sig in i dä här rummet och än en gång hakat upp sig på hans sida.

Därefter övergick han av någon anledning till att könsbestämma kräket och förklarade tvärsäkert, efter att ha gluttat endast en aning, att det lilla livet var ett femininum och tillade eftertänksamt:

– Det var precis vad jag väntade mig.

Jag ska sent glömma hans min efter detta uttalande. Med varsam och säker hand förpassade han vår förtjusande fladdermusmamsell ut i den sörmländska vårvinternatten.

Åter släcktes ljusen, det ena efter det andra. Några minuter senare fladdrade musen ånyo omkring i det rum där våra båda vänner lagt sig till ro. Ny samling. Ökad förvåning. Nya wingstrandska visdomsord.

– Kan man förstå hur hon tar sig in, undrade Roland stillsamt. Han undersökte dörrspringorna där inte ens ett läskpapper skulle kunna pressas igenom.

– Nog kan möss vara små, skrattade Cedergren, men aldrig har jag träffat på någon så liten att den skulle kunna slinka genom gallret till ventilen, så den vägen har hon inte tagit.

Mysteriet var olösligt. När halva natten gått och eleverna för åttonde gången kröp under täcket, gav musen äntligen upp.

Ska jag vara riktigt ärlig måste jag kanske tillstå att Lennart och jag aldrig hade lagt oss. Vi hade nöjt oss med att dra på våra pyjamas och satt på sängkanten för att avvakta händelsernas utveckling. Vi diskuterade betydelsen av uppriktighet kamrater emellan, vägd mot nöjet att genom livet bära minnet av deras förvånade miner när de fick uppleva detta naturens under.

Följande morgon delgavs skolchefen Georg Sparre alla kända fakta i mysteriet med den återvändande fladdermusen. Jag vill minnas att det var den blivande jaktvårdskonsulenten i det värmländska jaktvårdsförbundet som var föredragande. En kommentar från skolchefen emotsågs.

Som vanligt i liknande situationer stoppade Georg sin pipa synnerligen omsorgsfullt medan han tänkte över problemet. Hans forskande blick över glasögonen vandrade från elev till elev. Var det inte något lurt med fladdermusmysteriet? Lennart, den kloke, såg fundersam ut och fäste sina troskyldiga blå på någon detalj i lektionssalens jaktmålningar.

Museriet fick aldrig någon vetenskaplig förklaring.

Det där att skoja med kamrater (och lärare) tycks för övrigt ha gått i arv från denna första elevkull till senare årgångar. En sådan spelevink var Anders Bergsten, som tyvärr (eller snarare tack och lov) tillhörde en senare samling än jag. Han blev efter examen anställd som jaktoch fiskeboss på SCA. Som avkoppling från jobbet roade han sig då och då med att bli norrlandsmästare i skeet. Han kunde även gona sig åt att vara gift med dåtidens världsberömda skidflicka Anna-Lisa Eriksson.

Norrlänning vorden, fördömde han under kursens gång det sätt på vilket sörlänningar jagar älg

– Drev- och tryckjakter! Lurpassande vid havrefält och rapsodlingar! Huvaligen! Nej, tacka vet ja när ståndskallet ljuder i den djupa norrlandsskogen. Dä ä älgjakt. Vilka hundar vi har!

Eftersom Lambart von Essen var skolchef, ger mig det sagda anledning att misstänka att den georgska genomskådningsförmågan gått i arv, vad gäller fullifanska elevers påhitt. Det finns anledning att tro att vad som berättas nedan gav Lambart anledning att fler än en gång lägga den typiska von Essensska pannan i djupa veck.

När den aktuella kursen fick en veckas ledighet kort före älgjakten, blev Anders ombedd av Lambart att ta med någon av dessa fenomenala ståndskällare. Gruppen av okunniga sörlänningar kunde behöva sådan utbildning.

Smått chockerad, men med väl dold oro lovade Anders att ta med sig någon av kanonerna när han sökte sig hemåt mot de norrländska tassemarkerna. Nog borde han väl kunna ragga upp någon användbar gråhund. Själv ägde han nämligen ingen!

Nu finns det som bekant ett gammalt ordspråk som säger att: "Sin fästmö eller älghund lånar man inte ut." Det kände Anders till. Med den övertalningsförmåga han har, skulle jag kunna tänka mig att han var kapabel att ordna en full uppsättning fästmör till ystra Öster-Malmaelever. Men att låna en bra älghund, nix! Där gick gamle vännen bet, och det förstår jag. Dels finns det ganska ont om dessa underdjur och dels lånas älghundar som sagt aldrig ut.

Anders kurskompis Lundmark, norrlänning även han, ställde beredvilligt upp för han hade påpassligt sekunderat varje gång Anders häcklat sörlänningarna och lovsjungit älghundarna. Med mobiliserande av alla gemensamma krafter lyckades de båda ynglingarna från norrskensflammande bygder till slut låna en gråsupp. Den var visserligen helt oprövad i skogen, men om Gud var god skulle den eventuellt kunna tänkas intressera sig för älg.

Att förväntningarna hos övriga elever var stora kan man förstå. Risken var väl bara att skolans jaktkvot skulle fyllas alltför snabbt med hjälp av detta fyrbenta fenomen.

Första såten omringades av skyttar. De båda norrlänningarna skulle gemensamt agera förare av hunden som vid avtalad tid skulle släppas; som blev kommenderad att söka ut; som helt missförstod förarnas önskemål; som i förtvivlan ombads att åtminstone försvinna bakom närmsta buske; som gav fan i detta; som trivdes bäst om den fick stryka sig mot Anders ben.

Inte ens när en ungtjur sågs glida undan bland snåren visade jaktmaskinen den minsta lust att lämna sina båda nya vänner.

Nu var goda råd dyra. Här gällde det för norrlänningarna att använda all uppfinningsrikedom. Att nedkalla högre makters sakkunniga medverkan. Att begagna varje kryphål för att komma helskinnade ur den pinsamma situationen.

–Vi kopplar fanskapet vid ett träd och springer ifrån honom. Då kanske han ger hals, föreslog Anders. Och si!, hunden hov upp sin röst. Det härligaste ståndskall ekade bland Öster-Malmas skogsklädda kullar. Någon har senare sagt att den till och med skällde på dialekt.

Passkyttarna kramade kolvarna och började nästan fingra på säkringarna. Ståndet skulle ju lossna när som helst, men norrlandshunden kunde tydligen konsten att hålla älgen på plats.

– Det måste vara en djävligt bra hund! Varför small det inte?

Vi bruk sätt oss å kok kaffe innan vi gå fram å skjut, hade ju norrlänningarna sagt. Men ändå, det måste vara en sjusärdeles hund. Anders & Co tryckte i snåren väl dolda för hundens blickar.

– Förbaskat bra hund, myste Anders, vi låter honom hålla på en stund till.

Då! Plötsligt fick Anders se Hörberg, yrkesjägaren och läraren, komma smygande. Han hade passet närmast ståndskallet och kunde inte uthärda längre. Han gjorde vad man absolut inte får göra, han lämnade passet för att smyga på ståndet.

– Lyckligtvis fick jag syn på honom innan det var för sent, sa Anders när han berättade denna sedelärande historia för mig. Jag hann nätt och jämt åla fram till skallkungen som fick allt det beröm den gjort sig förtjänt av, och sedan smyga bort.

Det blev tyst i skogen. Ståndet hade lossnat. Då small det i ett av passen! Ungtjuren hade tyckt att det blev för oroligt i markerna och hade försökt lista sig ut ur såten.

– Hunden ska skickas hem igen, försäkrade Anders då de samlats. Och så blev det. Han hade enligt sitt eget fullt sanna påstående legat inom gott skotthåll.

– Jag skulle bara pröva hundens uthållighet några minuter till när Hörberg kom och skrämde älgen!

– Nej, fortsatte Anders, platsen för en så bra älghund är Norrland och ingen annanstans. Här riskerar man att få den förstörd av sörlänningar som inte har vett att sitta kvar på passen.

Vid kursavslutningen framfördes elevernas tack till lärarna av elevkårens ordförande, som givetvis var Anders. Då lär han ha avslöjat sanningen om den förnämlige ståndskällaren.

Samma dag som mysteriet med fladdermössen timade, hade jag sysslat med ursågning av torra grenar på gamla förväxta fruktträd. Då lärde jag mig bland annat att en grov, murken gren med hackspetthål kan innehålla ända upp till sju fladdermöss. Skrämda flyger dessa från sitt gömsle om man inte stoppar en näsduk i hålet. Gör man det och dessutom kapar den grova grenen till lämplig holklängd, kan denna transporteras till utvalt elevrum. Där kan tungt hörnskåp, som har sådan konstruktion att utrymme finns på baksidan för en grov holk, flyttas fram. Sedan holk placerats i hörnet bakom skåpet kan näsduken tas bort. Vilket ger möjlighet för de inneboende i holken att vid lämpliga ljus- och värmeförhållanden fladdra ut.

Vid en storstädning några månader senare skulle städerskorna dammsuga bakom Svens hörnskåp och när de drog fram det hittades holken. Städerskorna frågade Georg Sparre om holken skulle sparas eller om de kunde slänga den, för den luktade ju så förskräckligt.

Georg hämtade holken och med ett brett grin visade han upp den för kursen och berättade var den hittats. Han kom ihåg vem som sågat ur torrgrenarna i äppelträden men avstod från att peka ut den skyldige.

Anställd som jaktvårdare

Vid tiden för mitt tillträde som jaktvårdare på Holmens Bruk var Christian von Sydow verkställande direktör och jägmästare Åke Norlén var skogschef. Det var dessa två som fattat beslutet att det borde anställas en jaktvårdare.

Beslutet föll inte i god jord hos vissa jägmästare i bolaget, som var vana att själva få bestämma över jakten i skogarna de förvaltade. De tyckte inte om att en utbildad jaktvårdare skulle lägga sig i hur jakten sköttes. Detta förhållande höll i sig och förvärrades mer och mer under hela min långa anställningstid. Andra jägmästare var lätta att samarbeta med.

Christian von Sydow var en människa som hade otrolig förmåga att sprida trevnad omkring sig. De anställda trivdes och den goda holmenandan var omtalad. Han var stor naturälskare och tillbringade stor del av sin fritid ute i markerna. Under jaktsäsongen ville han om möjligt ha en jaktdag per vecka. Om han kom till skott eller inte var för honom ganska betydelselöst, huvudsaken var att han fick se vilt, och inte sällan avstod han från att skjuta.

Åke Norlén var en ganska fåordig herre som ställde stora krav på sina underordnade. Men som gamle skogvaktaren Nils Gustavsson i stavsjöskogarna påpekade, så ställde Åke störst krav på sig själv. När han såg att man gjorde sitt bästa fick man bara en mild tillrättavisning om man misslyckats. Medan den som slarvade fick veta att han levde.

Norlén var lik von Sydow i allt vad gällde naturintresse och jakt, varför de jagade mycket tillsammans. De hade en kunskapsnivå få som jägare når upp till, och ansåg själva att de bara skummat på ytan och att det fanns oändligt mycket mer att lära. Självklart var det mycket stimulerande att få arbeta under sådana chefer.

Vid anställningsintervjun fick jag tala med den biträdande skogschefen som beklagade att alla människovärdiga bostäder var upptagna. Det behövdes mycket husrum eftersom motorsågarna ännu inte gjort sin entré i skogsbruket. Dessutom fraktades alla skogsprodukter med häst från stubben till bilväg, järnväg eller flottningsled. Bolaget hade med andra ord många skogsarbetare och många hästkörare.

Man hade beslutat att det skulle byggas en ny bostad åt den jaktvårdare som skulle anställas. I väntan på att det huset blev färdigt fanns inget annat till buds än en trång och kall koja, som sommartid brukade användas till praktikantbostad.

Jag var fattig som en kyrkråtta efter året på Öster-Malma, och angelägen att fortast möjligt få börja jobba. Längtan efter det nya jobbet som sådant bidrog också eftersom det i princip innebar att jag nästan jämt skulle få vara ute i markerna. Så ett år skulle jag väl kunna uthärda i kojan även om den var trång och kall.

Lönen var en svältlön, 2.750 kronor om året, plus dyrtidstillägget som var 25,5%. Bostad och huggen ved fritt hemkörd hörde till förmånerna.Vidare fri tjänstetelefon samt 50 kronor per år "för i tjänsten använt fortskaffningsmedel". Dessutom erbjöds jag att som skogvaktarna få en bakfjärdedel av en vuxen älg per år. Två rådjur och småvilt för eget behov hörde också till förmånerna. Min lön och förmåner var ungefär samma som gällde för skogvaktarna.

Jag sa att jag inte skulle kunna leva på den ersättningen. Jag var beredd att acceptera om jag fick betalt för kostnaderna att ha egna hundar, samt rätten att behålla alla viltskinn jag kunde komma över. Det gick man med på.

När jag tillträdde tjänsten möttes jag vid kojan av skogvaktare Nils Gustavsson som var en verklig "plusvariant" bland skogvaktarna och som blev min kloke rådgivare och trofaste vän.

Det lilla huset bestod av ett enda rum där jag skulle bo tillsammans med mina hundar. Den ena väggen var illa åtgången av röta och kylan trängde genom väggarna. Det var elransonering så den enda värmekällan var järnspisen där jag eldade för fullt på kvällarna. Ändå var det ofta tjock isskorpa på vattnet i hinken bredvid spisen. Men vi mådde bra både hundarna och jag.

Det var uppgjort att jag skulle tillträda vid årsskiftet 1947–48, men eftersom man skulle ha den årliga tuppajakten på Stavsjö den 29 december, ansågs det lämpligt att jag tillträdde ett par dagar tidigare. Jag skulle då få tillfälle att träffa mina blivande chefer vilka deltog i jakten. Dessutom skulle omkring tjugofem skogsarbetare vara drevkedja. Detta passade mig bra och jag bad att få gå med i drevet eftersom jag då skulle få tillfälle att se mer av markerna som skulle bli min arbetsplats.

Vid tuppajakten var det lovligt att skjuta rådjur, hare och räv samt orr- och tjädertuppar. Min första jaktdag i stavsjöskogarna var således en sådan jakt. Den gav tiotalet rådjur, två harar och ett par tjädertuppar. Jag fick tillfälle att röra mig över stora arealer och med spårsnöns hjälp kunde jag konstatera att älgtillgången i den här delen av Kolmården var tätare än i någon annan del av landet jag dittills varit. Det fanns också gott om rådjur och skogshare.

Skogsfåglarna hade då redan i slutet av fyrtiotalet märkbart börjat minska i antal och den brant nedåtgående kurvan kom att fortsätta. Ändå stötte jag upp förvånansvärt många fåglar, och ett par tjädertuppar föll som sagt också för jägarnas skott. Mårdspår såg jag på flera håll, och vid en bäck kunde man ana igensnöade utterspår. Framför allt slog det mig att här fanns väldigt gott om räv.

Efter jaktens slut bjöds vi på kaffe hos familjen von Sydow. Skogschefen Åke Norlén såg till att han och jag fick sitta ifred vid ett eget bord, för han ville höra mina intryck av dagens jakt.

Jag påpekade att jag aldrig tidigare sett så mycket spår efter älg, rådjur och räv som i de marker jag strövat genom under dagen. Men jag kunde inte hålla inne med att jag tyckte att ett par av gästernas påskjutningar av rådjur hade varit olämpliga, och jag föreslog att jag följande dag skulle undersöka om djuren blivit skadade. Han delade min uppfattning.

Skogschefen nämnde att han var helt införstådd med att mina bostads- och vissa andra förhållanden inte var tillfredsställande. Orsaken till detta var att det blivit ganska hastigt bestämt att bolaget skulle anställa en jaktvårdare. Missförhållandena skulle rättas till.

Han beklagade också att man inte hunnit utarbeta en skriftlig arbetsinstruktion för den nya tjänsten. En sådan skulle komma senare. Han rådde mig att tillsvidare lära mig skogarna och gränserna inom "hemmamarken", det vill säga stavsjöskogarna. Samtidigt tyckte han att jag skulle försöka komma åt någon räv, och det passade ju mig utmärkt.

Den skriftliga arbetsinstruktionen lät vänta på sig. Jag påminde ett halvår senare. Efter ett år. Efter fem år. Efter tio år, och då fick jag svaret:

– Det var ett djäkla tjat om skriftliga instruktioner, skriv den själv för tusan du vet ju vad den ska innehålla.

I början av anställningen hade jag flera överläggningar med mina båda högsta chefer om hur jaktvårdsarbetet långsiktigt borde läggas upp. Bakgrunden till att de hade beslutat anställa en jaktvårdare var att man ansåg att bolagets tillgångar i form av jakttillfällen skulle komma att bli värdefulla ur olika synpunkter. Det gällde bara att ta till vara resurserna på bästa sätt. På 1940-talet hade bolaget egna skogar i Småland, Östergötland, Södermanland, Uppland och Jämtland.

Man planerade bland annat en årlig jakt med inbjudna leverantörer av massaved till pappersbruken i Norrköping och Hallstavik. Även utländska pappersköpare fanns givetvis på gästlistan.

Sådana stora jakter krävde noggranna förberedelser och kunnig ledning. Särskilt krävdes att man hade resurser att genomföra effektiva eftersök när påskjutet vilt inte föll inom synhåll.

Mina chefer var inställda på att den nye jaktvårdaren skulle ha som en av sina uppgifter att vara just jaktledare på dessa jakter. Jag höll inte med dem. För att kunna agera som en bra jaktledare är det inte nödvändigt att vara erfaren jägare. Jaktledaren ska i första hand vara en skicklig organisatör och uppträda lugnt och med pondus. Jaktdeltagarna ska få intrycket av att han vet vad han vill och kräver att alla följer hans instruktioner till punkt och pricka. I samråd med den som satt ut passpålarna och kvistat upp passen, ska jaktledaren i förväg ha gjort upp en checklista över vad han ska tänka på inför varje särskilt drev. På så sätt undviks mycket diskussioner.

Jaktledaren ska inte bära vapen. Medan drevet går ska han kontrollera att uttransport av vilt i tidigare drev fungerar. Han ska vara anträffbar om den som sköter eftersöket eller någon annan vill ha kontakt. Jaktledaren ska se till att allt klaffar kring den lunch som serveras i skogen och så vidare.

I och med att jaktledaren inte själv står på pass, förstår gästerna att värdarna är angelägna att allt ska fungera på ett förstklassigt sätt för gästerna trivsel.

Att sköta eftersök är däremot ett jobb där inga checklistor hjälper. Där fordras att vederbörande är skicklig jägare och att han framför allt har specialdresserade hundar. Det ena eftersöket är inte det andra likt så ingen blir fullärd.

Man ska komma ihåg att den typ av jakt som en bolagsjakt är, gör snart att en stor del av terrängen blir genomtrampad av såväl människor som olika sorters vilt. Till exempel kor som fått sin kalv bortskjuten springer omkring och lockar. Allt detta försvårar eftersökshundens arbete.

Det är önskvärt att föraren känner väl till markerna. Är han inlejd ska han vara skicklig kartläsare. Måste en vägvisare eller skytt följa med, eller om föraren har en älghund som han vill släppa i tid och otid, tillhör eftersöksgruppen klass två eller ännu sämre.

Mina chefer insåg att jag hade rätt beträffande de svårigheter som möter den förare som ska sköta eftersöket vid en storjakt. Men de ville inte i dåvarande läge ändra på den gamla regeln att jaktledaren skulle få välja att stå på pass. Denna olämpliga tradition kom att medföra en hel del strul och i många fall missnöje från gästerna. Så fortsatte det och blev ett allt större problem.

Cheferna förstod poängen med att jag borde delta i alla representationsjakter med de specialdresserade eftersökshundar vi hoppades att jag skulle kunna få fram. Dessa måste vara fullgoda spårhundar som smög fram tyst och försiktigt. De skulle ofta stanna upp och lyssna eller söka direktvittring av det skadade djuret. Men de måste också vara attackhundar som jag kunde släppa om ett sårat vilt lyckades lämna sårlegan utan att jag kommit till skott. När hunden kom i kapp djuret skulle den skälla ett sammanhängande och uthålligt ståndskall tills husse hann fram och hjälpte till med avslutningen.

På den tiden var det inte vanligt att skogsarbetarna fick jaga i bolagens skogar. Detta ville mina chefer ändra på. Vi skulle mjukstarta genom att låta de huggare och körare som var roade av jakt få några jaktdagar på rådjur och småvilt. Planen var att det skulle ske varje vinter under min, skogvaktares eller annan av bolaget utsedd persons ledning.

Dessa personaljakter blev mycket populära. Så småningom utvecklades det till att jaktlag av anställda fick disponera "egen" jaktmark där de under en av dem själva föreslagen, och av bolaget godkänd ledare, kunde jaga på fritid när det passade.

Skogschefen Norlén ansåg att kolmårdsskogarna borde tåla en tätare älgstam än den som fanns vid fyrtiotalets slut. Han bad mig studera skadornas omfattning på ungskogen och diskutera saken med skogvaktarna.

– Kom sedan med förslag hur vi ska sköta vår älgstam så att den blir lagom stor och ger bästa avkastning. Glöm inte vården av stammens kvalité, ungefär så löd hans order.

Sedan jag inventerat älgskadorna på ungskogarna och efter att ha diskuterat med skogvaktarna, hade vi gemensamt kommit fram till att ungskogarna tålde något hårdare betning. Dessutom skulle skogen på betydande arealer slutavverkas inom de närmaste åren och ny skog planteras på hyggena. Tillgången på älgbete skulle med andra ord komma att öka ganska kraftigt.

Ett par månader senare hade vi ett sammanträde där jag lade fram skogvaktarnas och mina synpunkter rörande älgstammens numerär.

Beträffande kvalitetsvården påpekade jag att det inte fanns några forskningsresultat att hänvisa till. Landets viltforskning hade då knappt kommit igång. Men jag kunde berätta att jag vid flera tillfällen sett att de stora skoveltjurar som fanns i Kolmården, hade en krans av kor omkring sig flera veckor innan de unga tjurarna visade brunstbeteende. Däremot träffade jag aldrig på utvuxna tjurar med cervina horn som hade liknande uppvaktning.

Under förbrunsten tycks de utvuxna tjurarna ströva omkring för att visa upp sig för korna. Samtidigt gör de upp med sina rivaler om rangordningen. När två sådana tjurar möts brukar de närma sig varandra med stram hållning och högburet huvud. Eftersom de ser varandra framifrån är det praktiskt taget omöjligt för dem att se om motståndarens horn är av skoveltyp eller om hornprydnaden tillhör den cervina varianten.

Ofta står de stora gossarna i den ställningen och blänger på varandra. Därefter tar de några steg framåt, och när de kommer varandra så nära att det är dags att braka ihop sänker de huvudena. Skoveltjurens imponerande horn tycks då avskräcka motståndaren som oftast gör helt om och flyr utan strid.

Att vissa tjurars enorma skovelhorn på mycket kort tid kan växa ut år efter år får ses som ett kriterium för bärarnas kraft och vitalitet. Det kan inte vara en slump att korna samlas kring sådana tjurar och snabbt kommer i brunst samt låter sig betäckas. Det har stor betydelse att dessa kalvar blir tidigt födda och får utnyttja hela vegetationsperioden. Och att kon därmed i stort sett har slutat ge di när den normala brunsttidens oro och lövfällningen kommer.

Det kan inte vara en tillfällighet att korna viker undan för mindre tjurar och till och med jagar bort dem om de närmar sig den store. Naturen styr detta på ett klokt sätt och människan ska försöka vara följsam. Vi jägare bör se det som en skyldighet att se till att vi har tillräckligt många skoveltjurar i skogarna för att korna ska få chansen att hitta en sådan när tiden är inne.

Såväl disponenten som skogschefen tyckte att mina åsikter verkade vettiga. Det hjälpte inte att vissa jägmästare hade invändningar. Cheferna enades om att alla – såväl bolagets eget folk som gäster – skulle beordras att avstå från att skjuta tjurar med sex taggar eller fler.

Jag föreslog att vi borde skjuta bort alla utvuxna cervina tjurar. Men von Sydow ansåg att varken han eller andra amatörer hade erfarenhet att avgöra vilka som i så fall skulle sparas och vilka som skulle skjutas bort. Han beslöt att jag skulle ta hand om gallringen.

Från 1952 års älgjakter och under en lång period framöver gällde dessa regler på bolagets större skogsområden på Kolmården. Vissa av våra jaktgrannar med såväl stora som små jaktmarker hakade på. Andra utnyttjade fräckt vårt sparande och sålde till och med rätten att skjuta skoveltjurar till jägare med tjock plånbok.

Glädjande nog var det ändå ganska många skoveltjurar som klarade sig. Så småningom fanns någorlunda stor procent fullvärdiga tjurar till glädje för såväl älgkorna som jägarna och andra naturälskare. Den största jag såg hade tjugotvå taggar.

Vid ovannämnda sammanträde tog jag också upp frågan om inplantering av kronvilt. Jag menade att arten borde ges möjlighet att etablera sig i Kolmården där kronvilt en gång funnits men utrotats genom hänsynslös jakt.

Ett tiotal år tidigare hade Dr Bengt Berg påpekat i en artikel att arten då bara fanns kvar i Skåne, men att den biotopen inte var lämplig för arten. Skadegörelsen blev för stor. Hans förslag var att det borde göras en inplantering i Kolmården där kronviltets barkflängning av gran skulle utebli enligt hans uppfattning. Flera av jägmästarna avrådde, men några år senare beslöts att det skulle byggas ett uppfödningshägn intill min bostad.

Uppfödningen och utplanteringen blev framgångsrik. I dag finns en tät kronviltstam i Kolmården. Barkflängning av gran har uteblivit eftersom det i de bergigaste områdena finns tillgång på lavar som denna viltart behöver för sin övervintring. (Se vidare kapitlet "Kronvilt".)

Åke Norlén drabbades av sjukdom och måste sluta sin tjänst. Hans efterträdare Gunnar de Verdier var väl injagad och vi båda hade lätt att samarbeta och jagade gärna tillsammans.

Christian von Sydow nådde pensionsåldern, men hade i god tid sett till att min lön successivt höjts. Sedan jag träffat Gun och vi gift oss, visade han och Åke Norlén på olika sätt att de uppskattade allt det arbete som hon fick lägga ner på skötsel av hundarna och mycket annat.

Det kom nya tider med mindre kunnande hos de styrande. Förståelsen för nödvändigheten av att samarbeta över jaktmarksgränserna och vårda viltstammarnas kvalitet var inte densamma som tidigare.

Första arbetsveckan

Min första arbetsvecka i bolagets tjänst bjöd på strålande jaktväder med fin spårsnö. Skogschefen hade som sagt rått mig att lära känna markerna och om möjligt tulla på det alltför täta rävbeståndet.

Med skogvaktarens hjälp kunde jag pricka in ett antal gryt på kartan. Det enda kartmaterial som fanns var generalstabens karta i skala 1:100 000 och därmed inte särskilt detaljrik. Men visst hittade jag de flesta gryten som var inprickade, och genom att följa rävspår fann jag några till.

Min lilla foxterriertik hade under tiden på Öster-Malma fått alltför få tillfällen att leka med de röda och var således heltänd. Jag sköt fyra rävar på tre dagar för henne.

Den fjärde dagen tog jag an ett mårdspår och hade snart mården ringad. Den hade gått i träden den sista biten fram till ett litet stenkummel som terriertiken snabbt fick den att lämna. Jag sköt min första mård.

Nästa morgon snöade det i gryningen och jag hade turen att träffa på alldeles nygångna spår efter två stora uttrar som fiskade i en bäck. Plötsligt kom den ena upp ur en vak inom lagom skotthåll. Det visade sig vara honan. Jag väntade ett par timmar men hanen kom inte.

Följande morgon bjöd också på snöfall. Jag fann utterhanens

nästan nygångna spår och kunde genom att genskjuta, komma i förhåll där bäcken gjorde en stor bukt.

Jag hade just kommit i pass när han kom skumpande över isen. Det var en hane i verkligt jätteformat med högklassig päls. Hade jag inte varit så tom på pengar skulle jag ha låtit stoppa upp den. Men nu var de tre ädelskinnen precis vad jag behövde för mitt uppehälle.

Före gryningen den sjunde dagen sökte jag mig till en gammal granskog där jag sett att det vimlade av ekorrar som skalade kottar. Ekorrar är ju morgonpigga och de första sköt jag med ett hagelgevär innan det blivit tillräckligt ljust för att skjuta med salongsgeväret.

Efter skottet slutade alla ekorrar sitt knaprande på kottar och man hörde bara deras typiska varningsläte. Innan jag flått den första färdigt, och det tog ju bara några minuter, var de andra igång igen med sitt knaprande.

Det hade nu hunnit bli tillräckligt ljust så jag sköt den ena efter den andra med salongsgeväret, och hade på en timma skjutit och flått tjugo stycken.

Det gav en bra ökning i kassan. Priset på gråverk var skyhögt. Toppriset var enligt annonserna 2:50, men eftersom jag visste hur man skulle ta till vara skinnen på bästa sätt fick jag ut ytterligare 25 öre.

Om den stora efterfrågan och det höga priset berodde på den stundande drottningkröningen i England eller ej har jag glömt. Sannolikt förvandlades gråverken till hermelinskinn. Varje vecka offrade jag en morgon med lyhört väder för ekorrjakt. Betinget var tjugo ekorrar varje gång och det var lätt att fylla. Följande år fanns inga kottar och markerna var plötsligt nästan tomma på ekorrar.

Mård- och utterspår såg jag ofta under resten av vintern men gjorde inga fler jaktförsök. Under de följande åren gick jag in för

Terriern fick snabbt mården att träa.

att skjuta en mårdhane om året. Stammens storlek höll sig konstant ända tills rävskabben kom.

Då ökade antalet mårdar snabbt och det har sagts att detta berodde på att mårdarna fick bättre tillgång på mat. Det har jag svårt att tro. Mårdarna är så skickliga jägare att de inte behöver svälta även om det finns gott om räv. Däremot har jag vid många tillfällen konstaterat att räven tar mårdar och biter ihjäl dem men sällan äter upp dem.

Fram till mitten av 1900-talet ökade ekorrbeståndet oerhört snabbt så snart det blev kottår. Man såg ekorrar överallt. Efter en höst då det var ganska tomt vad gäller kott, och kanske dessutom ont om nötter och ollon, var ekorrarna praktiskt taget borta för att på smågnagares vis massförökas under goda år. Ekorrarna är numera få jämfört med femtiotalets numerär. Detta kan ha många orsaker men nedsmutsning av vår natur torde ha stor betydelse.

Uttrarnas antal minskade snabbt såväl i Kolmården som i övriga delar av landet. När jag konstaterade detta tog jag initiativet till fredning av arten och det gläder mig att myndigheterna lyssnade den gången.

Under veckan gjorde jag också mitt första ingripande mot olovligt fiske. Dittills hade bolaget sett mellan fingrarna på sådan verksamhet. Under andra världskriget var det ont om mat och sträng köttransonering. Kunde ortsbefolkningen dryga ut kosten med en eller annan gädda var detta dem väl unnat, men nu var ransoneringarna hävda. Till och med då det gällde bensin. Tätortsborna kom med motorcyklar och en och annan bil och tog för sig. De tjuvvittjade skogsarbetarnas fiskeredskap och stal de redskap som passade dem. Detta måste stoppas.

I Kolmården som på många andra håll trodde man att det fanns undantag från regeln att man måste ha fiskerättsägarens tillstånd för fiske. Man hade nämligen fått uppfattningen att fångst av agn var tillåtet.

När jag passerade en långsmal sjö där gränsen till grannfastigheten gick mitt i sjön, såg jag av spåren i snötäcket att någon satt ut gäddsaxar hos grannen men också fem saxar på bolagets vatten. Det var tid för kaffe och jag slog mig ner invid en gran. Då kom en medelålders man ut ur skogen och började plocka upp sina saxar. Redskapen från grannens vatten hamnade i korgen men ingen av saxarna hade gett någon fångst. Han kom över till bolagets sida och tog upp den första saxen som var tom. Då såg jag att den pinne som låg tvärs över det uppborrade hålet mitt för mig och som reven var fäst vid, rörde sig en aning. Där fanns en gädda.

När fiskaren såg att reven hade löpt ut visade han att det ingalunda var första gången han fiskade. Lugnt och skickligt drog han in reven. Då gäddan rusade bromsade han försiktigt rusningen genom att hålla emot. Detta upprepades flera gånger. Men så hade gäddan gett upp och visade sig i hålet. Sakta och varligt smög han ner handen och greppade snabbt bakom gäddans gälar. I nästa ögonblick låg gäddan och sprattlade på isen. Fiskaren började en glädjedans, klappade sig på knäna och skrek "Ha ha, jag fick en gädda i alla fall".

Då reste jag mig upp och gick ut på isen. När han fick se mig upprepade han med stor förtjusning att han fått en gädda. Jag fattade hans valkiga hand, presenterade mig och förklarade att bolaget beslutat att beivra olagligt fiske. Han berättade att han och hans bror alltid brukat fiska i hela sjön då de växte upp och att detta aldrig mött något hinder.

– Jag tycker att bolaget gör rätt, fortsatte han. Men skulle jag inte kunna få behålla gäddan i alla fall? Jag flyttade hemmifrån då jag fyllde fjorton och brukar cykla hem och hälsa på mor så ofta jag kan. Hon bor kvar i torpet på andra sidan sjön. Kan jag inte få köpa gäddan?

Jag frågade varför han var så angelägen. Först ville han inte ut med språket. Men så kom det.

– Ja har lovat flecka som jag har sällskap mä att jag ska ha mä é gädda té ná i kväll.

Mannen hörde inte precis till de fagraste (han heller), men hela hans uppträdande vittnade om redbarhet. Jag förklarade att visserligen är allt fiske förbjudet men eftersom han skulle använda gäddan som agn skulle vi dra ett streck över det som hänt.

Sedan detta hände har jag gjort åtskilliga hundratal ingripanden mot tjuvfiskare, men har aldrig varit lika snäll som jag var mot den här killen. Men jag har heller aldrig mött en lika charmerande tjuvfiskare. Jag hoppas att han fick ett häftigt hugg på betet.

Dålig jaktetik

Ett av de första uppdrag Norlén gav mig på jämtlandsförvaltningen var att delta i älgjakten på Sjulsåsen. Där fanns ett älgjaktlag som borde ha plats för ett par nyanställda skogsarbetare, men dessa hade inte fått vara med. Norlén gav mig följande instruktion:

– Jag har en känsla av att det inte går rätt till. Ta i med hårdhandskarna om det behövs.

Dåtidens jämtländska älgjägare var omtalade för att vara hårdingar. Dödsolyckor vid älgjakt var ganska vanliga. Ibland hörde man antydningar om att det kanske inte alltid var olyckshändelser, för då och då kunde jägare skämta med varandra:

– Je´ska int´rör dej nu, men vänt´till älgjakta!

Det visade sig att den jaktledare bolaget utsett inte hade lyckats ta kommandot. I själva verket var det ett par andra gubbar som styrde och ställde, som inte ens var anställda av bolaget. Dessa och några till var helt enkelt inbjudna av jaktlaget.

Det hade bestämts att första såten skulle bli ön i Fiskåvattnet. Den är tre kilometer lång och ett par kilometer bred. Egentligen är det inte en ö eftersom den på ett ställe har några hundra meters landförbindelse. Och det var givetvis i första hand där som "postarna" stod utställda. Jag skulle vara hundkarl och gå med en löshund, och dessutom hade jag en ung ledhund i koppel.

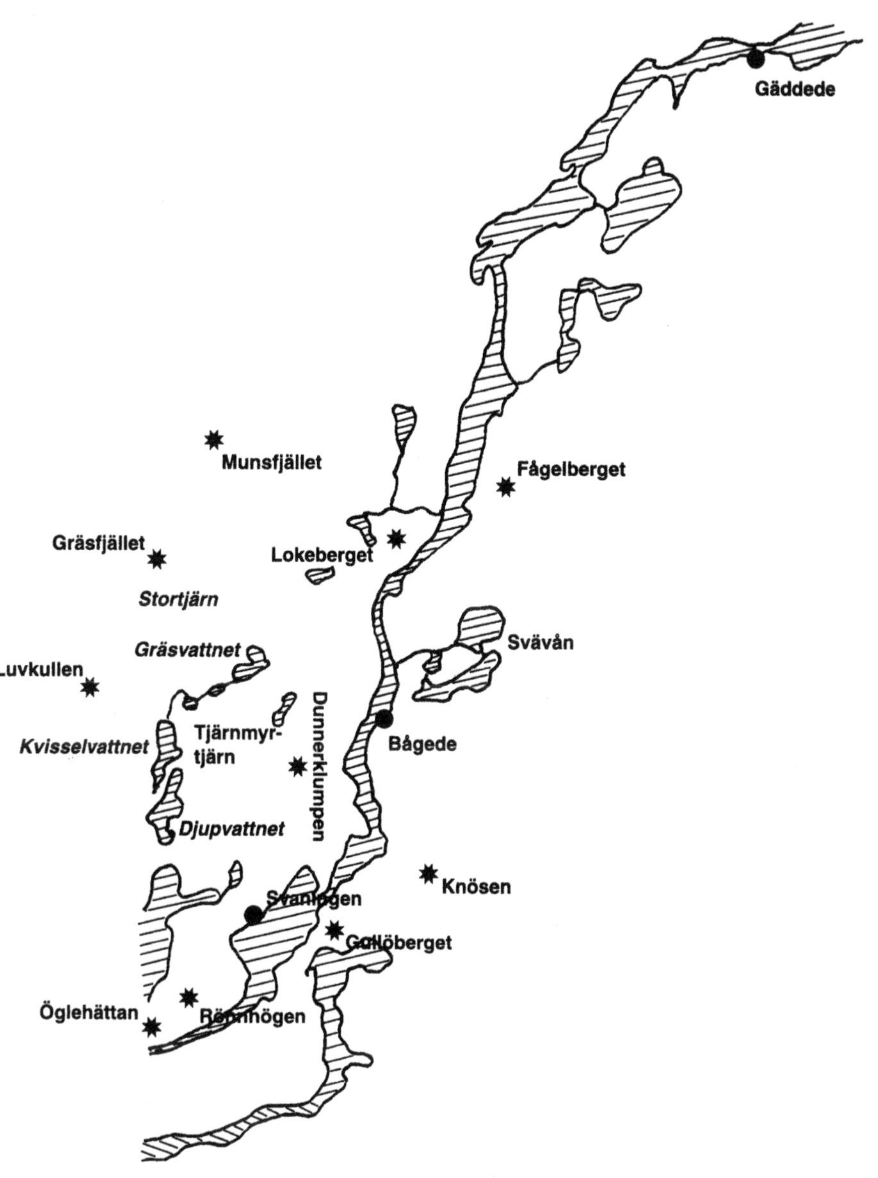

En del av Holmens marker vid Ströms Vattudal.

Upptaget kom ganska snabbt men det blev bara ett kort stånd som snart lossnade. Så kom två skott i postlinjen. Strax efteråt spetsade ledhunden öronen. En av älgarna var på väg tillbaka. Vi stod i kanten av en liten mosse och hunden visade precis var älgen kom. En grann tolvtaggare travade ut på mossen inom lagom skotthåll och tvärstannade i skottet. Jag såg att kulan träffade där den skulle.

När jag kom fram till postarna visade det sig att en av dem skjutit en tiotaggare. Han som skulle vara jaktledare föreslog att han och jag skulle gå till min tjur och börja flå och stycka, medan de övriga i laget skulle slakta upp tiotaggaren. Sedan skulle de bära köttet till båtarna, och därefter skulle de komma och hjälpa oss två.

Den yngste i laget kom då fram till mig och frågade om han inte kunde få följa med till min tjur. Jag frågade varför.

– Dä se´du när vi kom tillbaka, svarade han.

Eftersom jaktledaren hade astma och inte kunde bära kött eller göra tunga lyft samtyckte han till att Yngve, den unge jägaren, skulle följa med och hjälpa mig.

När vi flått min tjur började jag lyssna efter de övriga i laget som skulle ropa när de var på väg.

– Du behöv´int lyssen, sa Yngve. Hä´dröj.

Och det gjorde det. När vi styckat älgen och hängt upp delarna för avrinning, hade vi fortfarande inte hört av jaktlaget. Yngve och jag började bära köttet till båtarna. Där fanns inget kött från den andra älgen. Men det förvånade inte Yngve det minsta. Min tjur låg en kilometer från båtarna och när hela älgen var ombord efter sex bördor vardera, fanns fortfarande inget kött från de andra.

Det visade sig att jägarna supit sig fulla. De hade inte ens orkat med att stycka färdigt älgen. I det tillstånd de befann sig var det meningslöst att försöka tala dem till rätta. Vi samlade ihop deras studsare, som i de flesta fall var laddade, och bar dem till båtarna.

Ett av gevären var laddat, osäkrat och låg på marken. Att två hundar sprang omkring i röran gjorde inte saken bättre. Yngve och jag redde upp älgen och bar den till båtlänningen med viss hjälp av ett par jägare som ännu kunde hålla sig upprätta.

Att få jaktdeltagarna ombord var inte så enkelt. Den mest berusade var fullständigt redlös och måste lämnas kvar på ön för tillnyktring.

Vid stranden väntade en hästskjuts som någon budat. Köttet lastades på åket och färden på den gropiga vägen anträddes. När vi kom till en bäck där det var stora stenar och djupa gropar, brast ena grinden och ett antal lår, bogar och andra delar gled av och blev liggande i sörjan. Efter att ha lastat om fortsatte vi och när vi kom fram till byn snyggades köttet till så gott det gick. Sedan skingrades vi.

När laget samlades nästa morgon gav jag gänget en rejäl utskällning och förklarade att nu övertog jag jaktledarskapet. De som hade brännvin i sin ryggsäck fick lämna det hemma. Vid bolagets jakter får inte något supande förekomma. Slaktsupen ska man ta när man kommer hem.

Somliga hade en rejäl baksmälla och var inte på bästa humör. Dessa samlades en bit bort och diskuterade det uppkomna läget. De klokaste i jaktlaget talade vildhjärnorna till rätta och jakten kunde fortsätta.

När laget skingrades efter tre dagars jakt, talade jag om för dem att ingen utomstående skulle få vara med kommande år. Jag hade därmed skaffat mig flera ovänner, men andra bad om ursäkt.

Vid älgjakten året efter bestod jaktlaget av sex man varav jag var en. Vi fick en slitsam men trevlig jakt där alla snabbt kunde till-

... där fick skottet gå.

delas den köttmängd som de kunde förbruka under ett helt år. Vi hade bestämt oss för att börja med den stora såten mellan Vattudalen och Dunnerklumpen. Det rörde sig om kraftigt kuperat, stiglöst land. Jag skulle vara hundkarl och gå från östra sidan med en gråhundstik som var en erfaren löshund. Postkedjan skulle stå längs Stortjärnbäcken och vidare mot Lillvattnet.

Jag hade hunnit upp på en ås vid foten av Dunnerklumpen. Tiken hade inte synts till senaste halvtimmen. Jag skulle just sätta mig och vänta på henne när hon plötsligt började ett lugnt och fint ståndskall bara några hundra meter från mig.

Jag stod i ganska dålig vind och hade börjat göra en lov kring ståndet för att kunna närma mig i motvind. Då fick jag plötsligt se de nyfejade hornen på en storoxe som i långsamt trav passade på att smita från ståndet.

Granarna stod glest och jag kunde konstatera att den lilla ås som hindrade mig från att se mer än huvudet och manken, blev lägre i den riktning älgen rörde sig. Om jag släppte fram honom till den täta gruppen av granar strax till vänster om mig skulle jag kunna sätta kulan i bröstkorgen.

Han fick fortsätta tills han var färdig att slukas upp bakom granarna. Där gick skottet. I nästa sekund var han försvunnen. Den granna synen av den mäktiga tjuren med mörk granskog i bakgrunden sitter ännu kvar i mitt minne. Jag rusade iväg parallellt med den riktning han hade i skottögonblicket, och var strax framme vid en glänta som han ännu inte skulle ha hunnit passera.

Då såg jag en rörelse bakom ett buskage av krokiga björkar. Jag såg hornen och manken, resten av älgen var skymd av grenverket. Eftersom jag inte kunde vara bergsäker på att kulan satt rätt, sköt jag i manken och såg att han gick omkull. Han rullade ett varv utför slänten och in under en stor gran med långa buskiga grenar ända ner till marken.

Jag rusade mot granen men höll nästan på att snubbla över en annan älg, en artontaggare som fallit för en perfekt lungträff. Jag hade således skjutit på två stortjurar.

Tjuren som rullat in under granen hade fått skottet i manken. När som helst kunde den komma på fötter igen om ett taggutskott var avskjutet. Han låg under de slokande grenarna och hade hamnat så att nosen var nerborrad i mossan och det ena hornet fastklämt under bogen. Jag kunde inte komma åt att skjuta avfångningsskott i övre delen av kotpelaren, utan att riskera att träffa det horn han låg på. Jag hann räkna att det synliga hornet hade åtta taggar och en bred skovel.

Jag kröp runt älgen under grenarna. Skulle jag skjuta ett skott i bröstet? Nej, jag måste komma åt halsen på något sätt. Jag råkade sparka till skinkan med foten och det gjorde att förlamningen släppte. I nästa sekund var han på fötter och brakade iväg ut ur granens gömmor.

Jag försökte komma till skott men geväret fastnade i grangrenarna. När jag lyckats kravla ut ur grenarna såg jag älgens bakdel försvinna bakom några granar trettio meter bort, och jag rusade efter. Skulle han gå ifrån mig?

Så såg jag honom igen! Nu hade han full fart. Just när han dök ner i en liten ravin med en fjällbäck på botten, stannade jag upp och gjorde mig klar. Jag borde kunna se honom när han sprang upp på andra sidan.

Och där kom han! Det var som att skjuta ovanifrån när han tog sig upp för den branta sluttningen. Skottet gick och han träffades i ryggraden och kulan gick vidare ner i bröstet. Det var åtta taggar även på det andra hornet. En dubblé att minnas.

Ståndskallet hade tystnat. Mina tre skott hade satt fart på den tvåårskviga som skallet gällde. Några minuter senare small det i postlinjen. Jag passade tjurarna och lade dem på rygg för svalning.

Sören kämpade i många år för storoxen. Till slut kom den!

Så var det bara att sticka iväg till passet nedom Stortjärn där Artur skjutit kvigan, och där fann jag gråhundstiken.

Vi hade således två storoxar liggande på rygg uppe på höjden och en grann tvåårskviga, att flå, stycka, hänga upp för avblodning och därefter bära ner till Vattudalen. Kvigans slaktvikt kunde uppskattas till 170 kilo. Det blev två turer per man ner till båtarna.

Sedan blev det full fart upp till oxarna. Den störstas slaktvikt låg omkring 350 kilo och den mindre bortåt 300.Fem av oss var användbara som bärare. Det blev två trekilometersturer i tunggånget, stiglöst land för var och en av oss per älg.

Den sjätte jägaren, med giltiga skäl att avstå från tunga bördor fick ta hand om våra vapen så det blev turer även för honom. Detta var ett arbete som räckte även hela nästa dag. I och med detta var vi ganska hårt slitna och avstod från jakt de närmaste dagarna. Gubbarna behövde ju tid att ta hand om allt sitt kött.

Under jakten fick jag se bevis för de jämtländska skogsarbetarnas otroliga förmåga att axla och bära tunga bördor genom terrängen. När vi skulle bära den första turen från platsen där storoxarna fallit, kom vi överens om att det vore bäst att de tyngsta bördorna fick hänga kvar till följande dag. Då skulle de tunga lårklumparna snabbast bli avkylda och torka på ytan.

Följaktligen skulle de båda huvudena tas ner till båtarna med första turen."Ersa" som snart var i pensionsåldern föreslog att han skulle ta sextontaggarens något mindre huvud och jag artontaggarens.Vi gav oss i väg först.

Jag hade visserligen gått längre än "Ersa" under dagen, men jag var ju i mina bästa år och borde kunna hänga med. Det blev en verklig pärs. Han bara gick och gick utan att vila.

Här fick man se vad träning gör. Småpojkarna hade fått hjälpa mor med att bära mat till far som vecka efter vecka låg i huggarkojan långt inne i skogarna. De hade lärt sig från grunden. Jag kände mig ynklig.

Jag vill till sist påpeka att nu har nya generationer tagit över jakten. Det är ordning och reda i de jämtländska jaktlag där jag hade insyn. Studsarna är noggrant inskjutna och jägarna är vältränade, och ingen luktar sprit under jakterna.

I dag slingrar sig bilbasvägar långt in mot varje fjällfot. Flertalet av de älgar som skjutits ligger så till att de kan fraktas med fyrhjuling fram till bilväg. Älgarna hissas upp i jaktlagens slaktbodar och skinnet dras av med maskiner av olika slag.

Men en och annan älg skjuts fortfarande långt från väg. Den flås och styckas där den ligger. Den som skjutit har ofta klarat av sådana detaljer utan hjälp. Köttet har hängts upp och fått rinna av. Köttytorna har fått den torra hinna som hindrar barr och smuts att suga sig fast. De äldre har lärt pojkarna så att dessa inte står handfallna bredvid en fälld storoxe. Var och en i laget lastar på sig bördor som skulle få de flesta sörlänningar att gå på knäna.

Det sa klick!

Ska hundarna bli helt dresserbara pysslar man redan från födseln om dem några korta stunder varje dag. Därför ska den verkligt kräsne helst hålla sig med egna avelstikar. En tik ska paras med den hund man efter moget övervägande anser vara den lämpligaste, och efter att ha inhämtat råd från rasens avelsvägledning. Att det ibland kan bli dyra transporter får inte vara ett hinder för det är väl investerade pengar.

Umgänget med valparna de första veckorna är kanske det viktigaste för att nå ett bra slutresultat. Tiken bör få föda sin kull i något av bostadens rum. Då hör valparna redan från början röster och andra ljud som binder dem till flockledarna. Det säger sig självt att man ska kunna stänga en dörr om tiken och hennes smättingar när andra hundar är inne.

Varje hund, ung eller gammal, bör få komma in i huset en stund varje dag och helst få sin mat serverad i köket. Den kan gärna få äta ur sin skål samtidigt som andra hundar äter runt omkring. Men detta kräver påpasslighet från flockledaren, det vill säga husse eller matte. Varje hund ska hela tiden uppträda städat. Den måste veta vad som är tillåtet och bara i undantagsfall ska flockledarna behöva använda tillsägelser. Funderar hunden på att överskrida vad som är tillåtet ska den först kontrollera om den är påpassad av ledaren. En skarp blick och rynkade ögonbryn ska få den att hålla sig på mattan.

Däremot går det inte att ta in ett tiotal hundar av olika raser och åldrar att äta samtidigt i ett trångt kök. I vårt kök kunde vi samtidigt ha vissa stående fågelhundar, stövare och älghundar. De stående fågelhundarna är ofta känsliga medan stövarna är lugna. Älghundarna verkar tuffa och stridslystna, till exempel på utställning, men i själva verket är de veka inför sin flockledare. Gör man fel inför en älghund tar det evigheter innan den glömmer.

De flesta drevrar är ganska speciella. De bör helst dresseras, om det nu går, utan att hundar av andra raser är i närheten. Jag vill dock påpeka att nutidens drevrar är betydligt trevligare att umgås med än fyrtiotalets. Klokt avelsarbete har gett bra resultat.

En vorsteh av den typ jag uppskattar ska vara hårdför. Då har jag mest nytta av den. En sådan hund likaväl som en foxterrier, ska man vid behov kunna ryta åt och kanske skaka om. Efter tillrättavisningen ska vorstehhunden lugnt söka flockledarens blick som om den vill säga: "OK, det är du som bestämmer." Foxterriern får gärna krypa ihop under behandlingen men ska omedelbart resa sig när tillrättavisningen är över. Då ska den käckt titta flockledaren i ögonen och vifta på svansen: "Nu är det här glömt, eller hur?" När man måste ta i på det sättet med någon av sina hundar får inga veka hundar vara närvarande.

Men taxen då? Taxen är en tax och inget annat. Vissa taxar kan uppträda tillsammans med vilka raser som helst av de jag här nämner. Andra är enstöringar som vill ha en stund för sig själva. Låt individen själv visa vad som är lämpligt.

Jag ville således ha två jämthundar samt en gråhund för löshundsjakt och en ledhund för den typen av jakt och för eftersök. Jag behövde en stövare för rävjakt, och som helst också var användbar som harhund om cheferna ville jaga hare efter nyår. Jag behövde dessutom ett par rådjurshundar, två hundar som rävsprängare, två för fågel eller allroundjakt, kanske dessutom en skyddshund. För att ersätta bortfall borde jag ha ungefär lika många valpar och unghundar på gång.

Som läsaren förstår är vården av ett tjugotal hundar av olika raser och olika åldrar, mer eller mindre ett heltidsjobb. För att klara detta måste flockledaren ha alldeles speciella egenskaper – ett brinnande intresse, lugn och envishet. Ja, jag skulle kunna räkna upp en rad mer eller mindre ovanliga egenskaper. Kort sagt, jag behövde hjälp.

Vissa av traktens unga damer kom på besök. De påstod sig ha ett brinnande intresse för hundar och ville gärna hjälpa till med både det ena och det andra. Någon hade egen hund och dessutom ett jobb där lönen borde räcka till en hel familj. Även om ett sådant förhållande var önskvärt i jägarhemmet glömdes hon helt plötsligt bort efter följande händelse.

En helg upptäckte jag spår vid hundgården, efter en dam. Det upprepades. Såväl "familjeförsörjerskan"som övriga tänkbara svor sig fria. De smög inte omkring hundgården på dagarna eftersom de visste att jag inte var hemma vid dagsljus. Jag bestämde mig för att sätta mig vid vakglugg en helg och vakta ut den hemliga besökaren. Det var så Gun och jag träffades.

Hon kom inte längs skogsvägen upp mot torpet utan genom skogen. Det var hundarna som först hörde henne och signalerade ankomsten. Inte genom varnande skall som de brukade när främmande kom, utan genom glädjetjut och hoppande mot hundgårdens nät. Hon var efterlängtad.

Gun visade sig ha alla de sällsynta egenskaper varje yrkesjägarhustru borde vara utrustad med, och i generösa mått dessutom. Jag hade inte ens i min fantasi väntat mig att hitta en sådan flicka. Därför upplevde jag denna morgon detsamma som en viss eminent jägare senare lär ha gjort:

"Det sa klick!"

Något år senare var vi gifta och det blev ordning och reda i det Lundinska hemmet. Såväl jag själv som de två barn vi fått och våra hundar, har fått den omsorg och kärlek som ger en familj trygghet och livsglädje.

Gun övertog all omvårdnad och kammardressyr av valpar, unghundar och vid behov även de vuxna hundarna. Jag hade bara att umgås med valpar och unghundar i hemmet så mycket att de visste att jag var biträdande flockledare. Tack vare Gun fick jag injagningsfärdiga hundar att arbeta vidare med.

Gun med valpar och Kickan.

Valpar och unghundar som inte höll måttet, och de var många, sorterade Gun bort på ett tidigt stadium. Hon brukade kontrollera händelseförloppet när en tik valpade. När tiken slickat en valp torr och den fått dia, tog Gun upp valpen och höll den mot kinden och smekte den medan hon lågmält pratade med den.

Flera gånger om dagen fick valparna denna närkontakt med matte och efter några dygn kunde hon peka ut vilken av valparna som skulle få det mest stabila psyket. Vilken som var näst bäst, vilka som skulle få svaga nerver och så vidare. Gun valde således redan nu bort de valpar som inte passade oss. I något fall togs en hel kull bort redan efter någon vecka. Ibland kunde även jag se att hon hade rätt.

Under de första levnadsveckorna fick de återstående flera gånger dagligen samma enskilda ompysslande. Denna grundläggande vård är utan tvekan av stor betydelse för individens framtida formbarhet och anpassningsförmåga i flocken. Det är väl använd tid.

Klick!

Tjuvjakt och tjuvfiske

Stora markägare får ofta ovälkommet besök i jaktmarkerna och vid fiskevattnen. Ibland kan det vara vanliga hyggliga medborgare som frestats att ta för sig av andras egendom. De har helt enkelt inte kunnat låta bli. Träffar man på sådana är de beredda att ta sitt straff, och lämnar genast sitt namn och visar legitimation.

Sedan har vi den hårdföra typen som jag tyckte blev allt vanligare med åren. Man möts av ett hånflin och mer eller mindre förtäckta hot. Ibland blir man utsatt för regelrätta anfall, och det gäller att ha mod och vara påpasslig när smockan hänger i luften.

I de allra flesta fall är man ensam vid sådana tillfällen. Får man rapport om att någon hört skott och sett okända bilar, eller att man sett fisk- eller kräfttjuvar i verksamhet, kammar man vanligtvis noll om man ber bekanta om hjälp. Personer som alltid brukar ordna ledighet om man vill ha deras medverkan vid jakt, hittar förhinder om man vill ha dem som vitten vid ett gripande. Om de råkar vara med när man plötsligt träffar på vilt- eller fisktjuvar, sticker de oftast när de bäst behövs. En dresserad spår- och skyddshund är både effektivare och pålitligare än skräckslagna vittnen.

Då jag tillträdde min tjänst fanns det gamla systemet med landsfiskaler och fjärdingsmän kvar. Förstatligandet av polisväsendet kom först 1965. Många av fjärdingsmännen hade ganska tunn utbildning för sitt jobb men hade personkännedom, sunt bondförnuft och var lätta att samarbeta med.

Flera landsfiskaler var jägare och naturvänner. När de fick in en anmälan om tjuvjakt tog de om möjligt själva hand om utredningen. En sådan landsfiskal var Herje Skuncke i Norrköping. Vid flera tillfällen hade jag honom att tacka för att knepiga fall reddes ut. Jag lärde mig av honom hur angeläget det är att den som ska göra en utredning i jakt- eller fiskeärenden själv är jägare och fiskare.

Följande händelse inträffade sedan polisväsendet förstatligats. En påskdag träffade jag något överraskande på spåren efter en man som gått fram och tillbaka i den nästan helt borttöade snön. Det fanns också spår av en stor hund i båda riktningarna.

Våren var sen det året. Nätterna kalla, men dagsmejan tog hårt på snötäcket. Under täta träd och i sydlut var marken bar. Vad kunde den här mannen ha sysslat med? Jag konstaterade att han mer än vad som var naturligt hade slingrat sig fram på barfläckarna.

Ett par hundra meter bort låg ett torp som en gång i tiden styckats av från stamfastigheten. Torpet hade tidigare ägts av en gammal byslaktare. Den nye ägaren, som nyss tillträtt, hade jag ännu inte träffat men jag visste att han hade en vorsteh så man hade således anledning att misstänka att mannen var jägare.

Jag började följa spåren i riktning bort från torpet. På ett ställe där mannen passerat en snöfläck hittade jag en bloddroppe. På en annan snöfläck låg ett par rådjurshår. Vid slutet av spåret hittade jag mer hår och blod efter rådjur. Mannen hade hämtat en skyffel och försökt skyffla snö över blod och hår men inte lyckats dölja allt. Om han nu inte hade kontaktat polisen var det troligt att han begått ett jaktbrott. Det var sent på eftermiddagen så här gällde det att handla snabbt.

Jag skyndade mig hem för att ringa polisen i Nyköping. Jag hoppades att få tag på Ragnar Sanndahl som var jägare. Han hade tidigare rådfrågat mig när han fått på sin lott att utreda ett fall av misstänkt olaga jakt.

Dessutom hade vi träffats ett par gånger för att diskutera utredning av sådana brott. Jag hade således helt klart för mig att han var både kunnig och envis. Han hade kort sagt de egenskaper en utredare av jaktbrott måste ha för att lyckas.

Jag fick tala med vakthavande befäl som inte var jägare och vi hade inte träffats tidigare, men han visste vem jag var. När jag frågade om jag kunde få tala med Sanndahl fick jag höra att han var på väg tillbaka till polisstationen efter ett uppdrag.

Jag berättade för befälet vad jag sett och påpekade att om händelsen inte rapporterats till polisen var antagligen ett brott begånget. Det var därför angeläget att jag fick polishjälp innan bevis hann undanröjas.

Befälet ville skicka en annan polisman. Jag frågade om denne var jägare och fick svaret att han inte var det och att det knappast kunde ha någon betydelse. Jag accepterade ingen annan än Sanndahl och sa att jag skulle fortsätta min egen utredning under natten och eventuellt återkomma dagen efter. Jag bad honom säga till Sanndahl att ringa mig när han kom tillbaka.

Strax efteråt ringde Ragnar:

– Jag hörde att du sökt mig och att det var bråttom. Det måste vara något spännande på gång, var hans hoppfulla kommentar.

En halvtimme senare var han hemma hos mig. (I brådskande fall har ju polisen rätt att överskrida fartgränserna.) Medan han snabbt åt middag vid vårt köksbord berättade jag vad jag sett. Jag föreslog att vi skulle smyga till torpet och först undersöka det lilla slakthuset som låg en bit från själva boningshuset. Så gjorde vi.

På slakthusgolvet fanns en pöl av fruset blod. I ett hörn stod en stor hink med skinnet från råbocken nerstoppat. Ovanpå låg huvudet och de fyra benen.

Vi gick fram till stugan och knackade på. Mannen öppnade och bad oss stiga in. I köket fanns hans hustru och vorstehn som kom fram och hälsade.

Sanndahl frågade om det förekommit någon rådjursjakt på fastigheten kvällen före.

– Rådjursjakt nu! Nej, den slutade ju redan vid årsskiftet, svarade mannen.

– Vi vill att du visar oss vad som finns i uthusen, fortsatte Ragnar.

Mannen visade oss runt i den tomma ladugården och några andra små uthus. Slutligen kom vi till slakthuset. Där pekade han på den frusna blodfläcken och berättade att den var efter ett rådjur som han sköt på nyårsafton.

Han chansade således på att vi inte var jägare och att vi inte kunde se skillnad mellan blod som nyss frusit och gammalt fruset blod.

Därmed hade vi enligt honom sett alla utrymmen. Jag visste att det fanns en jordkällare en bit ovanför bostaden. Därför frågade jag om det inte var en jordkällare jag skymtade bortom huset.

Han måste ju erkänna att det var så. Men när vi kom fram var dörren låst.

– Var finns nyckeln, frågade Sanndahl.

– Den har jag i köket, blev svaret.

Han ombads gå och hämta den. Det dröjde en stund innan han kom tillbaka. Han beklagade att han tidigare hängt nyckeln på fel plats och det var därför han hade varit tvungen att leta några minuter. I själva verket hade han givetvis informerat sin fru. Han kanske hade gett henne order om att hon inte visste någonting om vad som hänt med rådjuret, om vi skulle fråga henne.

Inne i källaren hängde bocken. Den misstänkte erkände att han försökt slingra sig undan och blev tillsagd att nästa morgon infinna sig på polisstationen till förhör.

Sanndahl bad mig vara beredd att svara i telefon vid tiotiden följande dag.

– Det här är en slipad herre som vet vad han ska säga för att komma så lindrigt undan som möjligt, var Ragnars kommentar.

Jag lovade givetvis att ställa upp. Redan på morgonen kontaktade jag en god vän som jag visste kände till den misstänkte och hans familj. Jag fick höra att en nära anhörig till mannen låg på lasarettet i Nyköping. Nu chansade jag på att den misstänktes fru skulle passa på att åka med till Nyköping för att hälsa på den sjuke. Jag gömde mig vid vägen från torpet. Hon fanns med i bilen.

Jag kunde ta bakspåret till skottplatsen och fotografera kulnedslaget. På bilden kunde man se hur kulan hade plöjt en fåra i jord och snö. Man kunde se att skottet måste ha lossats från husets dörr. På ett annat fotografi jag tog syntes att bocken gått fram till skottplatsen, dit hade den lämnat helt naturliga spår. Från skottplatsen såg man galoppspår med blodstänk kring spåret.

När jag kom hem ringde Sanndahl och jag fick veta att den misstänkte uppgett att han och hustrun blivit osams om vorstehhunden. Hustrun ville bli av med den och han ville ha den kvar. När den misstänkte hade gått på dasset på kvällen hade hunden som vanligt följt med ut. Plötsligt hade en skadad bock passerat förbi. Hunden hade då rusat på den och avlivat den uppe i skogen.

Mannen sade sig ha ljugit för oss eftersom hustrun hade hört på. Han var beredd att ta sitt straff för att han inte haft bättre kontroll på hunden och för att han inte polisanmält saken. Allt för att få ha hunden kvar. Sanndahl ansåg det troligt att hans berättelse kunde vara sann. Jag berättade då om mina nya iakttagelser, och Sanndahls fortsatta förhör fick ny karaktär.

Vid personundersökningen före rättegången visade det sig att

En representant för vardera av de båda stora älghundsraserna gråhund och jämthund.

den misstänkte något år tidigare skjutit en älgko under förbjuden tid och dömts för detta. Det fanns misstankar om ett annat brott också.

Hade jag den gången inte fått Sanndahls snabba hjälp hade den misstänkte troligen blivit frikänd om inte utredningen rent av lagts ner. Mina fotografier styrkte åklagarens uppfattning om hur brottet gått till, och gärningsmannen dömdes till fängelse samt blev fråntagen sina vapen.

Ragnar Sanndahl och hans kollega Lennart Mathiasson, skicklig naturfotograf och en av mina nära vänner, blev 1966 riksbekanta när de överraskade två inbrottstjuvar i en källarlokal. Båda blev beskjutna med kpist. Lennart klarade sig oskadd med två kulhål i kavajen. Ragnar däremot träffades i magen och avled av skadorna. Mördarna kom undan men greps efter en jakt genom södra Sverige.

Vid familjens årliga resor till bolagets skogar i Jämtland övernattade vi ofta hos familjen Bromée i Klövsjö på vägen upp.

Arne var dåtidens mest framgångsrike uppfödare av jämthundar. Själv använde jag i första hand gråhund för älgjakt men hade också erfarenhet av jämthund. Jag hade bland andra en tik som hette Jämtens Deri vilken jag köpt av Arne. Hon var en mycket vacker tik med lätta och lediga rörelser och en fröjd att se glida fram i skogen.Tack vare sin smidighet var hon fullt användbar som eftersökshund. Eftersom jag även hade gråhundar, som genom sin nättare storlek var lämpligare för den uppgiften, kom Deri sällan till användning då något djur skadats.

Däremot fick hon tillfälle att utvecklas till en förnämlig löshund med alla goda egenskaper som kännetecknar en sådan. Jag använde henne årligen på landets alla breddgrader, kanske var hon den förnämsta av alla löshundar jag sett i arbete. Att jag på den tiden hade möjlighet att se och höra de flesta av de stora kanonerna vid jaktprov ökade givetvis min beundran för Deri.

På kvällarna innan vi gick till vila hos familjen Bromée, hade Arne och jag oftast heta diskussioner om landets två stora älghundraser och deras användbarhet. Att Arne höll på jämtarna säger sig självt. För att debatten skulle hamna på den nivå där vi trivdes bäst, var det nödvändigt att jag höll på gråhundarna. Vid dessa tillfällen nämnde vi aldrig Deri och hennes förträfflighet.

Den hund jag tänkte berätta om var en jämte jag köpte några månader gammal av gode vännen Arne. Jag hade tänkt att använda Jämtens Arkiv – eller Kivi som ungarna döpte honom till – som älghund. Arne hade nämligen bedyrat att hundar av den rasen, och av hans uppfödning, kan vara helt perfekta för den uppgiften.

När man köper en hund bör man helst överta den då den är högst åtta veckor gammal. Annars finns risken att den lagt sig till med negativa egenskaper från sin uppfödare eller övrig omgivning. Eftersom Arnes fru var förtjusande och Arne hade visat att han inte var helt i avsaknad av positiva egenskaper, tog jag risken den här gången.

Jag lärde givetvis Kivi att sakta och försiktigt följa mer eller mindre gamla älgspår innan han fick komma lös i markerna. Alla älghundar bör grundligt läras att följa spår i koppel för att få sådana lärdomar att man kan utnyttja dem maximalt. Att han aldrig skulle kunna bli en eftersökshund i toppklass stod klart från början eftersom han var alldeles för stor och tung.

Någon framstående löshund blev han inte heller, därtill var han för lat. Han trivdes bäst om han fick ligga och slöa, gärna med huvudet vilande mot ett älghorn. Han skulle ha gjort sig bra i par med tjuren Ferdinand. Ville älgarna stå i upptaget skötte han dem fint och hans skall hade sådan volym att han var en fröjd att höra. Men om älgarna ville skaka av sig hunden gjorde han inga allvarliga försök att följa efter.

För relativt små marker var han lämplig eftersom han aldrig hängde med på långskjuts. Jag hade tänkt att sälja honom till någon som hade användning för en sådan hund, men så upptäckte jag att han hade anlag som kunde tränas upp och göra honom effektiv för andra uppgifter.

Det är kanske säkrast att påpeka att Kivi näppeligen kan ha förvärvat ovannämnda flegmatiska drag genom att ta intryck av sin uppfödare, som alltid lekt med tjurarna, antingen de tillhört homo sapiens eller alces alces.

Det var som sagt oftast svårt att få vittnen med sig när det gällde att ta fast tjuvjägare och tjuvfiskare. Visst fanns det lysande undantag. Men när jag som bäst behövde dessa karlakarlar var det omöjligt att nå dem. Ska sanningen fram kanske det vid vissa tillfällen var lika bra att inte ha några vittnen, med tanke på mina förhörsmetoder. Kivi ställde alltid upp, han skvallrade aldrig och nu är dessutom allt preskriberat.

Ohederliga personer är ofta rädda för hundar, särskilt om de blir tagna på bar gärning. Och inte minst om hundarna har samma storlek som Kivi och dessutom hans röstresurser. Jag började ana att han skulle kunna bli en utmärkt följeslagare på bevakningsturerna.

Det var enkelt att lära Kivi ta an både färska och äldre spår efter människa. Han var likt sin uppfödare kvick i uppfattningen men betydligt mer lättdresserad än denne.

Det underlättade mitt jobb att Kivi kunde spåra folk från slaktplatser eller från parkerade bilar, och när vi kom i närheten av de människor vi spårade visade han på spetsars vis att nu var vi nära.

Då fick han lägga sig ner och jag smög ensam närmare. Var det fotoljust hade jag som regel min Hasselbladare laddad med teleobjektivet påmonterat. Inte bara en gång visade det sig att de människor vi spårade hade andra skäl för sin vistelse bland buskar och snår än att tjuvjaga eller fiska. Då blev det ingen fotografering utan bara att tyst smyga tillbaka.

När olovlig verksamhet förekom brukade jag innan jag visade mig, fotografera var och en av de inblandade i sådan position att man på en förstoring skulle kunna identifiera personerna. Man skulle också på fotot kunna se vad alla sysslade med.

Vid själva ingripandet var Kivi en ovärderlig tillgång. Särskilt när vi mötte de mindre nogräknade som med övertygelse försäkrade att de inte hade något emot att slå störande bonddjävlar på käften.

Det var inte förrän det började hetta till som Kivi kom in i handlingen. Han hade en egenskap som man troligen inte kan lasta uppfödaren för, han älskade socker, och sådant begär kan utnyttjas vid dressyr.

Jag lärde Kivi att om jag stack handen i fickan och prasslade med en papperspåse kunde det bli socker om han skötte sig bra. Han fick lära sig att i så fall måste han ge skall, och då menar jag inte ett svagt boffande utan ett vrål av den kaliber som jag hört bara han kunna åstadkomma.

Jag lärde också Kivi att ligga okopplad kvar på plats. Lär man en fågelhund att ligga kvar, låter man ju hunden komma rusande när man visslar eller på annat sätt ger den tillstånd att komma. När jag lär en ledhund eller eftersökshund att stanna kvar brukar jag däremot smyga tillbaka och hämta hunden. Den ska alltid veta att den måste ligga orörlig tills husse kommer tillbaka. I an-

Vid vår jämtlandsvistelse stod Kivi stundtals kopplad vid stugans gavel. Där hade ett fällhorn blivit liggande och det passade Kivi precis.

nat fall skulle den kunna missuppfatta, komma rusande och förstöra genom att orsaka onödigt buller.

Bland mina älghundar fick Kivi bli undantaget från den regeln. Signalen att han skulle komma fick bli ett mellanting mellan en väsning och vissling i högsta möjliga tonläge. Sådana ljud brukar människan ha svårt att uppfatta men djuren hör direkt. Kivi låg hela tiden stilla och väntade på den signalen.

Han hade lärt sig att om han vrålade till när han kom fram fick han en sockerbit. Den var så åtråvärd att han alltid kom rusande i högsta fart och vrålet nådde nivåer som kunde få de flesta levande varelser att bli förskräckta. Tagna på bar gärning blev både tjuvjägare och tjuvfiskare rent ut sagt skiträdda. Särskilt om det var mörkt som det ju oftast var om det gällde kräftfiske eller uttransport av kött.

Människor som befarar att ett fyrfota djur ska gå till anfall brukar genast titta efter ett träd att klättra upp i. Kring kräftfiskevatten finns ofta lämpliga klätterträd. Men det är inte lätt att finna en någorlunda bekväm sittställning uppe bland grenarna, ofta ganska högt över marken. En obekväm gren får både stridslystna och motsträviga personer att efter en stund bli betydligt medgörligare. Uppkäftigheten försvinner och minnet återvänder. De kommer plötsligt ihåg vad de heter, var de bor, när de är födda. Ja, Gud vet vad man skulle kunna plocka ur dem.

När de mjuknat tillräckligt brukade jag låta den som tidigare uppträtt minst ovårdat att först få komma ner. Om han höll sig lugn garanterade jag att hunden inte skulle gå till anfall. Kivi fick ligga kvar och vakta de som fortfarande klängde runt uppe i grenverket.

Förhöret gick normalt utan störande incidenter. I tur och ordning tilläts, efter tidigare visad rang och värdighet, de andra komma ner till behagligare nivå.

"Hövdingen" fick vänta tills alla de andra lämnat samstämmiga uppgifter om hans namn och övriga data om hans person som jag kunde ha intresse av att känna till. Själv fick han sedan svara på mina frågor från sin upphöjda plats. För säkerhets skull tog vi alltid likt Martin Ljung om det ett par gånger från början.

När jag kommit så långt frågade jag mina nyblivna "vänner" på marken om de inte tyckte att det vore lämpligt att en av dem samlade ihop deras redskap. Vi skulle ju på så sätt kunna skiljas från varandra mycket fortare. Eftersom detta tycktes vara det de mest av allt ville, mötte förslaget inga protester. Inte heller att någon av de mest samarbetsvilliga hämtade de fångade kräftorna. Det säger sig självt att vi gemensamt räknade såväl kräftor som redskap tills vi alla var överens.

Eftersom fisket var olovligt och i vissa fall olagligt, skulle det hela transporteras till ortens polisstation. Jag brukade ha vänligheten att erbjuda ombesörjande av den transporten under förutsättning att de hjälpte mig att bära grejorna till min bil. Jag kan inte minnas att några protester hördes vid något enda tillfälle.

För att visa ytterligare prov på min generositet brukade jag erbjuda gänget skjuts till deras bilar. Innan Kivi tog plats i bagageutrymmet i min kombi monterade jag bort skyddsnätet från baksätets ryggstöd.

Under andra världskriget då tyskarna ockuperat Norge, kunde det förväntas att tyska trupper vid ett eventuellt anfall mot Sverige skulle använda vägen från gränsen via Gäddede vidare in i landet.

Vid Sjulsåsen skulle ett sådant anfall stoppas. Där fanns naturliga hinder på båda sidorna av vägen vilka dessutom kunde förstärkas. För att kunna försvara denna strategiska punkt kom massor av inkallade under lång tid att ligga i beredskap i området. Att ligga ute i "ödemarken" fjärran från tätorter, månad efter månad, blev trist och tråkigt.

De soldater som var fiskeintresserade upptäckte snart att i omgivningarna fanns många högklassiga fiskevatten där de kunde fördriva tiden. Efter krigets slut, och när många av de tidigare beredskapsmännen köpt bil, återvände de till dessa fiskevatten för att tjuvfiska.

Markägaren, Holmens Bruk, avsåg att inom området ge möjlighet till semestervistelse för i första hand sina anställda vid bolagets fabriker i södra Sverige. Därför såldes inga fiskekort till allmänheten för just dessa vatten. Detta hade med tiden resulterat i ett ganska ohejdat tjuvfiske med allehanda redskap i de aktuella vattnen.

En av mina arbetsuppgifter blev att varje år vistas i området under några sommarmånader för att bland annat i möjligaste mån hejda tjuvfisket. Samtidigt skulle jag göra undersökningar av en mängd mindre sjöar och tjärnar för att kartlägga de olika vattnens lämplighet för fiskproduktion.

Sedan jag "betat av" de vatten som låg mest lättillgängliga, blev det efter några år nödvändigt att få någon medhjälpare vid transport av båt och annan utrustning till vattnen som låg långt från farbar väg.

Några bolagsanställda fick då tillfälle att koppla av från vardagsjobbets slit för att hjälpa mig. Dessa flitiga och starka ynglingar gjorde som jag sa och skötte allt på ett föredömligt sätt. Men att ingripa mot tjuvfiskare vågade de inte.

Ett par år hade jag därför en medhjälpare "utifrån", Allan Erixon, som gått ut Öster-Malma jaktvårdsskola men som ännu inte fått jobb. Han hade en sällsynt förmåga att både hitta tjuvfiskare och dessutom få dem att stryka flagg.

Ibland träffade man på hårdhudade gäng men de flesta ingripanden som Allan och jag gjorde var ganska harmlösa. Det gällde då vanligt hederligt folk som inte kunde låta bli att "göra några kast". Om fisket blev lyckat kunde de inte sluta och vi träffade ofta på fiskare som fått god fångst och som blev ganska olyckliga när de ertappades.

Somliga blev oroliga när vi kom och började genast syssla med tändstickorna och cigaretten, eller något annat som kunde hålla händerna i styr. Ibland fumlade de på ett sätt som visade hur nervösa de var. Ett exempel är mannen som sprang in i sitt tält för att hämta myggkräm, men som återvände med tandkräm som han grundligt smorde in hela ansiktet med. Det var Stomatols skära sort.

Med åren blev det ganska många ingripanden mot personer som begått vad man i dag kallar jaktbrott. Många övertramp har varit av relativt oskyldigt slag. Men jag har också lagt ner mycket arbete på att få fast ligor som skjutit diverse vilt från bil. Vid några tillfällen har jag så småningom kunnat få fram tillräckliga bevis för att få ganska många personer fällda i domstol. De straff som utdömts har dock varit så låga att de knappast kan ha känts avskräckande för brottslingar av den kalibern.

En polisutredning rörande ett jaktbrott är ofta tidsödande i förhållande till det straff en fällande dom kan medföra. Poliser som inte är födda och uppväxta i jaktmarkerna uppträder naturligtvis ganska tafatt ute i naturen.

Om de inte redan i barndomen kommit i kontakt med jägare och fått lära sig jaga, måste de känna sig vilsekomna när de ska utreda jaktbrott. De kan för det första inte jägarnas språk och detta märker den hårdhudade tjuvjägaren genast. Utredaren kommer ingen vart och utredningen läggs ner.

Den polis som lärt sig jakt och fiske från grunden och som har det som sin käraste hobby, har inget emot att få utreda jaktbrott eftersom en del av utredningen ofta görs ute i naturen där han trivs bäst.

Om han får att göra med garvade tjuvjägare vet polismannen att en fällande dom kan medföra att den dömdes vapen och fordon förklaras förverkade. På detta sätt medverkar han effektivt till bättre jaktvård, mindre djurplågeri och bättre naturvård över huvudtaget. Att låta den polis som "står i tur" försöka utreda jaktbrott är helt enkelt slöseri med polisens resurser, och medför att jägarna tappar förtroendet för ordningsmakten.

Om det inom polisdistrikten finns personal som kan jakt, borde det vara en självklarhet att just den personalen också ska utreda jaktbrotten. Idealet vore att det i varje län fanns både en jaktpolis och en jaktkunnig åklagare.

Duvjakt på tågtoalett

Denna duvjakt ägde rum några månader efter att jag börjat på Holmen. På "hemmabevakningen" fanns två rapphönskullar vilket gladde mig, och kring årsskiftet var kullarna ganska stora men nu hade antalet fåglar börjat minska. Vem som var den skyldiga var inte att ta miste på, för ett par slaktplatser i åkerkanten talade sitt tydliga språk. Duvhöken!

Det var ganska gott om duvhök i Kolmården, varför det inte fanns någon anledning att låta denne rapphönsspecialist utplåna båda kullarna. Visserligen gjorde fågelskådarna redan då gällande att duvhöken bara tog sjuka och skadade fåglar, men de hade inte lyckats få mig att tro på det påståendet. Det tror jag fortfarande inte på.

Nu hör jag ingalunda till rovdjurshatarna och håller gärna med om att sjuka djur och fåglar i första hand blir köttätarens byten, men för att kunna överleva måste de även ta helt friska individer. Och inte sällan slår de betydligt fler än de kan äta upp.

Även om inte duvhöken funnits hade säkert rapphönsen, denna utomordentligt trevliga art, försvunnit från de flesta delar av vårt land. Rapphönsen kan inte överleva i det moderna jordbruket med insektsbesprutning med mera, men jag är övertygad om att duvhökarna påskyndade artens minskning.

Rapphönsspecialisten skulle bort. Hökburar med levande duvor som lockfåglar var den effektivaste metoden och på den tiden också tillåten. När jag nyligen utexaminerats från Öster-Malma hade jag som premium fått ett par kritvita duvor men dessa kände jag inte för att använda som lockbete. De skulle om möjligt föda upp kullar i det duvslag jag spikat ihop.

Var skulle jag få tag på duvor? Jo, i närmaste stad, och det var Norrköping. Jag kontaktade polisen.

– Jo visst. Den saken ordnar vi om du kommer in till stan någon kväll efter mörkrets inbrott. Under brofästet över strömmen nedanför Holmen sitter massor av duvor på nätterna, sa konstapel Andersson som ansvarade för stadens duvor. Jag släpper ner dig genom en lucka i trottoaren. Om du har en låda med dig kan du fånga så många du vill, avslutade han med övertygelse.

Jag hade ingen bil, men på den tiden behövde man inte åka till en storstad för att hitta en järnvägsstation, jag kunde ta tåget från Stavsjös lilla station så resan var inget bekymmer. Men tidtabellen visade att jag bara skulle ha en halvtimme på mig för min fångst innan kvällens enda tåg gick tillbaka förbi Stavsjö.

– Det går bra, sa Andersson. Du tar en taxi upp till bron så får den vänta medan du fångar duvor.

Tåget var givetvis försenat från Stavsjö. Halvtimman hade krympt till tjugo minuter.Taxin stod och väntade och Andersson var vid bron som avtalat. Med myndig röst uppmanade han de nyfikna norrköpingsborna som samlats, att skingra sig när jag började krypa ner genom öppningen i trottoaren.

När man transporterar fåglar bör man ha en låda som är så låg att fåglarna inte kan lyfta vingarna. I annat fall flyger de upp och skadar huvudet mot locket. Jag hade skruvat ihop en träram med femton centimeters höjd och spikat träfiberplattor som golv och tak. På ena gaveln hade jag gjort en glugg genom vilken jag skulle stoppa in duvorna. En skjutlucka av plåt fick bli den dörr som öppnade och stängde infarten. Jag hade provat gluggens storlek med mina vita duvor. De slank in och ut med lätthet. Men de feta stadsduvorna visade sig vara av en annan kaliber, de var helt enkelt för bredaxlade för att komma genom öppningen.

Jag fick inte in dem i lådan. Vad skulle jag nu ta mig till där nere i mörkret? Jag hade med mig en ganska stor ryggsäck som Andersson fick fira ner till mig. Den fyllde jag snabbt med tjugo duvor som fick det en aning trångt och ganska dålig luftväxling. Jag upptäckte plötsligt att jag om bara några minuter måste vara tillbaka på järnvägsstationen och ombord på tåget. Väl där skulle jag med hjälp av min rödskaftade från Mora snabbt kunna rymma upp öppningen och flytta över duvorna till lådan.

Tåget stod redan inne. Konduktören på perrongen fick min biljett och jag sa att jag snabbt måste till toaletten. Han visste därför att det var jag som tog det lilla viktiga utrymmet i anspråk. Tåget var överfullt men jag hade turen att hinna slinka in på den lediga toaletten. Jag började med en gång bearbeta lådans öppning, men att tälja i tvärträ är inte alltid så lätt. I varje fall inte om det sitter en kvist i vägen. "Någon" tog i låset. "Någon" ville in. Tåget började rulla och avståndet mellan Norrköping och Stavsjö är inte långt.

Och så satt det också en spik i vägen som skämde kniveggen vilket inte gjorde det hela lättare. "Någon" hade börjat knacka på dörren. Förbannade kvist! Ny knackning och ett litet näpet:

– Hallå.

"Någon" var uppenbarligen en dam. Jag svarade med ett hallå för att visa att jag var vid liv, och karvade vidare med min rödskaftade. Hålet hade äntligen börjat bli stort nog.

Jag ställde lådan på tvättstället med gluggen vänd utåt. Jag vände mig mot toalettstolen och fällde upp allt enligt instruktionerna, fast tvärt om. Ryggsäcken ställdes på toalettstolens lock. Jag löste upp banden och öppnade säcken. Att fånga den första duvan gick lätt, men det var nästan omöjligt att åter knyta igen säcken med bara en ledig hand, och samtidigt hetsad av fler "Hallååå" från andra sidan dörren.

Jag fick nöja mig med att fälla över det stora ryggsäckslocket över det gapande hålet. Den första duvan slank lätt in genom lådöppningen. Men just som jag stängt gluggen inträffade katastrofen. Som alla jägare vet står inte en mesryggsäck särskilt stadigt. Särskilt inte om den är av den äldre typen utan möjlighet att göra stolmodell av ryggbördan. Och särskilt inte om den innehåller nitton rymningsbenägna duvor som har upptäckt att det läcker in ljus där uppe. Och alldeles särskilt inte om ryggsäcken står på en toalettstol i ett krängande tåg, och när man har bråttom. Duvorna klättrade uppåt. Säcken tappade balansen och rasade ner på golvet, så plötsligt befann jag mig omsvärmad av nitton vilt flaxande stadsduvor.

En duva knep jag ganska kvickt men sedan blev det allt svårare. Jag försökte kasta mig som en fotbollsmålvakt men fick bara fjädrar i händerna. Jag hörde att "Någon" fått hjälp av en mansperson som bultade hårt på dörren.

Det var kanske inte att förvåna sig över att han med myndig röst krävde att få veta vad jag höll på med. Mer förvånande var det kanske att han fick svaret att jag "fångade duvor". Det blev alldeles tyst några sekunder. Tåget stod stilla vid Getå station. Så återkom rösten, nu något mindre myndig:

– Sa han inte att han fångar duvor? Karln kan inte vara klok det är bäst vi hämtar konduktören.

Förbannade duvor att vara svårfångade. Kanske borde jag öppna fönstret och släppa ut dem. Men då skulle de säkert bryta vingar och ben mot tåget eller ledningarna. Pressen hade redan på den tiden börjat frossa i jaktskandaler. Jag såg feta tidningsrubriker för min inre syn: "Jaktvårdare på skogsbolag massakrerar duvor". Nej, här gällde att fånga på.

Som alla vet sitter fjädrar löst på skrämda fåglar. Detta gäller särskilt norrköpingsduvor lössläppta på tågtoalett. När de krockade med varandra, smällde mot mig eller väggarna så rök det fjädrar och dun i luften. Det där med fjädrar och dun gick väl an. Värre var det andra som de lämnade ifrån sig, frivilligt så att säga. Kringlorna smetade fast på väggar, golv och min ryggsäck. Inte minst på spegeln. Min mössa, ansikte och kläder fick sin beskärda del. Gud allena vet vad norrköpingsduvor stoppar i sig, men träcken blir mångfärgad, smetig och halvflytande, det vet jag.

En av dem placerade en blågrå kringla mitt på spegeln. Den stirrade mot mig som ett ondskefullt öga. Sakta gled den neråt och efterlämnade en smetig rand där en svart fjäder fastnade. Ögat hade fått ett rynkat ögonbryn och uttrycket av hätskhet var total.

Bultningarna och tillmälena blev allt häftigare. Kanske borde jag släppa ut duvorna i korridoren och låta dem umgås med kiss- och övrigt nödiga resenärer? Nej, det gick nog inte för sig. Jag fick byta jaktmetod. Även om det kunde finnas risk att jakthatare skulle ifrågasätta om duvjakt med lyse kunde vara lovligt. Så jag tog sikte på en duva som hakat fast, släckte lyset och trevade mig fram till kräket.

Det var en effektiv metod, och jakt efter mörkrets inbrott var inte förbjudet annat än då det gällde speciella arter. Antalet vingpar minskade snabbt och det var på tiden.

När tåget passerat Krokek hade några av mina medresenärer i korridoren lovat att vrida nacken av mig så snart jag vågade komma ut. Nu var det inte många minuter tills tåget skulle sakta in för Stavsjö. När så tåget började bromsa hade just den sista duvan svalts av lådans glugg. Jag krängde på mig ryggsäcken medan jag tittade mig runt på toaletten. Det var en säregen och långt ifrån tilltalande syn som mötte mig. Det samma gällde partier av mitt ansikte som jag kunde skymta i ännu obefläckade ytor av spegeln. Jag liknade mest de monster som på den tiden såldes i vapenaffärerna och som smetades in med tjära eller liknande, varefter man rullade åbäket i fjädrar och dun av varierande kulör och storlek. De påstods vara utmärkta uvattrapper och lämpliga vid kråkjakt. Om detta stämde skulle jag kunnat tjänstgöra som uvattrapp. Inte minst som jag hade rörliga vingar.

Så var det dags att öppna dörren för att träda ut i korridoren inför de församlade medresenärerna som nu var i lynchstämning. Först i kön stod en söt ung dam. Förbaskat söt, men nu inte helt till sin fördel. Hon knep ihop knäna. Kissnödig och förbannad. Stönande störtade hon förbi mig in och låste blixtsnabbt om sig på den mest ostädade toalett SJ någonsin erbjudit sina resenärer. Tyvärr hade jag inte tid att invänta hennes återkomst för att be om ursäkt och i någon mån förklara det hela.Tåget stod redan stilla vid min station.

Alla pressade sig mot korridorens väggar för att lämna plats åt mig. Han med basrösten tappade hakan och såg ut som en fågelholk. Alla tankar på att vrida nacken av mig var som bortblåsta. Han bara stirrade, alldeles tyst. Kanske var han en sådan där fågelskådare som trodde sig skåda någon raritet, i så fall skulle SJ kunnat räkna med avsevärt ökat antal resenärer. Amatörornitologer har alltid haft en benägenhet att klampa in och förstöra när ryktet gått att en raritet visat sig.Amatörerna har ofta ställt till trassel för de skickliga ornitologerna med vilka jägarna har all anledning att samarbeta.

Jag hoppade ner på perrongen och vinkade åt konduktören för att säga något förklarande till honom. Han hejade glatt tillbaka, klev upp på fotsteget och signalerade avgång. Så dags på kvällarna var småstationerna obemannade och tåget rullade iväg.

Till sist ett tack till SJ som avböjde mitt erbjudande att betala saneringen av toaletten.Jag fick svaret att detta var en så festlig historia att SJ mer än gärna var villigt att bjuda på kalaset.

Lämpliga hundar

Jag hade således kommit överens med min arbetsgivare om att jag skulle hålla egna hundar och få ersättning för kostnaderna hundhållningen medförde. Beträffande ersättningens storlek har jag haft att förhandla med min närmaste chef som nästan alltid varit en jägmästare. Denne ansåg som regel att han var den stora jaktexperten och kände sig ofta trampad på tårna, så nu fanns en chans att "ge igen".

Om kostnader för hundhållning visste han också precis allt. Han hade ju en tax eller liknande, och inte hade han märkt några andra kostnader utöver valpkostnad, skatt och försäkring. Att matrester från enmanshushållet inte kunde räcka för att mätta ett tjugotal hundar i olika storlekar var något jägmästaren inte ville förstå. Detta förblev ett ständigt trätoämne.

När jag kom till Holmen hade jag redan haft en lång rad hundar av olika raser. De flesta av dessa, såväl som det stora flertalet av de hundar jag senare skaffade mig och hoppades på, höll inte måttet och fick en bråd död. Andra blev tillräckligt användbara för att få ett bra hem hos någon jägare som inte nödvändigtvis krävde att hunden var fullgod i alla avseenden. Men en yrkesjägare får inte nöja sig med annat än det allra bästa när det gäller hundar. De som fann nåd inför mina ögon minns jag, de övriga har jag för längesedan glömt.

Eftersom rävstammen var så talrik behövde jag stövare och

foxterrier för mina duster med Mickel. Om stövaren drev hare hyggligt hade detta givetvis ett visst värde om cheferna skulle vilja ha en jaktdag efter nyår, då både rådjur och tuppar var förbjudna. Att jaga hare för mitt eget nöjes skull hann jag inte med.

En eller ett par rådjurshundar hade vi också användning för. En fågelhund behövdes för att kunna utnyttja ripjakten på bolagets fjällskiften. Och inte minst räknade man med att älgstammen skulle öka. Därför behövdes älghundar för jakt i såväl de sydsvenska länens skogar som kring Ströms Vattudal i norra Jämtland. Dessa hundar skulle vara specialdresserade som eftersökshundar, och de behövde dresseras till bättre lydnad än vad älghundar i allmänhet har fått lära sig.

En av anledningarna till att Holmens Bruk anställde en jaktvårdare, var att de ansåg att man måste åstadkomma bättre eftersök vid skadeskjutningar. Detta såväl vid bolagets jakter som vid tillfällen då skadade djur kom in över gränserna, och sist men inte minst vid viltolyckorna på vägarna genom bolagets skogar. Älgkrockarna som då förekom var av lindrig art jämfört med många av dagens olyckor. På den tiden fick älgen sällan svårare skador än att den kunde försvinna in i skogen så att eftersök med bra hund behövdes.

Bilarna fick en del plåtskador men personskador förekom sällan. Nutidens älgkrockar är ofta betydligt våldsammare eftersom bilarnas hastighet är högre. Svåra personskador förekommer och vilt av olika slag som blir påkörda ligger ofta mer eller mindre krossade vid vägkanten. Det stora positiva idag är alla viltstängsel som radikalt minskat viltolyckorna längs de större vägarna.

När jag började jobbet hade jag med mig en hamiltontik som var åtta år och en bra rävhund samt godtagbar som harhund. Dessutom var hon rådjursren, trodde jag.

Då hon bara var tio månader gammal och för första gången träffade på rådjur, blev det ett kort men hetsigt drev. Hon stötte bocken i närheten av jaktmarksgränsen, och ett par hundra meter in på grannmarken stod grannen och sköt bocken. Innan jag hann fram till skottplatsen hade tiken redan fått vara med och smaka på inälvorna. Rådjur var sällsynta i den trakten och den trevlige grannen förstod inte bättre.

Olyckan var skedd och det fick räcka med en lättare tillrättavisning av tiken. Jag kom därefter bara en enda gång i tillfälle att låta henne förstå hur illa jag tyckte om rådjuren innan hon på nytt stötte på ett när hon var ute på sök. Men varken då eller i fortsättningen hade hon visat något som helst intresse för den arten.

När vi kom till Kolmården var hon som förbytt. Gång på gång drev hon rådjur ganska envist. Hon visste att hon inte fick och ville inte visa sig när hon kom tillbaka. Om jag gick hem smög hon efter och lade sig i vedskjulet. Efter ett avslutat räv- eller hardrev visade hon däremot alltid samma frimodighet som hon brukade göra. Kom jag då hem före henne krafsade hon som vanligt på ytterdörren och ville in. Men rådjuren kunde hon som sagt helt enkelt inte låta bli. Det blev till slut nödvändigt att låta henne jaga i sällare marker.

På den tiden var schillerhundar från Tuveskogens kennel berömda för sin eminenta förmåga att driva räv. De valpar jag köpte av bröderna Andersson var inga undantag. Tyvärr slutade nästan alla sina dagar redan vid unga år längs bilvägar eller järnvägen.

Som rådjurshundar försökte jag med drevrar. Jag började med två valpar som jag köpte av en god vän som hade en ovanligt klok och trevlig tik. De blev ganska formbara och vi sköt många rådjur för dem. Men ibland fick man vänta på dem i onödan när de hängde i alltför länge.

Hit men inte längre. Om jakthundar ska bli formbara måste de ha daglig kontakt med dressören och andra familjemedlemmar. Men de får inte bli terrorister. De behöver inte, och får inte, ha tillträde till alla rum. I vårt fall var vardagsrummet och sovrummen tabu. Gråhunden Curr, släthåriga foxterriern Hutt, taxen Ludde, schillerstövaren Kämpen och gråhundsvalpen Kavat står och lyssnar när vi pratar med våra gäster. Om en stund får de ge plats för nya åhörare: två jämthundar, en strävhårig vorsteh, en drever och en beagle.

Hundar som används flitigt utsätts för faror och de båda drevrarna omkom innan de nått medelåldern. Jag prövade nya drevrar av olika härstamning, men alla hade den tråkiga egenskapen att de blev långdrivare när de blivit fulltränade. De var också svåra att få kontakt med, och att de inte ville lyssna på mig passade mig inte så jag gav upp.

Lindorm Liljefors importerade en dräktig beagletik från England. När hon fött sin kull och valparna blev salufärdiga fick jag en tikvalp av honom. Bola, som hon hette, var vacker och hade ett mycket trevligt psyke. Som harhund räckte hon inte riktigt till. Hon hade för dålig näsa. Däremot blev hon en alldeles utmärkt rävhund. Mickel var hennes favoritvilt.

Rådjur drev hon bara på kommando och då i högst tjugo minuter. Hon tyckte det var urtråkigt, drev långsamt och skallade ganska tätt. Med jämna mellanrum satte hon sig ner och klagade högljutt över att behöva syssla med något så otrevligt. Men rådjuren buktade snävt och vi sköt många för henne. Hon tyckte de var avskyvärda och ville inte ens gå fram till ett skjutet rådjur.

Bola var både trevlig och effektiv så vi beslöt att ta en kull efter henne. När hon hade en månad kvar till valpningen skulle hon få driva sitt favoritvilt för sista gången innan kullen skulle födas. Räven följde järnvägen och så var den tiken borta.

Sedan köpte jag en rad beaglevalpar från olika uppfödare. Alla var lika odugliga och hade tråkiga skall. En av dem är emellertid av viss anledning värd att minnas. När den var årsgammal tog jag den med till Jämtland för att träna den på hare under en vecka mellan rip- och älgjakt. Han saknade anlag som harhund men skällde fågel på ett utmärkt sätt. Jag beslöt att ta bort honom, men dessförinnan sköt jag tjugoen tjädrar på tre dagar för honom. En bättre trädskällare får man leta efter.

För rådjursjakt gick jag helt över till att använda taxar. Flera av dem, såväl korthåriga som framför allt strävhåriga, blev fullt godtagbara.

Som stående fågelhundar använde jag till en början engelska settrar samt en och annan pointer, men snart gick jag över till vorsteh. De var inte lika eleganta i sitt jobb som stående hundar men kompenserade detta genom sin mångsidighet. Jag minns både några strävhåriga och en korthårig.

Till grythundar använde jag framför allt småväxta, släthåriga foxterrier. De som var lugnast och mest formbara gick lätt att lära hur de skulle uppträda för att snabbt och säkert få Mickel att vantrivas i grytet. En och annan tax kunde också få godkänt betyg i det arbetet.

Då det gällde älghundar höll jag mig under några år enbart till gråhundar. Sedan hade jag under tjugo år både grå- och jämthundar. Jag brukade se till att jag hade två bra jämthundar och en gråhund för löshundsjakt samt en gråhund som ledhund. Så småningom återgick jag till enbart gråhundar. I de marker jag rörde mig mest var gråhundarna mer användbara, särskilt sedan jag lärt mig ledhundsjaktens finesser. För det jobbet var jämthundarna för stora.

Redan några år innan jag anställdes hade bolaget köpt en jämthund som hade en av skogvaktarna till foderv ärd och förare. I likhet med de flesta älghundar i landet jagades den in som löshund. Det fick givetvis till följd att den inte blev en bra spårhund. Många eftersök misslyckades när hunden växlade spår och följde fel djur.

Om man släppte honom på den skadade älgens spår och han träffade på älgen liggande död, rev han ragg någon minut. Därefter började han söka efter andra älgar. Ingen visste vad som hänt. Det behövdes en mer omsorgsfullt dresserad hund, och en anställd jaktvårdare hade mer tid för hunddressyr än skogvaktaren.

Jag prövade jämthunden och märkte att det skulle bli omöjligt att omskola den till en godtagbar eftersökshund. Därför blev det min tax som fick vara spårhund första hösten. Den hade bra näsa och var spårnoga och det räckte för eftersöken vi hade det första året. Men eftersom man önskade en tätare älgstam skulle det fortsättningsvis krävas en specialdresserad hund för eftersök på just den viltarten.

På 50-talet var eftersökshundar ett ganska okänt begrepp. Vilka egenskaper skulle en sådan hund ha? Ingen kunde lämna godtagbara anvisningar. Det gällde att tänka sig in i de verkliga situationer som skulle kunna uppstå då en individ av den ena eller andra arten blev skadad. Hur skulle en eftersökshund uppträda vid det ena eller andra scenariot? Hur agerar ett skadat djur? Jo, djuret går i sårlega, så mycket visste man. Erfarenheten sade också att man bör vänta en timme innan spårningen efter skadat djur påbörjas.

Jag har själv upplevt hur det känns att bli träffad. Jag fick hagel i ansiktet. Det kändes som ett piskrapp eller en stöt. Det kändes smärta som snabbt förbyttes i något som liknade den stelhet och känsellöshet man förnimmer vid bedövning hos tandläkaren. Efter någon minut kom en intensiv trötthet över mig och jag kände behov av att sätta mig ner. Först ett par timmar senare började smärtorna komma på riktigt. Jag fick höra att det tillstånd jag råkat in i var en så kallad sårskadechock. Ett skadat djur reagerar förmodligen på liknande sätt.

Genom att granska viltets beteende, när de olika arterna konfronteras med hundar, lärde jag mig mer och mer hur de olika raserna skulle arbeta för att bli effektiva och passa mig. För att hinna sköta både viltvård och avskjutning över så stora områden som möjligt gällde det verkligen att vara effektiv. Hundarna måste arbeta på ett sådant sätt att jag fortast möjligt kom till skott. För alla mina hundar gällde att de också måste vara samarbetsvilliga.

Jag lärde mig att en harhund måste ha en bra näsa för att kunna hålla igång haren. Ett välljudande skall förhöjer den jaktens tjusning. Rävhunden bör driva lugnt och ha ett dovt och tätt skall. Att det är entonigt och "tråkigt" lär man sig att uppskatta när man insett att räven buktar bra för ett sådant skall. Den brukar också hålla sig ovan jord. Rävhunden bör väcka flitigt och ge ett och annat skall om den någon gång under drevet förspringer sig.

Rådjurshundarna ska driva lugnt under tät skallgivning. Går rådjuret rakt ut ska hunden vända tillbaka till husse. För alla drivande hundar gäller att de ska låta sig lockas av drevet och bli kopplade.

De stående fågelhundarna är ett kapitel för sig. Skönheten i de engelska hundarnas sök och strama stånd förgyller jaktupplevelsen. Deras smidiga och tysta avans på spåret efter en löpande gammeltupp gör att det blir spänning av högsta klass.

Vorstehhundarna kan inte uppvisa samma elegans eller effektivitet som stående hundar. Men de kompenserar detta genom imponerande effektivitet i svårforcerade vassar och vid apportering i iskallt vatten. Deras oförvägenhet i attacker mot skadat vilt väcker beundran.

Grythundar, som bara i undantagsfall ska användas på grävling och då i enkla och tillfälliga gryt, ska visa stort intresse för alla rovdjur. De får inte visa besinningslös skärpa utan ska som en boxare gå i ettrig närkamp utan att utsätta sig för någon större risk. Och de ska påpassligt nypa till när moståndaren blottar sig.

När de attackerar en räv nere i grytet ska de inom fem minuter plötsligt avbryta och söka efter nya gångar fram till motståndaren. Eller ännu bättre, de ska snabbt springa ut och låta sig kvarhållas fastklämda mellan husses ben.

Älghunden, hur ska den arbeta? Min uppfattning om hur en löshund ska uppträda skiljer sig i vissa stycken avsevärt från den beskrivning över idealhundens arbete som redovisas i den prövningsordning som gäller vid jaktprov (då detta skrivs).

Sammanfattningsvis kan sägas att hunden ska söka igenom det terrängavsnitt som den märkt att jag långsamt är på väg genom. Hundens sök ska vara så effektivt att jag är säker på att där inte finns älg när såten är genomgången.

Om jag vill ändra riktning ska jag stanna upp. När hunden märker att jag stannat ska den komma till mig, och då ska jag visa hunden att jag vill att vi ska ändra riktning genom att föra honom kopplad ett hundratal meter.

Först som sist. Om man ska få mesta möjliga nytta av sin jakthund, av vilken ras det vara må, måste hunden lära sig att förstå att det är husse som är flockledare. Jakthunden ska göra allt den kan för att vara husse till lags.

Efter min pensionering hade Gun och jag inte anledning att hålla fler än några få hundar. De många "nya" hundraser som är populära har jag således inte haft tillfälle att pröva och kan därför inte ha någon åsikt om dem. Sedan vår dotterson fått besvär av allergi måste vi göra oss helt hundfria. Det känns tomt. Men vad gör man inte för världens trevligaste grabb.

Julaftonsjakter

I min barndoms hemtrakter var det vanligt att jägarna försökte skjuta julharen på själva julafton, samtidigt som man högg den i förväg utsedda granen. Sedan jag börjat bli vuxen kände jag inte för att följa den seden. Nej, för mig skulle det vara en julaftonsräv om den rätta stämningen skulle infinna sig. För mig fick inte huggandet av granen stjäla tid från att utnyttja den korta jaktdagens ljus. Granen fick stå och vänta i något av hemmets uthus.

Min tradition att försöka skjuta en julaftonsräv höll i sig även sedan jag fått jobbet på Holmen och gift mig. Men ibland kunde det ta längre tid än planerat.

Gun och jag hade bara varit gifta några månader. På vår första julaftonsmorgon tittade jag ut några timmar före gryningen och såg att det fallit någon decimeter nysnö. Flingorna fortsatte att dala, men genom molntäcket kunde jag skönja var månen fanns så snöfallet skulle kanske snart upphöra.

Ett av våra skogsarbetarjaktlag hade misslyckats med rådjursjakten och det var bara några dagar kvar av lovlighetstiden. Man hade vädjat till mig att försöka hjälpa dem att få ett par rådjur.

Den enda dagen jag inte hade fullt upp med jobbet var på själva julafton. Vi kom överens om att jag skulle jaga med dem fram till klockan tolv. Ett par av gubbarna vågade inte komma hem senare än klockan ett. Om vi lyckades fälla ett par rådjur skulle vi avbryta tidigare. Gick allt bra skulle jag kanske också få tid för min julaftonsräv, och ändå hinna hem före skymningen. Drevern fick därför sällskap av en foxterrier i bilens bagageutrymme.

Visst är det underbart att en morgon åka längs småvägar genom skogen en stund före gryningen då det fallit lagom mycket spårsnö under natten. Särskilt om ingen annan bil redan lämnat sina spår på vägen. Den här morgonen var jag först.

Här och var hade rådjur passerat den slingrande vägen och ett och annat översnöat rävspår kunde man också skönja. Däremot såg jag inga harspår och det hade jag inte heller väntat mig.

Det slutade snöa. Där! En räv hade kommit upp ur diket på höger sida. Jag stannade och synade spåret. Mickel hade nyss satt sina vackra stämplar i den mjuka snön. Han hade följt vägen. Var han månne på väg till grytet under stenblocken bredvid den lilla rännilen ett par kilometer bort?

Jag kunde konstatera att det var en hanräv. Han hade då och då sökt upp lämpliga ställen för att markera sin närvaro och för att tömma blåsan innan han gick till vila efter nattens jakt. Skulle han välja lega under någon gran där snöfallet inte skulle irritera honom, eller skulle han till ett gryt? Han fortsatte vägen fram. Vi kom allt närmare den plats där han skulle vika av om han tänkte sig till stenblocken vid rännilen. Mycket riktigt! Han hade lämnat vägen och slagit in på den lilla stigen som ledde förbi grytet. Han skulle säkert lägga sig på takstenen om han nu inte föredrog att krypa in.

Alla sju skogsarbetarna som ingick i jaktlaget kom punktligt till samlingsplatsen och alla i det trevliga gänget var på bästa humör. En stund senare kunde kompisarna dunka den yngste av dem i ryggen när han hade skjutit sin första råbock. Den hade hornen kvar trots det sena datumet. Skytten var glad och stolt, för en bättre julklapp kunde han inte tänka sig.

Efter nästa drev kunde vi samlas och dricka kaffe medan Nisse berättade om dubblén på killingar. Det gladde oss alla eftersom han var en mycket duktig jägare och trivsam kamrat. Att han dessutom hade kopplat drevern passade mig extra bra. Nu fanns det inget som hindrade mig från att programenligt lämna gänget och önska fortsatt trevlig helg. Jag hade ju hela tiden räven vid rännilsgrytet i tankarna, men det vågade jag inte tala om för då skulle kanske vissa fruar ha ansett att jag lockade ut gubbarna på dåligheter.

Drevern lade sig till rätta i bilen, för de två dreven hade gett honom lagom motion för dagen. Terriertiken var däremot eld och lågor. Det lilla energiknippet kände tydligen på sig att nu var det hennes tur. Hon vägde knappt sex kilo men var mycket välbyggd och hade precis lagom skärpa. En utmärkt rävsprängare. Hon fintade och fintade och höll sig alltid på rätt avstånd från räven för att undgå att bli biten.

Om en räv väcks ur sin slummer i grytet av att en hund närmar sig, brukar den lägga sig och spärra vägen med vidöppet gap. Kommer hunden för nära klipper käftarna blixtsnabbt ihop och de långa hörntänderna kan åstadkomma djupa bitsår i hundens läppar och nosrygg. Men då och då måste räven stänga gapet för att svälja. Om hunden då är påpasslig kan den hinna kasta sig fram och bita räven i strupen vilket den här tiken hade lärt sig. När räven svalde satt tikens käftar plötsligt som ett hänglås kring den rödes struphuvud.

Behåller hunden greppet låter det ofta som en snarkning då den andas. Är grytet luftigt hör man såväl hundens skall som den "snarkning" som ska följa efter skallet. Om "snarkningen" upphör efter en stund och inte följs av skällande är den rävens saga all. Men det är ju inte precis vad jägaren önskar sig. Man vill att såväl räven som hunden ska vara oskadade så att räven kan slinka ut och bli skjuten.

Jag smög som vanligt fram till grytet, ringade och kunde konstatera att räven fanns inom ringen. Väl framme och uppklättrad på takstenen kunde jag se att räven gått direkt ner i grytet på morgonen. Terriern försvann snabbt och tyst ner i närmaste ingång. Strax efteråt kunde jag höra hennes första ettriga attack mot den röde. Någon minut senare tystnade skallet plötsligt. Under några sekunder hörde jag ett häftigt dunkande och sedan följde "snarkningarna". Efter ungefär en minut blev det tyst. Räven var död.

Om tiken nu hade lämnat räven hade allt varit relativt bra. Men hon hade för vana att försöka släpa ut en ihjälbiten räv och lyckades vanligen med detta när det handlade om sandgryt. I stengryt var det betydligt knepigare eftersom den döde räven ofta kilas fast i någon öppning mellan stenarna. Den här julafton hade tiken till all olycka börjat släpa på räven åt fel håll. Den väg hon hade valt ut till husse var en blindgång. Räven fastnade och hon hade stängt in sig själv.

Snart kunde jag höra hur hon började gnälla och förstod vad som hänt. När jag lockade på henne ökade hennes gnäll till ljudlig klagan. Här fanns tydligen ingen annan utväg än att försöka gräva sig ner och hjälpa henne.

Sedan jag lånat en spade och spett av en torpare som bodde i närheten, började det jättejobb som jag till en början trodde skulle bli ganska enkelt. Men det var svårare än jag anat. Tiden gick. Den korta vinterdagen närmade sig sitt slut och när mörkret föll hade jag fortfarande inte lyckats ta mig ner. Stavlampan som jag hämtat från bilen hade dessutom ganska svaga batterier så den kunde jag inte ha på hela tiden. Dessemellan måste jag i mörker spetta och gräva på måfå.

Händernas knogar slogs blodiga mot stenarnas skrovliga kanter. Vantarna var för länge sedan så blöta och smutsiga att de inte gjorde någon nytta. Jag gjorde åkarbrasor gång på gång för att hålla de oskyddade händerna vid liv. Näsduken var genomblöt så jag måste torka nästippen med mina blödande händer. Till slut lyckades jag få ett så stort hål att tiken kunde tränga sig upp.

Jag kunde påbörja hemfärden. I förbifarten ställde jag tillbaka verktygen vid torpet och bankade på för att tacka min vän för lånet. Sedan han förskräckt granskat mitt ansikte utbrast han:

– Men vad i helvete har du gjort? Han började skratta och tillade, den röda mustaschen var snygg! Den ska du behålla!

Vid åttatiden på kvällen, denna Guns och min första gemensamma julafton, stapplade jag in över hemmets tröskel, genomvåt, smutsig och blodig. Min unga hustru hade börjat bli orolig. Det måste anses förlåtligt. Efter en så kort inlärningstid kunde hon omöjligt vara injagad. Hon stirrade ett ögonblick helt förfärad på oss, men efter en snabb granskning började hon skratta och bedyrade att vi skulle få en stor kram, men först sedan jag krängt av mig mina genomsura och skitiga kläder, duschat med hunden och hon fått plåstra om mig. Jag kastade en blick i hallspegeln och konstaterade att Gun och torparn måste ha samma smak och att deras skratt inte saknade motivering. Om jag hade kunnat åstadkomma ett buskigt kamouflage med samma kulör på min överläpp skulle en rad medfödda eller förvärvade skavanker kunna döljas.

Omplåstring och kramar gjorde underverk. Jag beskådade vår julgran. Den var så fin, den glänste av guld och glitter.

Det kan vara klokt att ha granen huggen före julafton.

Ett år hade gått. Vår son Leif närmade sig halvårsåldern och skulle uppleva sin första julafton.

Även denna julaftonsmorgon bjöd på nyfallen spårsnö. Den stövare jag försökte dressera hade inte de anlag jag önskade. Visst kunde den unga tiken driva räv hyggligt, men hararna var hennes stora intresse, och den sortens jakt hade jag inte tid med annat än under speciella förhållanden.

Nej, god jaktvård krävde att jag med alla medel höll efter den alltför täta rävstammen, och där räckte inte ungtiken till. Däremot hade jag en ovanligt vettig drevertik som inte bara var trevlig att umgås med, utan dessutom var en bra rävhund. Det blev hon som fick hoppa in i bagageutrymmet denna tidiga julaftonsmorgon.

Sedan jag parkerat bilen fick hon gå i koppel tills jag träffade på ett nygånget rävspår, då fick hon komma loss och snart hörde jag henne börja driva. Efter ett par ganska snäva bukter drog drevet iväg norrut och försvann utom hörhåll.

Inte så långt från upptaget finns en sjö med en djup vik som vid basen bildar ett smalt sund. Där hade man byggt en bro dit vägar leder från tre håll. Här var traktens bästa rävpass och därför flyttade jag mig dit. Kanske skulle räven återvända mot upptaget och i så fall skulle bron vara det bästa passet.

Snön låg orörd och fin på vägarna och bron. Strömdraget under och ett tiotal meter nedströms bron hade hindrat vattnet att frysa. I kanten av vaken hade en stor utter lämnat spår som såg helt färska ut. Mitt för nedre kanten av det isfria området fanns en liten udde som slutade nära vaken. Där borde jag kunna studera utterspåren närmare medan jag väntade på att få höra tikens skall på nytt.

Udden slutade med ett litet stenblock som sköt upp en halvmeter ovanför istäcket. En gång i tiden hade en lodrät spricka uppstått i blocket och tjälen hade år efter år tvingat isär de båda halvorna så att den nu var nästan trettio centimeter bred.

Vattenståndet i sjön hade det här året sjunkit några decimeter efter isläggningen. Men utanför udden hade stenar burit upp isen som nu bildade ett tak med en decimeter luft mellan is och vatten. Vid det spruckna stenblocket hade en bred springa bildats i isen. Där kunde man se sjöbotten. Jag klev ut på det kluvna stenblocket och stod med en fot på vardera halva och tittade på utterspåren som avtecknade sig vackert på iskanten.

Plötsligt började det plaska och prassla under isen ute vid vattenbrynet. Det måste vara uttern! Skulle den komma upp på iskanten? Nej, klirrandet av iskristaller kom närmare. Uttern var på väg under isen rakt mot mig! Närmare och närmare kom den. Till slut var den alldeles inpå mig. Där kunde jag se utternosen genom den decimeterbreda sprickan i isen. Utternosen är säregen genom att läpparna skjuter ut framför själva nosspetsen. Det ser ut som om uttern lagt in en rejäl prilla på båda sidor om näsborrarna.

I munnen hade han en abborre. Han gick in i sprickan mellan stenblocken, vände runt och satte sig för att äta fångsten. Huvudet var på nytt synligt i springan. Det knastrade ljudligt när fjäll och ben krossades av utterns sinnrikt konstruerade tänder. Det var verkligen en sällsam upplevelse att ha ett så ädelt vilt sittande och äta alldeles under mina fötter. Ett vilt som dessutom sällan låter sig beskådas. Redan den upplevelsen var en fin julklapp.

Jag vet inte hur länge måltiden pågick, men nog tog han tid på sig och tuggade maten ordentligt. Jag skulle givetvis kunnat skjuta uttern genom huvudet, men att skjuta ett så fint vilt på ett så lumpet sätt var motbjudande. Det får helt enkelt inte göras.

Jag var så upptagen av att titta på uttern att jag först inte märkte att drevertikens skall hördes igen. Räven var på väg tillbaka! Snett till höger om mig hade jag bron på lagom hagelhåll. Framför mig på andra sidan den smala viken gick vägen längs stranden.

Där kom räven i mjuk galopp och det såg ut som om han tänkte sig över bron. Men där hade jag nyss gått! Skulle räven kasta för mitt spår? I så fall skulle han ta vägen över isen. Uppströms fanns ingen vak så där skulle räven kunna passera utan att blöta tassarna. Eftersom jag stod en bit vid sidan av bron kunde jag bara se ett halvmeterbrett fält av isen mellan de lodräta betongfästena.

Mycket riktigt. Räven kastade för mina spår och dök ner bakom vallen på andra sidan. Jag hade följt honom med bössan. Fortsatte svingen med beräknad framförhållning och lät skottet gå. Jag hann uppfatta att jag haft något för liten framförhållning, men om räven blev liggande eller inte kunde jag inte se.

Uttern hade inte haft en aning om att det varit en människa på stenen ovanför. Att vittring skulle tränga nedåt var inte troligt, för om luften var i rörelse skulle den stiga uppåt eftersom sjöbotten var varmare än luften. Men den våldsamma knallen fick honom givetvis att rusa ut till vattnet där han dök för att simma under isen till ett säkrare ställe.

Tiken var framme vid bron samtidigt som jag. Räven var borta, men de oregelbundna språngspåren och tydliga blodspår visade att ett bakben var av. Ett hundratal meter längre bort var min fyrbenta medhjälpare ikapp Mickel och vi fick vår julaftonsräv.

Efter att ha kontrollerat att det inte fanns några minkspår längs bäckarna och åarna i området, vände vi hemåt. Kanske var det lämpligt att tillbringa några timmar i hemmet denna dag, klä granen och se hur sonen reagerade på denna grannlåt med tända ljus.

Väl hemkommen berättade jag för Gun om de märkliga upplevelserna under morgontimmarna. Hon var vid det laget injagad och hade lärt sig de säregna förhållanden under vilka en jaktvårdarfru måste leva. Hon behövde inte fråga om jag tänkte titta efter uttern i skymningen. Hon visade detta genom att lugnt säga till mig:

– Klockan sex delar vi ut julklapparna i år, och det vore ju trevligt om du var med då.

Var skulle uttern komma upp när kvällen kom? Och hur dags skulle den komma? Jag tog för givet att den inte skulle våga sig tillbaka till bron. Den skulle säkert lämna sjön vid dammbyggnaden i utloppet. Men där var det allt för skumt under de slokande grangrenarna för att kunna skjuta sedan mörkret fallit.

I en grund vik ett hundratal meter från utloppet fanns en kraftig källa som brukade hålla vattnet isfritt ganska länge. Kanske uttern skulle titta upp där för att hämta luft på vägen mot utloppet. Där var så grunt att en utter lagom skulle kunna tränga sig fram under isen.

Att uttrarna kände till det andningshålet hade tidigare spårsnö kunnat berätta.Vaken fanns ett par hagelhåll från stranden. Skulle jag vaka där måste jag sitta ute på isen mindre än tjugo meter från källan. Om uttern tittade upp skulle jag sannolikt bara ha huvudet att skjuta på, varför hållet måste vara kort och haglen ganska grova.

Jag parkerade bilen vid bron strax innan skymningen börjat falla. Vinden låg så att jag måste sitta bortom vaken. Från bron kunde jag granska den bakgrund jag skulle få, sett från källan. Där, med de grova alarna i bakgrunden skulle min siluett vara som svårast att upptäcka och jag satt dessutom på läsidan om vaken.

Sedan jag försiktigt tassat ut på isen, lade jag ut det fårskinn jag hade tagit med mig och satte mig ner. En lång och kall väntan började. Jag hade tagit restid från bron och hem.Tio minuter. Dessutom behövde jag fem minuter för att springa till bilen. Jag skulle vara hemma klockan sex, det hade jag bestämt mig för.

Den första timmen gick ganska långsamt. Men när mörkret fallit gick minuterna fortare. Klockans självlysande visare och siffror visade att tiden krympte i allt snabbare takt. Nu återstod bara tio minuter. Nu tre!

Då såg jag en rörelse i vaken! Utterhuvudet tittade fram. Oändligt sakta smög jag upp bössan. Kornet låg rätt, men då vände uttern huvudet rakt mot mig. Jag måste vänta tills den vände bort det igen. Att skjuta framifrån var inte tillrådligt. Detta tog tid. Hade han upptäckt mig? Armarna började kännas stela och bösssan allt tyngre. Äntligen ändrade uttern ställning och huvudet kom i profil och skottet fick gå.

Jag rusade fram till vaken. Iskanten brast, men jag sjönk inte djupare i dyn än att stövelskaften räckte till. Uttern var kvar. Han sparkade och slog i vattnet. Var skulle jag greppa för att inte fastna med fingrarna mellan käkarna? Den lyfte på svansen och jag visste var jag skulle gripa tag. Jag körde ner den andra handen och fick tag på ett bakben och slängde upp den på isen.

Nu skulle här handlas snabbt! Bössan på tvären över ryggen. Fårskinnet fast i bössremmen. Med ett stadigt tag om utterns bakben och svans rusade jag till bilen.

Innan jag hunnit fram vaknade uttern till liv och började hugga efter mina ben. Den gamle hanens kranium hade varit tillräckligt kompakt för att haglen inte skulle tränga in i hjärnan. Jag borde ha suttit några meter närmare eller haft grövre hagel.

Jag svingade upp honom i luften för att slå honom hårt mot isen, men det glatta håret på svans och ben gjorde att han gled ur händerna och kanade iväg på snön. Nytt grepp och ny sving gick bättre. Huvudet dunkade hårt mot isen och uttern gled in i sällare marker och vatten. Tidtabellen höll.

Kickan

Solen lyste från en klarblå himmel. Denna morgon i mitten av juni 1955 var allt stilla och fridfullt kring Sågatorp vid Virlångens västra strand i Kolmården. Plötsligt började en råget "skälla" högljutt i klövervallen intill stugan. Hon rusade fram och tillbaka och skrek ut sin vrede.

En av pojkarna i torpet sprang ut för att se vad som stod på, då fick han höra ett pip och såg en rävsvans flagga över vallväxterna. Situationen stod genast klar för honom. Räven hade tagit en av getens killingar. Pojken rusade mot räven för att skrämma bort den men fru Mickel var erfaren. Hon var inte särskilt rädd för småpojkar så med killingen i munnen travade hon iväg hem till valparna vid grytet bortom åsen.

Då fick pojken syn på den andra killingen som låg kvar och tryckte i klövern. Han tog den med hem till torpet för där skulle räven inte kunna ta den. Detta var inte särskilt klokt men väl menat.

Han ringde genast till jaktvårdaren och berättade vad som hänt. Gun kunde tala om att jag inte var hemma och skulle inte vara tillbaka förrän till kvällen. Under dagen hade systern i torpet suttit med killingen i knät och smekt den så den var väl invittrad av människa.

Vad skulle jag göra? Geten hade givetvis förgäves sökt igenom vallen och ivrigt lockat på sina små. Fram mot eftermiddagen hade hon gett upp. Gun och jag diskuterade situationen. Hon var ivrig att få försöka föda upp det lilla knytet. En jaktvårdsfamilj har mycket att lära om olika arters beteende genom att studera "tillvaratagna" småttingar under deras uppväxt. Det visste vi efter att Gun fött upp en lång rad rävvalpar och annat vilt under de senaste åren. Jag frågade landsfiskalen vad han tyckte att vi skulle göra.

– Det förstår ni er bäst på själva, var hans svar.

Vi hade lärt oss hur man ska gå till väga och vilken mjölkblandning en rådjurskilling mår bäst av. Vi visste att ett sådant litet knyte bör ha mat var fjärde timme, att man ska massera kring analöppningen medan den äter och så vidare. (På liknande sätt som geten putsar killingar medan de diar.) Gun kunde allt det där och hon pysslade om "Kickan" med all sin ömhet varför det inte var förvånande att killingen stortrivdes.

Det var således en killing av honkön det gällde. Våra barn fick ge henne det namn de ville, dock med förbehållet att hon inte skulle heta Bambi, för det hette alla rådjur på den tiden. Det blev istället Kickan.

Redan några dagar efter att vi fått Kickan skulle vi åka upp till Bågede vid Ströms Vattudal för sommarsäsongen , där jag hade min tjänstebostad vid besöken på bolagets ägor där uppe. Jag skulle under några månader jobba med fiskevård och bråka med tjuvfiskare. Vi körde Volkswagen på den tiden – fyra personer, två hundar, en rådjurskilling samt bagage. Det blev ganska trångt. Vi rastade var fjärde timme för att värma rådjursmat på motorn, lufta ungar och hundar med mera.

Under jämtlandsvistelsen blev det inte många timmar jag hade möjlighet att umgås med familjen inklusive hundar och rådjur. Kickan kom därför att helt präglas av Gun. Jag blev en främling för Kickan och som sådan kom hon framgent att betrakta mig.

Våra barn Leif (fem år) och Kerstin (tre år) med en levande kräfta. Kerstin har svårt att låta bli att peta på klorna.

Under sommaren fick Kickan ligga på nätterna i en korg vid Guns säng, men på dagarna sprang hon fritt på tomten. Där gjorde det henne gott att kunna plocka i sig av den näringsrika grönskan.

När sommaren var slut och det var dags för hemfärd hade hon vuxit till en livlig krabat, som gjorde färden en aning riskabel eftersom hon for runt i de minimala utrymmen den fullpackade bilen hade att erbjuda.

När vi kom hem fick Kickan gå ut och in som hon ville, och hon föredrog snart att ligga ute på nätterna. Hon fick vänja sig vid ett mål mat sent på kvällen och fick klara sig på grönbete tills Gun vaknade. Då väntade hon vanligtvis utanför dörren och lärde sig att "knacka på" genom att stöta med pannan mot dörren. Mot hösten blev hon allt mindre intresserad av att dricka mjölk och valde hellre fast föda. Hembakat rågbröd serverat i bitar blev hennes favoriträtt.

Fram på höstkanten höll hon på att råka illa ut. Hon brukade övernatta intill hundgården och en natt hade en räv smugit sig på henne och bitit henne ganska illa över manken. Hennes skrik väckte hundarna som rusade ut och gav hals. Eftersom de var ganska många blev det en högröstad kör som var för mycket för Mickel, han släppte Kickan som rusade till köksdörren där matte mötte.

Vi hade alltid penicillin hemma i tuber med lång spets. När grythundarna blev bitna eller då hundarna råkat i slagsmål, var det effektivt att pressa in salvan i såren. Kickan fick samma behandling och såren läkte snabbt.

I början av oktober höll min far och jag på med att fiska ut en uppfödningsdam för laxöring någon kilometer från stugan. Gun hade åkt till Norrköping för att handla. Plötsligt fick vi höra att Bång, drevern, började driva. Han hade lyckats ta sig ut ur hundgården och satte genast igång med att driva Kickan. Drevet gick i olika bukter under fyra timmar. Vi var aldrig direkt oroliga även om vi misstänkte att det var Kickan han drev. Bång hade ett långsamt drevsätt så Kickan borde inte ha svårt att hålla undan.

Drevet upphörde samtidigt som vi var klara med vårt fiske och på väg hem för att sätta stopp för jakten. Just när vi kom hem kom Kickan travande trött, genomblöt och hungrig. Hon hade precis börjat äta när Bång kom in på gården. Jag tog honom i koppel och han fick följa med in för att titta på när Kickan åt. Hon var helt lugn eftersom Gun fanns vid hennes sida. Bång fick några försiktiga förmaningar att inte röra henne i fortsättningen och detta upprepades dagligen den närmaste tiden när Kickan fick mat. Snart insåg Bång att Kickan var tabu samtidigt som han blev rörande förtjust i henne. När hon ätit sig mätt brukade han få ta vad som fanns kvar i skålen. Därefter brukade Bång lägga sig på rygg på golvet och stönade av välbehag medan Kickan enligt en ritual de utvecklat, grundligt nosade på honom innan hon vände åter till skogen.

I fortsättningen hände det aldrig att Bång skällde ett enda skall på henne eller hennes spår. Vid flera tillfällen kunde jag se när han träffade på hennes nygångna spår, hur han följde det fram till henne och att de nosade på varandra innan de fortsatte var och en på sitt håll.

Även de andra hundarna fick lära sig att vara inne tillsammans med Kickan utan att störa henne då hon skulle äta. En stor jämthundshane blev en annan av hennes beundrare. Han brukade stå vid hennes sida och tålmodigt vänta på att hon skulle bli färdig så att han skulle få diska skålen efter mattes tillstånd.

Kickans favoritmeny varierade något under året. Hembakat rågbröd var som sagt favoriten och måste alltid finnas. Så snart skafferidörren öppnades hade hon med sitt fina väderkorn lärt sig att utröna vad som kunde vara lämpligt tilltugg. När hon senare var dräktig ville hon gärna ha salt och detta skulle helst blandas i torra havregryn. Som alla vet brukar dessa gryn suga sig fast mot blöta ytor och till sådana hör en rådjursnos. När hon ätit en stund hade hon en krans av havregryn fastsmetade kring mulen. När hon var mätt hörde det till ordningen att hon gick fram till jämthunden som fick putsa av hennes ansikte tills det visade upp den fräschhet det anstår en fin dam.

Kickan var nästan ett år gammal när en torpare som bodde sex kilometer norrut ringde och sa att Kickan stod på trappan. Det verkade konstigt. Hon hade varit hemma som vanligt en stund tidigare. Gun och jag åkte till torpet men fick höra att hon omedelbart fortsatt norrut. Gun ropade på henne men hon var uppenbarligen redan utom hörhåll. Det gick en vecka utan att hon syntes till och vi trodde att hon övergivit oss, när hon plötsligt en dag bultade på dörren och uppträdde som vanligt.

En vecka senare försvann hon på nytt och var tillbaka efter några dagar. Av en slump fick jag veta att hon gjort en tur i rakt motsatt riktning. Nils Linnman hade på den tiden ett radioprogram för naturintresserade barn. Jag kom att sitta i bilen och lyssna på programmet när en flicka från Kvarsebo, som ligger 1,5 mil sydost om vårt hem, berättade att hon sett ett rådjur på deras gräsmatta. Hon hade hämtat sin kamera och medan hon höll på med att ställa in avståndet hade rådjuret gått fram till henne och nosat på kameran. Flickan såg då att rågeten hade en blå knapp i det ena örat, och nu ville hon ha Nils Linnmans förklaring till detta.

Nisse svarade naturligtvis att det måste ha varit ett rådjur som fötts upp av någon människa och som nu var på vandring. Han fick senare tillfälle att själv hälsa på rådjuret när han besökte oss. I fortsättningen ansåg tydligen Kickan att hennes rekognoseringar

Kickan var hos oss i tio år. Observera märkknappen hon har i sitt högra öra vid besöket i Kvarsebo.

inte resulterat i att hon funnit någon lämpligare biotop än den hon redan hade hemma hos matte.

När vi följande sommar på nytt åkte till Jämtland var vi inställda på att hon kanske skulle lämna oss. Det var givetvis omöjligt att ta henne med i bilen. Men när vi efter ett par månader återvände kände hon uppenbarligen igen ljudet från just vår bilmotor och kom omedelbart rusande. Nu var hon ännu mer angelägen än någonsin tidigare om att få umgås med matte. Kickan började visa att hon gärna ville ligga i Guns säng och vila på maten. Detta dock under förutsättning att Gun inte "bäddat fel" efter att hon haft sängkläderna ute på vädring. Om Gun hade råkat bädda sin säng med mitt täcke sparkade Kickan undan detta innan hon med en belåten suck lade sig att vila. Det blev nödvändigt för Gun att lägga ett plastskynke under Kickans bakdel och därtill något absorberande material. Även rådjur kan råka kissa i legan.

Rågbröd var som sagt Kickans favoriträtt. Men bara under förutsättning att jag inte rört brödet. När jag på natten gav mig iväg ut i markerna brukade jag ta en kopp kaffe och smörgås samtidigt som jag ordnade matsäck. Det som var kvar av brödet lades tillbaka i brödkorgen, och dessa brödstycken jag rört vid ratades senare helt av Kickan.

När Gun bakade och lade upp brödkakorna för avsvalning på köksbordet och Kickan kom in, kunde hon greppa den ena efter den andra och dra ner dem på golvet. Men om jag bara strök med min hand längs bordskanten blev detta den vittringsbarriär som fordrades för att hon skulle låta bli att ta av brödet.

I vissa högre rådjurskretsar kan förnäma damer sålunda kräva kvalificerad betjäning. I det här fallet var Gun ett måste, i annat fall "sköt Kickan tallriken ifrån sig". När hon var hungrig kunde nästan vad som helst duga. Vid ett tillfälle när hon kom in fanns bara ratat bröd i matskålen. Gun stod och stekte korv. Kickan krävde omedelbar betjäning och stampade Gun på tårna. När detta inte hjälpte gick hon in för en intensiv vriststämpling, så Gun gav henne en korvbit vilken slank ner.

Under parningstiden den hösten kom hon hemrusande med en stilig bock hack i häl. Denne såg något förvånad ut när hon passerade nära hundgården. Följde henne med viss tvekan fram till trappan. In till "svärmor" vågade han dock inte hänga med. En annan pojkvän hon kom dragande med några dagar senare uppförde sig på liknande sätt. När Kickan kom in till Gun vände hon på huvudet och tittade bakom sig som om hon ville säga: "Titta vilken förskräcklig karl som springer efter mig."

Fram på vårkanten började Kickan bli ganska rund om magen. Men när vi reste norrut i juni hade hon ännu inte nedkommit med sin förstfödde. Det var med viss spänning vi återvände ett par månader senare. Skulle hon komma hem och visa sig?

Hon kände tydligen fortfarande igen vår bil. Vi hade nätt och jämnt hunnit kliva ur bilen innan hon kom rusande. Men nu var det inte fråga om mat. Nej, nu ville hon visa upp sin avkomma för Gun. Hon gick ett stycke tillbaka mot skogen och ställde sig för att vänta på matte. Så gick hon lugnt vidare och såg hela tiden till att Gun hann med. Femhundra meter bort stannade hon på en bergklack och när hon lockade kom en killing skuttande och började dia.

Det dröjde en tid innan Kickan åter kom hem mer regelbundet. Hon hade ju gott om mat i skogen och ville inte lämna lillbocken ensam mer än nödvändigt. Omvårdnaden om avkomman var tydligen viktigare än att få träffa Gun, så det fick räcka med ett par besök i veckan.

När killingen blivit tillräckligt stor för att följa med henne blev

Här kommer Kickan fram och visar för första gången sin förstfödda.

besöken allt tätare. Snart var vi tillbaka i det gamla mönstret och hon hade alltid killingen med sig, men vi tillät inte att den också kom in. Tama rådjur, och då särskilt bockar, kan ställa till med mycket bekymmer och det ville vi undvika.

Eftersom alla våra hundar lärt sig behandla Kickan som en medlem av flocken och bemötte henne med stor vänlighet, tappade hon respekten även för främmande hundar.

Vår bostad låg ett hagelhåll från en sjövik. Vi hade vacker utsikt från köksfönstret över viken och en udde hundra meter bort. När huset byggdes schaktades den jord som grävdes fram för källarutrymmet, ut så att gräsmattan intill huset kom att ligga ett par meter över den garageplan som fanns mellan sjön och huset. En trappa byggdes bredvid husväggen. Slänten som inramade det 10 x 15 meter stora området framför huset täcktes med låga buskar. Den gräsmattan kom Kickan att betrakta som sitt territorium och som måste försvaras mot inkräktare.

Gäster med hund duggade tätt i vårt hem. Alltför många av dessa hade inte pli på sina hundar. Så fort en bildörr öppnades for hunden ut och rusade upp på gräsmattan. Fanns Kickan i närheten gick hon blixtsnabbt till anfall och hon slog med frambenen som hjortdjur brukar. Dessutom hade hon lärt sig att rusa upp på hundens vänstra sida och slå hunden i ryggen med höger bakfot. En hård smäll i njurpartiet fick vilket råskinn som helst att tjutande söka skydd i husses trygga bil.

En kilometer från vårt hem bodde en familj med en hund av obestämbar ras och något högre än en drever. Husfadern var jägare och använde med framgång sin hund för rådjursjakt. En vårdag stod grannen tio meter från husknuten och klöv ved. Hunden låg och sov fastbunden med ett ganska långt koppel vid stuprännans plåtrör. Plötsligt kom Kickan trippande förbi mellan husse och hund. Hunden vaknade och slog upp de ögon, som i färg påminde om fältharens. Med ett vrål rusade han efter Kickan som blev rädd för skramlet av den raserade stuprännans många plåtdetaljer.

Hundägaren äntrade snabbt sin cykel och trampade iväg för att hugga tag i hunden där han visste att Kickan brukade passera över vägen. Men drevet tystnade ganska snart. För när hunden inte längre hade några plåtrör att släpa på tvärvände Kickan och misshandlade sin förföljare som efter den avbasningen blev obotligt rådjursren.

På den ovan nämnda udden hade jag en höhäck där jag serverade högklassigt klöverhö. Välvilliga bönder kunde fås att skörda höet någon vecka före midsommar, hänga det på hässja och få det torkat på rätt sätt.

Under dessa år hade vi riktiga snövintrar och när rådjuren inte längre förmådde sparka fram ljung och bärris, samlades de vid höhäckar.Vid den som låg på udden brukade ett tjugotal djur förse sig. Kickan tyckte inte om deras närgångenhet och brukade jaga bort getter, killingar och småbockar. Men på sin ålders höst blev hon själv bortmotad. Då kom hon och sökte tröst hos matte. När hon kom lommande hem såg man att hon var minst sagt förbannad.

Från vårt fönster kunde vi se att en gammal get fick samma omilda behandling som Kickan. Den geten hade för första gången "gått gall". Och när hon nu inte längre kunde bidra till artens föryngring blev hon brutalt bortmotad. Hon var helt enkelt överflödig. Geten försökte smyga fram till höet sedan alla de övriga gästerna lämnat serveringen. Men de gick i lega så nära häcken att de märkte när hon kom fram.Till och med killingarna motade bort henne. En morgon låg hon död i strandkanten. Hennes tänder var mycket hårt slitna, hon var utmärglad och livmodern var tom.

År efter år kom Kickan hem och visade upp sina kavaljerer. Och år efter år blev det nya killingar. Under de tio år hon fanns i vår närhet födde hon tjugo killingar. Två gånger hade hon bara en, kanske räven plockat bort någon. Fyra gånger hade hon två killingar. Två år hade hon tre och en gång fyra småttingar. En av solokillingarna blev alltför tam och därför stängde vi in honom i hjorthägnet.

Kickan föddes inte förrän i mitten av juni. Hon ärvde tydligen anlaget för sen födsel eftersom hennes killingar alltid kom sent, trots att hon brunstade vid normal tid. Eftersom rådjur har fördröjd fosterutveckling gjorde kanske hennes anlag att fosterutvecklingen startade onormalt sent.

Då Kickan var tio år gammal var hon försvunnen när vi kom hem efter sommarvistelsen i Jämtland. Att hon skulle ha utvandrat var inte troligt. Vad som hänt fick vi aldrig reda på. Av Kickan lärde vi oss mycket om rådjur.

Den av Kickans bockkillingar som av någon anledning blev mycket tam, var särskilt förtjust i barn och lät sig matas ur hand vilket var oroande. Hade det varit en getkilling kanske detta bara resulterat i att hon ställt till lite mer förtret än andra rådjur i villaträdgårdarna.

Men en tam råbock måste man se upp med. När den blir könsmogen kan den bli som förbytt och anfalla allt och alla den vågar sig på. Det var den bockkilling vi fann nödvändigt att stänga in i kronvilthägnet intill bostaden. Där fanns ett tiotal kronvilt varav en kapitalhjort.

När den lilla bocken blev könsmogen anföll den alla andra vilda bockar som visade upp sig längs stängslets utsida. Detta inträffade i april när han fejat sina små horn. Den stora hjortens horntillväxt hade då bara kommit halvvägs och de utväxande tag-

Kronhjortens horn var nästan färdigfejade. Vapnen höll på att bli blanka.

garnas toppar var mjuka, blodrika och ömma. Bocken upptäckte snart att den 8–10 gånger större hjorten inte kunde försvara sig. Tuffingen gick till anfall. Hjorten flydde i panik och rusade runt, runt i hägnet med bocken i hasorna. Jakterna, som inträffade flera gånger varje dag, slutade med att hjorten tvingades springa ut och ställa sig i den damm som fanns i hägnet. Bocken gick några varv längs stranden, utmanande och hotande. Så småningom gick han till vila så att hjorten kunde smyga i land och beta tills bocken på nytt gick till anfall.

När hjortens horn så småningom var utväxta och nyfejade blev jag vittne till hur bocken sin vana trogen gick till anfall. Hjorten sprang undan några meter men insåg att han nu hade blanka vapen och kunde försvara sig. Han tvärvände. Fångade bocken på sina stora horn och kastade upp honom i luften. När bocken tog mark hann han nätt och jämnt komma på fötter igen innan hjorten försökte ge honom en ny omgång. I fortsättningen aktade sig bocken väldigt noga för att komma i närheten av den store.

Följande vår upprepades föregående års strider och hjorten blev utsatt för samma trakasserier. Men i augusti när nya horn var fejade, hittade jag bocken död en morgon. Han var alldeles söndersargad och hade flera djupa hål efter hjortens sylvassa taggar.

Uvar

Fortfarande på 1950-talet fanns det ganska många berguvar som häckade i Kolmården. Man såg framför allt mycket kråkor. Dessa grårockar brukade samlas i stora flockar fram mot kvällen och sökte lämplig nattkvist i en gammal granskog. De hade kanske lärt sig att om de var samlade många på ett ställe så kunde de vila betydligt tryggare än om de var parvis eller i små spridda grupper. Om den jättestora ugglan med de prydliga örontofsarna och stora skräckinjagande ögonen, upptäckte var de övernattade, blev någon av dem uvmiddag. Övriga flydde skräckslagna och törnade ofta gång på gång mot kvistar och grenar som de inte kunde se i mörkret.

När kråkorna hittade en uv på dagkvist, där den försökte sova bort de otäckt ljusa timmarna, utkrävde grårockarna hämnd. Den kråka som upptäckt ärkefienden började skräna. Andra kråkor skyndade till och snart hörde man ett fruktansvärt oväsen. Kråkorna gjorde störtdykningar mot uven eller klättrade omkring på grenarna och skrek ut sitt hat. Ibland flydde uven och då ofta lågt över marken och lyckades normalt gömma sig.

Att uven ibland häckade i närheten av pilgrimsfalkens bo var inte en tillfällighet, för nattens härskare fick antagligen ett visst skydd av dagsrovfåglarnas suveräne flygare.

I grannsocknen bodde en jägare som hade en tam och trevlig uv till salu. Jag övertog Oskar, som uven hette, och gav honom en ny bostad i ett gammalt hönshus. Där bodde han i flera år och tycktes trivas bra. Så pass bra att han ett år värpte ett ägg vilket inte hindrade att hon även i fortsättningen fick heta Oskar.

Vid den tiden var kråkskytte för levande uv en populär jaktform på vårarna när kråksträcket pågick.

På ett ställe inom ett område med ganska flack terräng, reste sig ett berg med en kägelformad topp som nådde en bra bit över den omgivande granskogen. Jag lade märke till att kråkorna på sin resa mot norr tog sikte på den där toppen, för kråka efter kråka passerade just där.

I en lämplig skreva riggade jag upp en skjutkoja av brädor klädda med kamouflagefärgad masonite. Jag ordnade med en lång stång uppstöttad av två kortare ben som fick den att peka snett upp mot himlen. Vid denna tjudrades Oskar i en lagom lång lina fäst vid båda benen med mjuka manschetter.

En liten terriertik som med förtjusning apporterade nedskjutna kråkor fick dagligen följa med in till Oskar när hon skulle få mat. Det omaka paret lärde sig tycka om varandra. Båda visste att de kunde vänta sig spännande upplevelser när jag hade tagit fram den spånkorg med lock och bärremmar som jag fraktade uven i under färden till kojan. Oskar flaxade ner från sin sittplats under taket och vaggade fram till spånkorgen under terrierns överinseende.

När vi var på plats vid skjutkojan klättrade Oskar upp mot stångens topp och då hjälpte hon till med vingarna mer än vad som egentligen behövdes. Hon började genast hålla utkik mot sydväst och så snart en kråka närmade sig gjorde hon allt för att reta upp grårocken.

När sedan en kråka dunsade i backen rusade terriern fram och avlevererade den till Oskar som med kråkan i näbben åter klättrade upp till stångens topp där hon slet i offret så att fjädrarna rök. Kråkorna blev galna, så terriern hann inte in i kojan förrän hon måste ut och apportera på nytt vilket givetvis ytterligare ökade kråkornas ursinne. Om jag var väl försedd med ammunition hade vår trio jättekul.

I gamla skrifter berättas att de som förflyttade sig längs ridvägar från södra Sverige till Stockholm utsatte sig för stor livsfara vid färden genom Mörka Skogen som täckte en viss del av Östergötland och Södermanland. I dessa ödsliga och bergiga skogar fanns gott om stora rovdjur och dessutom rövare som plundrade de vägfarande.

I stavsjöskogarna finns längs ridvägen en rad märkliga ringar av ditburna huvudstora stenar. Legenden berättar att här hade någon vägfarande mist livet. Den som passerade skulle stanna, hämta en ny sten och lägga den på ringen för att blidka andarna.

Mörka Skogen kallas nu Kolmården (kol = mörk, mård = skogstrakt). Där har många områden fått namn efter stora rovdjur, Björndalen och Björnmossen, Loberget, Uvbergen och Varggryten är exempel på detta. I Uvbergsskogen förekom uvhäckning på båda sidor om länsgränsen.

Den i särklass mest omtyckta häckningsplatsen fanns i en 100 meter lång rasbrant där stenblock rasat ner i ett surdrog vid bergets fot och bildat ett djupt rammel där lodjuren kunde hitta utmärkta barnkammare. Längs branten finns en smal hylla som bitvis når ganska många meter över stenramlet. Där kunde man försiktigt balansera sig fram. Vid hyllans slut är den nästan en meter

En av uvungarna på klipphyllan.

bred. Här har en gång i tiden bildats en lodrät spricka. Den har fyllts med fågelträck, jord och vatten och har genom tjälskjutning blivit tillräckligt rymlig för att ge näring åt en grenig enbuske. Bakom den fanns uvboet. Busken gav ett bra skydd mot stekande sol och mot kråkor. Dessutom häckade pilgrimsfalken på en anslutande hylla 50 meter från uvboet. Luftrumets suveräne härskare såg till att kråkorna inte vågade komma i närheten.

En titt i kikaren visade att det fanns uvungar i boet. Försiktig klättring längs hyllan. Nu kunde jag greppa med fingerrtopparna i kanten på falkklippan. Och nu gick det att titta över kanten. Då upptäckte jag att det låg en huggorm mellan mina händer. Det lyfta huvudet var bara en decimeter från min näsa. Det gällde att inte tappa fattningen och ramla baklänges utför stupet. Jag flyttade mig försiktigt tillbaka och väntade ett par minuter. Nu skulle ormen ha passat på att smita, det visste jag. Ett besök hos uvungarna var möjligt.

Jag var på väg till uvboet för att förse ungarna med Svenska Jägareförbundets märkningsringar som då fanns att tillgå.

Samma kväll ringde en jägmästare och frågade om jag visste huruvida uvarna som vanligt häckade på sin hylla vid Loberget. Han förvaltade skogarna på grannmarken och hade planerat att tillsammans med sin son besöka boplatsen.Vad skulle jag svara? Det gäller ju att ganska konsekvent hålla tyst om sällsynta arters häckningsplatser, särskilt när det gäller amatörornitologer. Jag hade träffat den här skogsmannen men visste inte vad han gick för.

Jag använde mig av en vit lögn och sa att någon sagt till mig att boplatsen var övergiven det året. Följande kväll ringde han och tackade för att jag ljugit för honom:

– Vi gick dit i alla fall, sa han. Min son balanserade sig fram på hyllan över stupet och tittade på ungarna som bar Jägareförbundets ringar. Det kan inte vara någon annan än du som har tillgång till sådana. Nu vet vi var vi har varandra, och jag är precis lika angelägen som du att uvarna inte störs i onödan.

Jag hade fått en ny vän.

Gotthard

För den som arbetar med jaktvård kan det som sagt vara lärorikt att föda upp ungar av olika vilt. Somliga kan bli besvärliga att umgås med, grävlingar vill jag särskilt varna för. Andra kan bli tillgivna och mycket intressanta att ha omkring sig. Gotthard var en sådan individ.

Varför fick han det namnet? Jo, jag råkade fånga honom på Gottharddagen på skogsfastigheten Gotthardsberg. Hans beteende när han smög ut ur det gryt jag släppt ner en foxterrier, gjorde starkt intryck på mig. Trots att han bara var ett par veckor gammal uppträdde han på ett slugt sätt. Den valpen var något för mig.

När jag fångat in den lille rödrävsvalpen gjorde han tappra försök att försvara sig. Sedan jag smekt honom några minuter och hela tiden pratat till honom i lugn och låg röst slappnade han till slut av.

Rävskinnen hade nästan varit osäljbara de senaste åren. Det hjälpte inte att en och annan jägare med goda hundar höll efter Mickel, eller att en och annan vakskytteentusiast sköt några varje vinter, rävstammen hade blivit på tok för tät.

Att begränsa stammen genom att släppa ner en grythund i ett bebott gryt och låta denne bita ihjäl de valpar som kunde finnas, var en otrevlig metod som man helst undviker. Den lilla foxterriertik jag då hade var livsfarlig för vuxna rävar men hon rörde aldrig en rävunge. Det hände faktiskt flera gånger att hon bar eller motade ut ungarna.

En av våra gråhundstikar hade vid detta tillfälle en kull på fem valpar. De föddes i köket, men när det gått fem veckor fick de flytta ner i pannrummet i källaren. Där var det svalare och lugnare för såväl modern som valparna.

Vi lät tiken förstå att vi ville att hon skulle ta hand om rävvalpen. Den var mindre än sina avlägsna släktingar och kunde inte kämpa med dem om maten. Innan gråhundvalparna fick sin mat tog Gun upp rävvalpen i köket och lät honom välja vad han helst ville ha ur den meny som fanns. Det stod snart klart för Gun hur Gotthards favoriträtt skulle vara sammansatt.

Han var därför redan ganska mätt varje gång hans kompisar fick trängas med varandra vid matskålen.Trots att han inte var hungrig lärde han sig snabbt att det kunde vara kul att kämpa om godbitarna på samma sätt som han fått göra med sina syskon hemma i grytet.

När Gotthard hade lyckats tränga sig in under sina kamrater och hugga en köttbit ur det samkok av kött och vegetabilier (med lämplig tillsats av salt och vitaminer) som Gun dukat fram, sprang han till ett hörn av pannrummet för att tugga i sig läckerbiten. Han lät då höra samma hackiga, jamande läte som en rävvalp i ett gryt använder då den slitit loss en köttbit ur hönan som morsan knyckt vid torpet bortom åsen. Lätet är ett hot: "Kom inte hit! Kom inte hit! Du kan åka på en snyting!"

De gråa kompisarna fattade genast att nu har han en godbit han vill försvara. De rusade dit och tog den från honom. Men Gotthard räknade ut hur han skulle lura dem. Han sprang till sitt hörn med någon liten bit och började jama. Hela kullen lämnade matskålen och skyndade dit, medan Gotthard snabbt sprang över till den lediga matskålen och tog munnen full med mat. Nu valde han ett säkert gömställe. I ett annat hörn av pannrummet var hydroforen placerad och den stod som hydroforer brukar, på några korta ben. Utrymmet ner till golvet var tillräckligt stort för att Gotthard skulle kunna slinka in medan gråhundarna var för stora.

Gråhundskullen skingrades ett par veckor senare.Valparna spreds till köpare på olika håll i landet.Våra barn Kerstin (4 år) och Leif (6 år) fick en märklig lekkamrat i Gotthard. Han skojade friskt med dem och fann sig tåligt i deras många påhitt. Det klädde till exempel ut honom i dockkläder, satte honom i en kärra och körde omkring med honom i byn. Gotthard stortrivdes.

Gotthard var en ovanligt snäll och lydig räv. Men om han somnat ville han inte bli störd. Då gällde det att väcka honom försiktigt annars kunde han nypa till. Han älskade att åka bil och ville helst ligga i mitt knä. Med tiden måste jag vänja honom av med det för han växte snabbt och det skulle bli både obekvämt och trafikfarligt med en knäräv.

Alla våra hundar lärde sig snabbt att han tillhörde familjen och accepterade att ligga och sova tillsammans med honom såväl utomhus som i bilen. Jag kom att ägna mycket mer tid åt Gotthard än Gun hade möjlighet att göra. Därför tydde han sig till mig. Någon dressyr fick han aldrig, men med den läraktighet som Gotthard visade skulle han kunnat bibringas stort kunnande.

När jag skulle ut på jobb som var lämpliga fick han alltid följa med i bilen och sedan springa omkring medan jag jobbade. Om jag till exempel målade stödlinjer för drevjakter sökte han genast ut. Jag såg honom sällan men han höll reda på var jag fanns. I öppen terräng kunde jag konstatera att han oftast höll till på ett avstånd av omkring hundra meter. Gick jag genom ungskogar med dålig sikt kunde jag gå flera kilometer utan att se skymt av honom.

Då behövde jag bara sätta mig ner och vänta på honom så var han oftast på plats hos mig inom fem minuter.

Vid ett tillfälle när jag följde en sjöstrand fick jag se hur han försiktigt smög ner mot stranden. En fiskmåsunge som nyss lärt sig flyga hade landat tre meter upp på stranden. Gotthard hade upptäckt den och rusade fram när ungen lyfte för att slå på vattnet två meter ut. Gotthard gjorde ett jättesprång och fångade måsen i luften. Skickligt.

Rävar luktar starkt. Trots att Gotthard var rumsren blev det efter hand en alltför frän lukt inomhus. Jag snickrade en bur med nätbotten och lagom höga ben som jag placerade över bäcken som rann genom trädgården. Där fick han bo på nätterna men på dagarna fortsatte han att springa lös. Det visade sig snart att han var kleptoman. Ett anlag som blev ganska dyrt för husse och matte. Grannarnas skor som sommartid fick stå i förstugan försvann en efter en. Somliga hittade vi nergrävda i skogen, andra gick inte att återfinna.

När jag arbetade på hemmaplan kunde som sagt Gotthard ofta följa med i skogen och fick den motion han behövde. Men på mina många resor till andra jaktmarker eller sammanträden fick han inte följa med. Ofta när jag kom hem från sådana dagar brukade jag springa en motionsrunda längs en slinga med barrstigar. Då sprang han med och lärde sig snabbt vilka stigar jag brukade ta så att han kunde springa ett par hundra meter framför mig.

På ett ställe följde stigen en bäck. Jag visste att Gotthard var en bit före mig. Plötsligt kom han rusande tillbaka. Han såg skrämd ut och sprang förbi mig men tvärstannade tjugo meter bakom mig och "tittade över axeln". Det såg ut som om han ville varna mig för att fortsätta. Vad hade han sett?

Hundra meter längre fram satt Henning Andersson, en gammal skogsarbetare, på en tallstam han nyss fällt och drack kaffe. Det blåste ganska hårt och vindriktningen låg tvärs över stigen och bäcken, varför Gotthard antagligen inte upptäckt Henning förrän han var alldeles inpå honom.

Jag hade märkt flera gånger tidigare att Gotthard undvek främmande människor vi mötte ute i skogen. Men jag hade inte väntat mig att han skulle minnas att det kunde innebära fara om vi sprang på just den där stigen. Flera månader senare när spårsnön kommit, kunde jag vid upprepade tillfällen konstatera att han hade gjort en omväg förbi Hennings rastställe.

Gotthard brukade få följa med mig när jag skulle lägga nät för att få matfisk till både familjen och hundarna, eller till åtlar. När kråkorna såg att det fanns en räv i båten blev de ibland så nyfikna att de kom inom hagelhåll, därför brukade jag ha hagelbössan med.

Vid ett tillfälle sköt jag en kråka som kom för nära just som jag skulle sätta Gotthard iland på en ö. Det var nämligen omöjligt att ha honom i båten när jag lade ut näten, och särskilt inte när jag tog upp. Hans intresse för de sprattlande fiskarna inne i näten resulterade alltid i oreda. Nu knep Gotthard den nedskjutna kråkan och betraktade den som sitt byte.

När jag kom tillbaka efter att ha lagt ut näten såg jag honom en bit från stranden. Men han vägrade att komma när jag lockade på honom. Han hade grävt ner kråkan och satt och vaktade den. När jag närmade mig grävde han snabbt upp sitt byte och försvann. Mörkret tilltog och jag beslöt att lämna honom kvar på ön över natten.

På morgonen blev en älg påkörd av en bil. Den trebenta tjuren hade gått långt. När jag såg på hunden att vi hade honom strax framför oss i en tät ungskog fick jycken komma loss. Det blev givetvis ståndskall direkt och eftersöket var snabbt avlutat. Men det

Gotthard undvek alltid främmande människor vi mötte.

tog tid innan jag fått hem älgen och pälsat av den. Jag var inte tillbaka till ön förrän fram mot kvällen ett dygn efter att jag lämnat den. Jag hittade inte Gotthard och antagligen hade han simmat iland. Det är märkligt att det kan kännas så tomt efter en räv.

III
Jakter, hundar, spårning

Björnmöten

Köpet av Ströms Trävarubolag var Christian von Sydows första stora affär som VD för Holmens Bruk. Därmed blev bolaget ägare till 75000 ha landareal och 22000 ha vatten i och omkring natursköna Ströms Vattudal i Jämtland. När Christian hörde talas om att det fanns gott om björn i bolagets nyförvärvade skogar beslöt han att björnarna tills vidare skulle skyddas på bolagets marker.

Som många andra ansåg han att björnstammen hade blivit alltför illa åtgången i vårt land och att det var på tiden att någon markerade att arten skulle få ett bättre skydd. Detta var bara en av många åtgärder som visade hans framsynthet när det gällde bevarandet av ett artrikt viltbestånd.

Strömsunds och Frostvikens församlingar har sedan gammalt namn om sig att vara tillhåll för stora rovdjur. Christian ville att det skulle fortsätta att vara så även i framtiden och det borde kunna tolereras att björnarna ibland slog en del älgar. Det skulle ändå finnas tillräckligt mycket älg kvar för att ortsbefolkningen, då i första hand de anställda vid bolaget, skulle ha en bra älgjakt och få det kött de kunde behöva. På andra bolags marker i länet följde man hans exempel och med åren blev trakten känd som ett av landets björnrikaste områden. När jag 1948 för första gången besökte denna pärla bland bolagets många ägor och lärde känna en del av bolagets skogsarbetare, hade man redan börjat prata om att björnarna blivit för många."Vi må få börj å skjut", menade man.

Det dröjde dock innan vi lättade på förbudet. Eftersom björnstammen enligt min mening vuxit sig lagom stark blev ökningen ingen eller ganska obetydlig. De övertaliga björnarna vandrade ut till glest besatta eller björntomma områden, och en del ungar blev kanske helt enkelt ihjälbitna av gamla hanar.

Under årens lopp har jag haft många björnmöten i dessa trakter. Jag har vid varje tillfälle försökt smyga nallarna så nära som möjligt för att få tillfälle att studera och eller fotografera dem. Jag har aldrig känt rädsla men givetvis förstått hur hjälplös en människa är om en björn anfaller.

Jag vet att man inte ska gå nära en hona med ungar, störa en björn som slagit en älg eller som vaktar en matplats. Några av björnmötena har varit högtidsstunder som blivit kvar i minnet.

En sommarnatt då solen för en kort stund gått ner bakom de norska fjällens taggiga kammar, smög jag fram längs stigen upp mot Stortjärn. Till höger om mig hade jag Lokbergen, och på vänster sida den mäktiga Dunnerklumpen. Stigen korsade gång på gång den lilla bäcken som slingrade sig från tjärnen ner till Vattudalen. Jag tog det försiktigt för det kunde ju finnas tjuvfiskare eller något annat intressant kring tjärnens stränder. Det gällde att inte röja sig i onödan.

Då, alldeles i strandkanten vid det grunda området intill utloppet, hade en stor Nalle passerat. Han hade trampat växelvis i vattnet och på de flata stenarna i strandkanten. Det måste vara en stor hejare att döma av de blöta fotavtrycken där en och annan vattendroppe fortfarande letade sig ner från de stenar han nyss trampat på.

Vid den tiden hade jag ännu aldrig sett någon vild björn och spanade ivrigt bland de svartlavbehängda granarna för att om möjligt få en skymt av Nalle. Hur innerligt önskade jag inte att få se honom, men han var borta. Någon minut senare hade solen och morgonbrisen suddat ut de nyss så vackra och tydliga spårstämplarna. Ingen skulle kunnat ana att stranden minuten före haft ett så förnämt besök.

Att följa efter för att få se björnen var meningslöst eftersom granskogen var tät. Det skulle vara omöjligt att ta sig fram så tyst som det krävdes för att få se honom. Kanske var han på väg upp på Dunnerklumpen, som ovanför barrskogsgränsen kunde visa upp glesa björkbestånd med bördig jordmån och örtrika områden.

Här skulle toltan, björnens och älgens favoritföda så här års, ha växt meterhög om den inte betats ner. Kanske tänkte Nalle ta ett skrovmål innan han rullade ihop sig och somnade under den täta granen vid Parattjärnarna, där jag en tid senare träffade på hans flitigt använda sängkammare. Att han ofta vilade där avslöjade en krans runt sängen med spillning av grov kaliber. Han hade nöjt sig med att bara gå några meter från legan när det trängt på i magen.

Under de följande åren fick jag se skymtar av björnar, men det verkliga björnmötet lät vänta på sig. Detta trots att det blivit fler björnar och att jag ofta var ute och rörde mig i markerna. Ett år då frosten förstört blomningen för såväl blåbär som lingon, och då inte heller kråkbären gav vad de brukar, fick björnarna leta efter annan föda. För att få det fettlager det krävdes för att klara den långa vilan i idet sökte björnar till och med efter mat inne i byarna.

Även om en del människor i trakten sa sig vara allvarligt oroade tog de flesta saken med ro. Nog skulle många av jägarna i trakten gärna velat haft rätten att skjuta om de fått björnbesök på älgpasset, eller postställnet som man säger i den trakten.

Vi diskuterade saken i ripkojan veckan före älgjakten. Det var Christian von Sydow, Åke Norlén och jag.

– Kan vi inte tillåta att varje jaktlag får skjuta var sin björn under älgjakten i september, blev min fråga. Christian var tveksam.

– Jag tycker vi börjar i år med att bara du skjuter en björn. Och att du därefter undervisar jägarna om de skrivna och oskrivna lagar som gäller vid björnjakt. Du ska givetvis också ge instruktioner om hur den skjutna björnen ska tas tillvara. Alla måste förstå att det är ett stort ansvar eftersom en skadeskjuten björn kan vara livsfarlig. Så långt går vi i år, var hans beslut.

Kort tid efter beslutet i ripkojan inträffade det första oförglömliga björnmötet.Vi skulle jaga älg på Lokberget och mina kamrater skulle "posta" längs Stortjärnbäcken och vidare upp mot Lillvattnet. Själv skulle jag med min jämthundshane ta mig över Vattudalen i en flottareka och därefter klättra uppför Lokbergets branta sluttning.Vid överenskommet klockslag skulle jag sedan släppa hunden i närheten av Fågelbergets gräns där ett annat av våra jaktlag jagade.

Hunden och jag hade passerat krönet och stod på en lång sluttande myr där en och annan granbuske hade lyckats överleva.Vi satte oss vid en sådan eftersom det fanns tid kvar tills jag skulle släppa.

Då! Det var då det hände! Plötsligt spetsade hunden öronen och spanade mot den stora grantätningen ett hundratal meter nedanför oss. Han hade uppfattat något ljud.Var det en älg som var på väg mot oss? Jag plockade bort linsskyddet på kikarsiktet och gjorde mig beredd med tummen på säkringen.

Hundnosen pekade allt längre åt höger. Skulle älgen passera

utom håll? Nej, nu verkade det som om prasslet hunden uppfattat kom närmare, rakt mot oss. Så tycktes det ha blivit stopp. Hade älgen stannat och betat eller lagt sig ner? Nej, jag såg att hunden ryckte till en aning för prasslet kom närmare!

Då såg jag en skymt av något mörkt! Det jag sett skvallrade om en onormal rörelse hos en älg. Det kändes förvirrande på något sätt under de sekunder då granarna i myrkanten helt dolde det jag ville se. Jag kände det underbara sug som bara vi jägare kan känna då vi anar att vi står inför en ny fantastisk upplevelse.

Där bröt han fram, och vilken jätte! Han ändrade riktning en aning och kom närmare, sedan satte han kurs ut över myren. Om han fortsatte skulle han passera på idealavstånd bara hunden låg stilla, och det vågade jag lita på. Om jag inte själv gjorde någon oförsiktig rörelse, och det fick bara inte ske, skulle han passera på vad vi jägare kallar ett kort hagelhåll.

En storbjörn skulle passera över den öppna myren helt nära oss. Han kom i långsam galopp, med mjuka, nästan lekfulla rörelser. Sedan dess har jag sett många björnar, men aldrig någon med så vacker färg som den här Nallen hade. Han hade brunsvarta täckhår med bitvis glänsande silverfärgade stickelhår. En verklig skönhetsupplevelse.

Vinden låg rätt och han skulle inte känna vittring av oss. Risken att han skulle se oss var ganska liten för synskärpa är inget som den annars så välutrustade björnen kan skryta med. Här kom han, den store bjässen. Den okrönte härskaren bland traktens däggdjur. Han passerade oss på arton meters håll, det stegade jag upp när föreställningen var över.

Vindriktningen var helt idealisk sett ur vår synpunkt för Nalle hade ingen möjlighet att känna vittringen av oss eller av våra spår. Hundra meter längre upp, alldeles i myrkanten, träffade han på det ställe där vi nyss gått fram.

Den store bamsen tvärstannade och reste raggen på ända som en ställd grävling brukar göra, och lät höra ett kraftigt frustande. I nästa sekund tvärvände han och tog samma väg tillbaka. Nu var det inte längre något lekfullt i hans rörelser. Han stormade fram i långa galoppsprång och demonstrerade artens obändiga styrka. Inget kunde stoppa honom. Inget annat än en studsarkula.

Han fick fri lejd och det ångrar jag inte. Det fanns två goda skäl att inte skjuta. Mina jaktkamrater hade inte rätt att lossa skott mot björn, så varför skulle de avbryta sin älgjakt för att hjälpa mig att bära ut en björn. Det var det ena skälet.

Det andra var att jag anser att när man första gången har just björn framför sig på nära håll bör nöja sig med att iakttaga viltet. Nästa gång är man, i undantagsfall, kvalificerad att skjuta.

Då björnen försvunnit på samma ställe där han först visat sig, smekte jag min följeslagare för han hade uppträtt föredömligt. Det var tack vare honom som storbamsen på Lokberget finns med bland de mest guldkantade upplevelserna i mina minnens arkiv.

Det var sannolikt just den björnens våta spår jag sett på de torra stenarna vid stranden av Stortjärn. Det var dit jag var på väg nu. Där någon av kamraterna antagligen höll på att "tänn opp´n ell för å kunn kok kaffe". Kompisarna blev nästan stötta över att jag hade avstått från skott för deras skull: "Så må du int´ gör´ en gång till!", var deras uppmaning. Jägarlivet kändes härligt!

Jag upptäckte honom en tidig morgon när han gick på ett hygge vid Ögelhättans branta sluttning. Förnan hade varit så tunn att det inte varit lämpligt att göra någon hyggesbränning. Lingonriset täckte marken och de mogna bären hängde i stora klasar på varje liten kvist.

Han betade sig sakta framåt och deciliter efter deciliter av de röda bären försvann ner i hans rymliga mage. Det var en hanbjörn i 150 kilosklassen. Solstrålarna började krypa fram över branterna och när Nalle passerade en solbelyst fläck såg han i motljuset ut att vara guldkantad.

Här kunde finnas ett fototillfälle så jag gjorde en hastig överblick av situationen. Avståndet mellan oss var omkring trehundra meter i brant motlut. Han rörde sig i hyggets vänstra kant och betade sig i riktning mot övre högra hörnet. En rännil letade sig nerför branten och hade genom åren skurit sig ner i marken och bildat en liten ravin. Den var bitvis så djup att jag borde kunna klättra fram utan att upptäckas av Nalle.

Bilen hade jag parkerad hundra meter bort och i den hade jag ett par filmrullar. Dessutom fanns det några rutor kvar på filmen i min Hasselblad. Om jag kunde få använda dessa på lämpligt avstånd från Nalle kunde jag känna mig storbelåten. Oftast räckte det med att det fanns en ledig ruta kvar, för när slutaren rasslar till för första bilden brukar fotomodellen rusa iväg. Här gällde det framför allt att inte komma för sent till lämpligt läge.

Att ta sig fram hundrafemtio meter var lätt. Ravinen var tillräckligt djup för att jag skulle kunna ta mig fram osedd. Men nu blev det svårare eftersom marken var stenig.Vattnet i rännilen hade inte rått på underlaget så jag skulle bli tvungen att smyga fram utan skydd och han skulle då se mig ganska omgående. Om jag satte en sten i rörelse eller orsakade något annat ljud skulle han antagligen omdelbart ta till schappen.

Vid tidigare björnmöten hade jag märkt att björnarna inte låter sig ororas om man åstadkommer ljud som hör hemma i de ganska folktomma marker där Skogens Drott brukar hålla till. Jag bestämde mig för att prova ett knep. Jag försökte härma vissa ljud, vilka tänker jag inte avslöja. Samtidigt fortsatte jag på alla fyra uppför sluttningen.

Det gick hem! Han lyfte på huvudet och tittade mot mig en stund, men synsinnet är som sagt inte lika fint utvecklat som hörseln.

Det som rörde sig nere i sluttningen kunde han antagligen inte se särskilt tydligt, men ljuden stämde uppenbarligen. Han började äta igen och bekymrade sig inte när jag trampade av en och annan kvist. Snart kunde jag lägga mig i önskad position en bit framför honom.

Den svaga morgonbrisen kom fortfarande från rätt håll så vittringen skulle inte förråda mig. Jag kunde sjunka ihop och göra mig beredd att fotografera. Andfådd som jag var skulle jag önskat att jag haft kamerastativ men snart var flåset åter normalt. Jag tog stöd med kameran mot vänsterknät, kontrollerade inställningen, höll andan och lät slutaren gå. Björnen ryckte till, lyfte huvudet och stirrade mot mig. Det där ljudet stämde inte! Jag tog till "knepet" igen.

Han fortsatte äta men lyfte genast på huvudet när slutaren gick på nytt. Han tittade misstänksamt mot mig men började äta igen. Snart förstod han uppenbarligen att han blivit lurad. Det var en människa han hade framför sig på kalhygget men ändå blev han åter lugn. Han hade accepterat min närvaro och jag övergick till att med lugn och svag röst försäkra Nalle att allt jag ville var att få bra bilder av honom. Inget annat.

Nu var han ganska nära, trettio meter ungefär. Fininställning! Fotomodellen var verkligen till sin fördel. Jag tog ett djupt andetag, höll andan och kramade av. Sista rutan gick åt och jag skulle kunnat betala stora pengar för att få en ny film i min hand. Det gällde istället att få tag på rullarna som låg i bilen. Jag reste mig sakta samtidigt som jag lugnt och utan avbrott pratade till Nalle.

Nalle ställde upp sig snyggt.

Han stod och stirrade på mig men såg inte rädd ut. Eftersom jag inte uppträdde hotfullt utan istället drog mig bakåt, fann han tydligen ingen anledning att fly. Dessutom var bärstället utmärkt och magen rymde några liter till.

Jag ökade takten allt mer och när jag var en bit bort satsade jag för fullt för att om möjligt hinna ner till bilen och tillbaka innan björnen var mätt. När jag var på väg tillbaka mot Nalle hade han flyttat sig framåt fortare än han gjort tidigare. Jag tog riktning mot den skogskant dit han var på väg för där fanns en djup ravin som han måste gå ner i för att komma in i skogen. Jag siktade på en punkt några meter från den sida av ravinen som var närmast skogen.

När jag hade hunnit fram till platsen där jag tänkte invänta Nalle, hade han bara några meter kvar fram till kanten av ravinen. Jag hade hela tiden hållit småpratet igång. Det kanske är mer korrekt att säga att jag flåsade fram diverse böner om att han skulle dröja sig kvar så länge som möjligt.

Jag sjönk ner på knä och fick fram en ny rulle men som vanligt när det är bråttom så strulade det hela till sig. Jag fumlade med filmen och när jag spanade upp efter Nalle var han försvunnen. Han fanns någonstans nere i ravinen och där fanns inga bär som skulle uppehålla honom.Var skulle han komma upp? Filmbytet tog längre tid än normalt och i min iver glömde jag att "prata" till honom. Han visste inte var jag fanns. Plötsligt stod han på sex meters avstånd rakt framför mig!

Nu blev han sur för att jag var i vägen. Han blåste till och krafsade ett par tag i marken med vänsterramen. Det var meningslöst att försöka springa iväg för att nå först fram till en lämplig gran att klättra upp i. Om han nu tänkte anfalla skulle min flykt bara öka hans lust att gå till angrepp. Jag bad honom om ursäkt, och påpekade att han måste förstå att jag var upptagen med rullbytet.

Han väjde några meter och tittade misstänksamt mot mig samtidigt som han långsamt gick vidare upp mot de skyddande granarna. Skulle jag hinna bli klar?

Då stannade han och spanade bort mot landsvägen. Det var morgonbussen som körde förbi. Jag hann ta en bild. En enda på den nya rullen! Just som jag blev klar för nästa bild försvann han bakom de lummiga grenarna av en stor gran och jag kunde andas ut.

Det hade verkligen varit spännande. Nästan i överkant. Jag hade inte haft något att sätta emot om han bestämt sig för att gå till anfall. Men å andra sidan, varför skulle han vilja det? Såvitt jag förstår brukar en björn aldrig anfalla den som inte bär vapen(!) För har man en studsare i nävarna måste man av polisutredningar att döma ofta vara beredd att försvara sig mot björn.

Nu var det spännande att se vad som kunde finnas på de relativt få rutor jag använt. När jag kom hem till familjen en stund senare var pojken ute i Bågedeforsen och fiskade. Hustrun och vår dotter hade just stigit upp. När jag berättade om upplevelsen gratulerades jag av min lagvigda.

– Så roligt att du fick chansen just idag!

– I dag? undrade jag.

– Ja, kommer du inte ihåg att det är en bemärkelsedag?

Jag måste öppet erkänna att bland årets bemärkelsedagar glömmer jag de flesta, utom den första kräftfiskedagen och vissa andra lovlighetsdagar enligt jakttabellen. Gun hade just börjat förklara att det var på dagen femton år sedan vi gifte oss, när sonen i precis rätt ögonblick kom rusande uppför trappan. Han stormade in med sitt livs första storöring. En hane på 6,2 kilo. Så hela familjen fick anledning att prata om annat än lovlighetsdagar och om sådant som hände för femton år sedan.

Nisse hyrde ett torp vid stranden av Svaningssjön. Två dagar före älgjakten i september hade han för vana att lägga upp sin båt för vinterförvaring. Så även 1987. Han hade just fått båten på plats med kölen upp, då en älgko kom rusande förbi honom och kastade sig i sjön. Hack i häl kom en björn i långa språng.

Trots att Nalle säkert visste att älgen var snabbare simmare än han själv, gjorde han ett försök att simma ikapp kon. Snart insåg han det meningslösa i simmandet och vände tillbaka till stranden. Nalle sneglade misstänksamt när han passerade Nisse på nytt och försvann in i ungskogen. Björnens försök att komma åt en älgstek var ingen överraskning för folket i byn, som hade märkt att en älgspecialist höll till uppe på Rönnhögen.

Jag var pensionär sedan ett par år och hörde till jaktlaget i Svaningen. På söndagen, dagen före älgjakten, deltog vi i den traditionella kuljaktstigen. En tävling för traktens jaktlag som jag dragit i gång trettiotvå år tidigare.

Efter tävlingens slut gjorde vårt jaktlag ett försök att komma åt och skjuta älgspecialisten med hjälp av några björnintresserade hundar. Hundarna träffade på Nalle bara ett hundratal meter från "Kungatitten", en vacker utsiktsplats där vår kung stod som motiv på ett fotografi som Bertil Pettersson tog, och som senare blev frimärke.

Björnen slank igenom skyttekedjan och simmade ut på Stora Ringsjön. Hundarna insåg säkert att de var sämre simmare än Nalle och vände om. Björnen simmade tydligen bara en runda och gick i land några hundra meter längre bort.

En stund senare talade jag om för Kjell, som var jaktledare, att jag tänkte åka upp på Rönnhögen för att måla.

– Tag med dig studsaren, sa Kjell. Du får inte vara vapenlös om björnen visar sig.

Jag hade passerat Kungatitten och parkerat på den vändplats som fanns på ett hygge vid skogsbilvägens slut. När jag plockat ut mina målargrejor och kommit ett tjugotal meter från bilen, såg jag en älgko komma rusande över hygget i full galopp med sina båda kalvar hundra meter efter.

Jag kastade det jag hade i händerna och sprang tillbaka till bilen. Rev åt mig studsaren. Laddade medan jag sprang mot den punkt där älgkalvarna strax skulle passera stigen jag följde och som tog slut där. Då fick jag se björnen komma i full fart längs älgspåret.

När björnen såg att älgarna hade två hundra meters försprång gav den upp och började äta bär. Jag fortsatte att springa så att jag skulle komma i lämpligt skotthåll för björnen. Det gällde bara att undvika de otaliga grenar som låg kvar efter avverkningen några år tidigare.

Men så trampade jag på en överväxt gren som gick av med ett brak. Jag kastade mig ner på marken samtidigt som Nalle lyfte på huvudet och stirrade mot sluttningen där jag låg och där han nyss hade sett älgarna.

Jag chansade på att om jag lockade som en älg skulle kanske björnen ta det för att det var älgarna som orsakat oljudet. Det gick hem. Nalle fortsatte att äta bär. Jag sprang ytterligare tio meter närmare, men stannade bakom en liten gran och stampade avsiktligt sönder en gren. Nalle ryckte till men fortsatte ätandet. Det var bara att springa vidare.

När jag kommit fram till den plats jag utsett hade jag björnen på hundra meters håll. Jag kunde sätta mig bekvämt tillrätta, ta stöd med armbågarna mot knäna, osäkra och låta hårkorset hitta den punkt där jag skulle sätta kulan.

Men var det så bråttom att skjuta? Björnen gick och åt tjugo meter ut på hygget. Varför skulle jag inte suga på karamellen en liten stund till? Jag lät studsaren vila över mina knän medan jag studerade björnens rörelser.

Då vände den sig plötsligt om, och medan den repade bär från riset gick den hela tiden bort från mig. Den kom ner i en svacka och jag kunde bara se skymtar då Nalle försvann. Den hade väl inte redan glömt bort älgarna?

Kanske var det mitt älglockande som fick björnen att vända och komma tillbaka ut på hygget. Den stannade upp men var vänd rakt mot mig. Jag tittade på klockan. Det gällde att skjuta ett säkert skott för solen skulle snart gå ner. Nu vände den bredsidan till! Jag bestämde mig för att om inte björnen gick omkull så skulle jag snabbt skjuta ett nytt skott innan den försvann.

Jag såg att hårkorset satt rätt när jag kramade av. Björnen tecknade kraftigt men satte fart upp på den branta, lilla ås den kommit ifrån. Just som den skulle försvinna fick andra skottet gå. Jag hann aldrig uppfatta Nalles reaktion på det eftersom han försvann i samma ögonblick.

Skottplatsundersökningen gav inget resultat. Inga hår och inget blod längs spåret. Inte heller där den försvann över den branta åsryggen. Det var kanske inte så konstigt att jag inte såg något hår. Björnarnas päls är ju tät och mjuk så att håren sitter mer eller mindre sammanflätade.

Men den hade ju tecknat kraftigt för första skottet. Det började bli spännande! Inget blod i Nalles spår kunde betyda att fettklumpar från det tjocka späcklagret korkat igen sårkanalerna. Jag kände det obehag man alltid känner då ett påskjutet djur försvinner utan att man hittar några blodspår.

Jag vet att det finns personer som inte nämnvärt bekymrar sig i samma situation. Och inte efteråt heller, även om eftersöket blir resultatlöst. De är inte värda att kallas jägare.

En påskjuten och skadad björn är definitivt inget att leka med. Den är lika livsfarlig vid ett eftersök som ett vuxet vildsvin kan vara. Det kändes skönt att veta att jag inom en halvtimme skulle kunna ha någon av jaktlagets björnhundar på plats.

Jag sökte mig tillbaka till den plats där bamsen var när han försvann. Om den hade stupat på krönet skulle den kunnat hasa ner längs åsens sluttning när den sparkade i dödsryckningarna. Mycket riktigt, den hade rutschat utför slänten och låg död trettio meter ner.

Så nu hade jag fått uppleva hur det känns att skjuta en björn. Visst var det intressant och spännande, men det som gladde mig mest och som jag aldrig glömmer, var den hjärtlighet som jaktlaget och övriga svaningebor visade då jag kom till byn för att hämta hjälp med hemforslingen av björnen. Alla ville vara med. Till och med ett par av byns äldre damer följde med för att få se var älgspecialisten stupade och för att få höra hur det gått till.

Den snittade tandens "årsringar" visade att Nalle var åtta år gammal. När jag ser på den vackra huden som ligger på vårt golv och minns detaljerna, är det ändå jaktlagets entusiasm som väger tyngst.

Rovviltutredningen

I början av 1960-talet hade jag förmånen att under tre vintrar deltaga som patrulledare i Bertil Haglunds rovviltutredning. Olika patruller följde på skilda håll i landet spåren efter de fyra stora rovdjuren. Patrulledaren med minst en följeslagare, följde noggrant spåren efter björn, varg, järv eller lo. Man antecknade allt de spårade djuren företog sig. Både lyckade och misslyckade jaktförsök skulle noggrant beskrivas, samt spillningsprov samlas in och skickas för analys.

Under mina spårningar hade jag oftast någon av bolagets anställda som följeslagare, men en rad andra slitstarka och kunniga karlar ryckte också in då det behövdes. En av de jag fick tillfälle att lära känna bättre än de andra var samen Anders Åhrén, som då var sekreterare i Sameförbundet och kunde allt om renar. I förtroende delgav han mig flera hemligheter som jag givetvis aldrig yppat för någon. Jag tänker ibland på honom. Hans framsynthet var imponerande, och nu snart fyrtio år senare är kusligt många av hans spådomar verklighet.

Patrullerna skulle sträva efter att inte störa de spårade djuren som sålunda borde ha minst ett dygns försprång. Patrulledarna skrev och undertecknade rapporterna medan följeslagarna intygade rapportens riktighet. Spårlöporna ritade vi in på kartor.

Mina björnspårningar utfördes i områdena kring Ströms Vattudal. Lodjurens förehavanden under sina fodersök studerades i samma område, utom i ett fall då ett lo spårades i Kolmården. Spårningarna var mycket intressanta och man fick fina tillfällen till inblick i arternas sätt att livnära sig.

Efter undersökningens slut fortsatte jag på egen hand en tid med att någon vecka varje år följa björn- och lospår för att lära mig mer.

Jag ska i korthet försöka beskriva vad vi kunde utläsa av spåren när en björn envist förföljde en älg på vårskaren i april 1961. Min följeslagare och jag träffade på spåren ute på Djupvattnets is den femtonde april. I skogen var snödjupet mellan en halv och en meter. Älgarna trampade igenom skartäcket medan björnen kunde få skaren att bära om den spärrade ut tassarna och gick försiktigt. Ovanpå skaren fanns ett decimetertjockt täcke av mjuk snö där spårstämplarna efter olika arter avtecknade sig mycket vackert och tydligt. Det var med andra ord idealförhållanden för vår verksamhet.

Björnen var mycket stor – baktassarna var sjutton och framtassarna nitton centimeter breda – och hade gått västerut över Kvisselvattnet. Nalle hade kanske fortsatt i den riktningen om han inte fått höra två älgar. De betade bland videsnåren kring en rännil i närheten av en liten höjd som kallas Luvkullen. Björnen hade stannat upp och stått och lyssnat ett tag. Älgarna hade befunnit sig cirka femhundra meter från honom. Eftersom terrängen var ganska öppen hade ljudet av älgarnas tramp hörts bra.

Nalle satte kurs rakt mot dem och när han kom nära älgarna hade han gått mycket försiktigt. Han hade fått skaren att bära genom att just spärra ut tassarna och lyckats ta sig ganska nära innan älgarna upptäckte honom. Av spåren att döma var den större älgen en stor ko som sannolikt var dräktig och tung. Den mindre var troligen en tvåårstjur, och det var just den som björnen hade rusat fram mot när den blivit upptäckt.

Det var uppenbarligen mycket nära att björnen lyckats slå älgen redan vid "upptaget". I den brant där älgen försökte ta sig upp fanns ett översnöat stenrammel som tjuren nästan fastnade i. I sista stund hade den tvärvänt och rusat tillbaka förbi björnen som måste ha missat sitt byte med mindre än en meter. Tjuren tog då an kons flyktväg och genom att trampa i hennes spår kunde han tydligen springa fortare än björnen.

Vid foten av en brant kulle hade kon stannat upp ett ögonblick och därefter vinklat rakt åt sidan uppför branten. Hon hade stannat bara några meter upp och antagligen stått kvar då tjuren och björnen rusade förbi. Detta blev troligen hennes räddning, för hon hade sannolikt haft svårare att hålla undan för björnen än den mindre och lättare tjuren. Denne fortsatte rakt ut över Kvisselvattnet, här var snötäcket tunnare och skaren bar hela tiden över den cirka sjuhundra meter breda sjön.

Nu fick troligen älgen ett visst försprång och kunde utan svårighet hålla undan för björnen när den sprang uppför den branta sluttningen av Kvisselvattenhöjden. Där hade den vikt av åt sidan och rusat ner mot Gräsvattenån som är cirka tio meter bred och en meter djup.

När älgen nått ån låg den tydligen fortfarande en bit före nallen. Älgen hade vadat uppströms ett par hundra meter och därefter gått iland på motsatt strand. Björnen hade simmat över ån och i bästa stövarmanér ringat och rett ut tappten. Sedan hade den tagit an spåret efter älgen som sprungit ett par kilometer upp mot Gräsfjällets sluttning.

När björnen närmat sig hade älgen vikt av mot Luvkullen. Efter en kilometer hade den ändrat riktning och sprungit tillbaka mot Gräsvattenån, och här hade den upprepat försöket att skaka av sig förföljaren genom att på nytt vada uppströms.

Nalle hängde envist på och hade efter visst besvär rett ut tapp-ten igen. Nu blev det en ny tur upp mot Kvisselvattenhöjden. Här hade tydligen björnen närmat sig älgen som gjorde flera vida svängar runt kullar och upp och ner i branterna. Så småningom återvände älgen till Gräsvattenån och vadade flera hundra meter nedströms till den anslutande Luvkullån som också gick öppen.

Vid de båda åarnas sammanflöde vadade älgen uppströms Luvkullån och hade lyckats kryssa sig fram mellan stenblocken längs ett flera hundra meter långt fall. Björnen hade ringat och ringat men till slut gett upp. I likhet med oss hade den tydligen ansett det osannolikt att älgen skulle kunna ta sig upp för forsen utan att gå upp på land.

Men då älgen hade lyckats skaka av sig björnen sökte den sig tillbaka till kon. Även björnen gick åt det hållet och hade så småningom träffat på älgarnas spår och följt dessa några hundra meter. Därefter hade den lagt sig att vila.

Senare under dagen hade den blivit "störd" av två andra älgar och jagat dessa en bit men sedan återvänt till legan. Den fortsatta spårningen av Nalle gav inte några anmärkningsvärda iakttagelser. Han hade grävt ut sjutton myrstackar, alltid gav det väl något. Sedan vi kommit för nära hans lega, där han hållit sig kvar i två dygn, och stört honom flydde han mot öster och norr och lämnades ifred.

De följande två åren träffade vi i samma område på spåren efter en lika stor björn. Spårstorleken var den största som noterats under hela utredningen. Det var troligtvis samma björn som år efter år

Spåren efter utredningens största björn. Den hade simmat över ån.

valde detta område för sin övervintring. Eftersom vi konstaterat att den någon gång legat kvar mer än ett dygn i samma lega under den första spårningen, följde vi de här båda åren hans spår tillbaka till idet. På så sätt kunde vi undersöka vad han haft för sig utan att skrämma honom och dessutom kunde vi undersöka idena.

Hösten 1962 hade den grävt ett ganska ytligt ide under en stor myrstack. Året därpå hade den inte grävt något ide alls utan hade istället burit ihop granris och bäddat åt sig under en gran. Han låg det året i så kallat "korgide" som gamla björnar ibland gör.

Båda åren hade han stannat kvar intill idet ett par dygn efter att ha vaknat upp ur vintersömnen. Han hade då klöst i barken på granar som växte i närheten och även klättrat ganska högt upp i vissa träd.

Våren 1963 klättrade han upp i en grov fura som växte i en brant sluttning och lutade ganska kraftigt ut över branten. Från en grov gren sex meter upp hade han kastat sig ut och plöjt en lång fåra i snön innan han lyckats få stopp.

Andra björnar vi spårat bakåt till idet hade gymnastiserat ett par dygn på liknande sätt innan de gett sig ut på sök efter föda. Ingen av dem hade återvänt till idet vilket visade att det inte i något fall rörde sig om en hona med ungar. De nyblivna mammorna brukar avbryta vintersömnen senare än björnar som saknar försörjningsplikt. Under andra hälften av april när vi brukade spåra björn, låg honor som hade ungar fortfarande kvar i sina iden.

Vid ett tillfälle när jag inte lyckats ragga upp någon medhjälpare, hade skogvaktaren i Svaningen och hans skogsförman dagen innan motat upp en björn från hans lega när de var ute och planerade för en kommande huggning. Så jag gav mig ensam iväg för att kontrollera varifrån nallen kommit genom att spåra bakåt. Jag stod snart ovanpå det ide han lämnat ett par dagar tidigare.

Snödjupet var ungefär sjuttiofem centimeter. Jag kunde konstatera att björnen inte krupit ner i idet på nytt trots att den uppehållit sig minst ett par dygn kring sin vinterbostad. Den allmänna uppfattningen var att om det låg fler än en björn över vintern i ett och samma ide, följdes björnarna åt när de vaknade upp.

Jag bestämde mig för att krypa ner i idet för att se vad nallen bäddat med. Idet fanns under en stor myrstack i en brant sluttning. Jag spände av mig skidorna och krängde loss ryggsäcken och kameran. Med en tändsticksask mellan tänderna ålade jag mig ner i hålet.

Det slog mig genast att björnlukten var mycket stark, och det borde den kanske också vara eftersom det trånga utrymmet hyst en björn under nästan ett halvår. Just som jag tände den första stickan märkte jag att något rörde sig strax framför min näsa. Det fanns björn kvar i idet!

Jag fick bråttom tillbaka ut i det fria där jag snabbt spände på mig skidorna. Sedan ställde jag mig på pass med kameran men ingenting hände. Nallen ville tydligen sova vidare.

Lodjursspårning

Lodjursspårningarna blev i många fall ganska ansträngande eftersom loarna vandrade mycket långt och ofta uppsökte oländig terräng. Ibland passerade ett lodjur flera möjliga byten utan att intressera sig för dessa. Och de strövade iväg långa sträckor till synes utan mening.

Men om de var hungriga eller på humör att jaga blev spårningen mycket intressant. Någon gång tycktes dock deras försök att slå ett byte vara ganska meningslöst. Vi kunde vid ett par tillfällen notera att ett lo försökt gräva fram en mink som gått i gryt i ett ytligt stenrammel, men försöken hade misslyckats.

Ett annat lodjur hade försökt böka fram en hermelin som krupit in under en sten. Även det försöket hade blivit resultatlöst. Man kan fråga sig varför ett lodjur försöker komma åt rovdjur av de arterna. Ett lo bör av vittringen känna att det inte rör sig om ett ätbart byte. Är det kanske för att döda en individ som konkurrerar om födan?

När lon söker efter mat använder den sig uppenbarligen i första hand av sin fina hörsel. Den söker upp en högt belägen plats där den sätter sig för att spana. Om den hör var det finns en hare, en fågel eller annat ätbart, drar den iväg mot bytet och utnyttjar skickligt terrängen för att komma så nära som möjligt.

När lon startar anfallet sker det mycket snabbt och bytet hinner kanske inte undan. Upptäcker detta faran och flyr följer lodjuret oftast efter i hög fart. Lyckas lon inte komma i fatt bytet ger den vanligen upp efter några hundra meter. Några långspurtare är inte loarna.

Vid det allra första spårningsförsöket följdes Bertil Haglund och jag åt. Vi träffade på ett ganska stort lospår och började en mödosam spårning. Föret var som man säger i Norrland, "djuprännt". Den som var förspårare hade det jobbigt.Vi hängde efter lospåret ganska långt men träffade inte på något särskilt intressant innan vi måste vända eftersom den korta vinterdagen närmade sig sitt slut.

Dagen efter hade jag kollegan Rickard Brändström som följeslagare. Inte heller den dagsetappen gav något anmärkningsvärt, mer än att lon sökt upp en död ren. Det var sannolikt ett av hans byten vid en tidigare jakt. Nu var renkroppen stenhård efter många nätters sträng kyla så lon hade inte kunnat gnaga loss något kött, och vi kunde inte heller kränga av skinnet för att fastställa dödsorsaken.

Lon hade klättrat upp och ner, upp och ner längs en tvärbrant. Vid middagstid bröts en av Rickards skidor så vi måste sätta kurs mot närmaste landsväg dit han fick en jobbig färd på bara en skida.

Följande dag fortsatte spårningen. Under föregående kväll hade det kommit en kort regnskur, och nattkylan hade gjort att det bildats en tunn ishinna ovanpå det lösa snötäcket. Under sådana förhållanden kan inte ens ett lodjur smyga sig fram utan att ljudet av skare som krossas hörs lång väg. Lon var tydligen hungrig eftersom den hade gjort försök att komma olika byten in på livet, bland annat en hare. Alla försök hade misslyckats.

Lodjur kan märkligt nog lägga ner en hel del energi för att få tag i små vesslor.

Lodjuret hade till slut lagt sig på pass intill en harstig och uppenbarligen väntat envist. Men ingen hare hade behagat komma i närheten. Lon hade fortsatt sin vandring och spåret stod nu ut över en ganska bred sjö. Då storkatten nått fram till motsatta stranden hade den klättrat uppför en brant och gått i daglega på ett klippblock. Strax före skymningen kom en kraftig snöby som täckte ishinnan med en tum nysnö, vilken luckrade upp isen och gav lodjuret nya chanser att ta sig fram tyst.

När vi började spårningen följande morgon visste vi att lon hade två dygns försprång.Vi kunde konstatera att det lämnat legan vid snöfallets början och satt kurs snett ner mot sjöstranden där den satt sig för att spana.

Under tätt snöfall händer att inte bara orrarna, utan ibland även tjäder, flyger ner och lägger sig i snötäcket och låter sig snöas över. Det var precis vad en tjäderhöna hade gjort. Den hade landat drygt hundra meter bakom lodjuret, som tydligen exakt kunde avgöra hur långt bort hönan låg. Katten hade tassat iväg rakt mot nedslagsplatsen. Men när den kommit halvvägs hade den konstaterat att det skulle kunna gå att komma alldeles inpå hönan genom att ta en omväg och närma sig i skydd av en liten kulle.

Jakten blev hellyckad. När lodjuret passerat kullen hade det mycket försiktigt smugit fram och i ett kort språng nått hönan och lagt tassarna över den. Kvar på snön låg bara rester av vingarna.

Den stora katten hade mätt och belåten gått vidare. Bara några hundra meter bort hade den plötsligt vänt snett tillbaka.Vi kände till från vilket håll vinden kom under snöfallet, och kunde därför förstå att den gått i rak motvind. Den hade antagligen fått vittring av en tjäderhöna duvhöken slagit under snöfallets början.

I den tilltagande skymningen hade höken plockat hönan men hade inte hunnit äta nämnvärt innan mörkret tvingade den att

Lon hade kommit över tjärnen och upptäckt harspåren utmed stranden (betydligt fler spår än som inritats). Den hade lagt sig och lyssnat, först vid A och sedan vid B. Härifrån hade den tydligen upptäckt haren vid C och tagit den innan den hunnit ta till flykten. Därefter hade den gått och lagt sig utmed en klippvägg D, 200 meter från slaktplatsen, dit den senare återvänt. Endast tassar och skinnbitar (övergrävda) återstod av haren. Lon hade sedan återvänt till legan D och därefter gått vidare.
Spårare: K. H. Lundin.

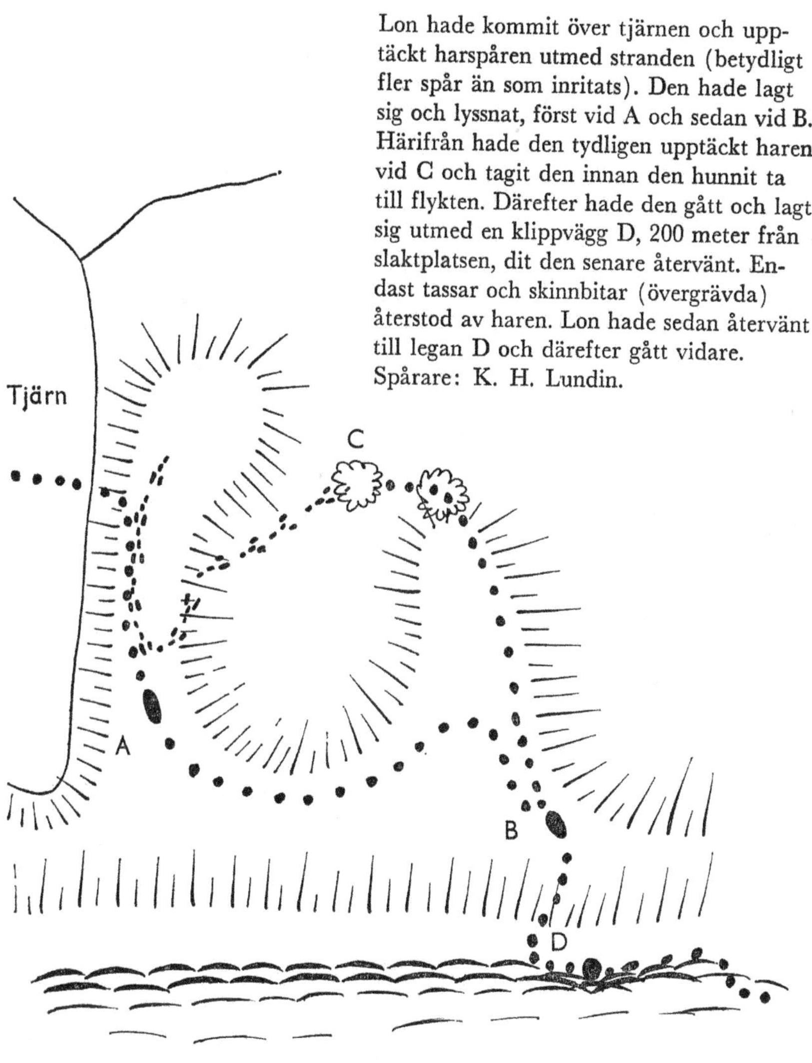

Spårningskarta ur Bertil Haglunds bok ”Rovviltsspårning” (Norstedts 1965)

sätta sig på nattkvist. Kanske satte den sig så nära att den upptäckte lodjurets visit. Möjligtvis var det orsaken till att den inte återvände i gryningen till sitt byte. Hönan låg fortfarande orörd kvar på snön när vi kom. Lon hade bara luktat på den och därefter fortsatt sin vandring.

Den hade sökt sig vidare upp mot myrländta marker en dryg halvmil bort. Där hade granar här och var bildat små bestånd på områden där marken var något fastare, och där gick en spridd flock renar och betade under granarna.

Den ren lon först träffade på var en ganska stor vaja. Den försökte springa undan när lodjuret dök upp. Katten hade med några snabba språng hunnit ikapp vajan som gått omkull några meter längre bort. Ett halvkilo muskulatur från det ena låret var allt lon ätit från den. Sedan hade det släpat in renen under en gran, och på katters vis krafsat över lite snö som delvis täckte renkroppen.

Strax efteråt hade lon träffat på en ny vaja som gick samma öde till mötes. Därefter hade det lagt sig i daglega ovanpå ett stort klippblock med nästan två meter lodräta kanter. Spårsnön kunde berätta att medan lon vilade i sin lega och smälte maten, hade renar vid två tillfällen passerat alldeles intill stenblocket. En av renarna hade till och med betat under en utskjutande del av blocket där marken var snöfri. Lon hade låtit renarna gå utan att störa dem.

På kvällen hade lon fortsatt sin vandring utan att intressera sig för renarna. Några kilometer bort hade den ångrat sig och vänt tillbaka till renflocken. Den ren lon först träffade på försökte springa undan men avlivades lika snabbt och elegant som de båda natten innan.

Medan lodjuret stod och åt av sitt nyslagna byte hade en annan ren, av spåren att döma en ettåring, nyfiket närmat sig och ställt sig och beskådat det som hände. Lon hade gjort en rusning mot ungrenen, som tydligen inte flytt undan utan tvärt om mött lons attack. Katten hade då avstått från att fullfölja sitt anfall och fortsatt måltiden.

Spåren visade att den unga renen nu bara gått i en halvcirkel runt slaktplatsen och ställt sig och tittat på lon igen. Detta hade uppenbarligen irriterat lon som lämnat sitt byte och gjort en stor lov runt platsen, smugit sig på den nyfikna renen och gjort en rusning mot den.

Men det modiga ungdjuret (Jag tror att det var av hankön.) hade snott runt och mött attacken. Lon hade då ännu en gång avstått från att fullfölja. I stället hade det fortsatt i ny riktning ett par hundra meter och där slagit ännu en vaja vars spår visade att den var betydligt större än den modige. Skillnaden var att vajan försökt fly. Kanske var den unga renen en verklig plusvariant som var både fysiskt och psykiskt stark, och som enligt naturens lag därför skulle sparas.

Spårsnön visade att i samtliga fyra fall hade lodjuret hunnit ikapp renen och angripit från dess vänstra sida. När jag flådde renarna kunde jag med ledning av klomärkena konstatera att lodjurets vänstra framtass hade hakats fast lågt i renens hals. Högertassen hade klösts fast högt upp på halsens högra sida.

När renen känt tyngden hade den av allt att döma höjt upp halsen. Lon hade då fått chansen att bita sig fast i renens nacke. Renen hade då uppenbarligen förlamats och gått omkull direkt. Lon bytte grepp och krossade bytets struphuvud varefter renen troligen dött av chock.

Ett nytt snöfall hindrade oss från att följa lodjurets fortsatta vandringar.

Under en påskhelg uppe i Bågede hade Gun och jag besök av våra goda vänner Maj-Britt och Sven Hansson. Det året inföll påsken i mitten av april och den fjortonde, på Tiburtiusdagen, ska björnen enligt ortsbefolkningens tradition lämna idet. Avvikelserna från det datumet kan vara ganska stora men ungefär så års brukar man kunna finna de första björnspåren. Vi hade planerat att vi två karlar skulle spåra björn och lo, medan damerna skulle pimpla röding, harr och sola sig.

Sven och jag var på väg längs Svävån mot högre belägna marker. Något björnspår hade vi inte sett, men plötsligt träffade vi på två spår efter lodjur. Ett stort spår och ett betydligt mindre. Lodjurens ungar föds i maj–juni och det anses att ungarna följer modern i nästan ett år, då de ska vara mogna för att jaga och försörja sig utan hjälp. Kanske var det en av honans sista lektioner i harjakt som vi nu kunde utläsa i den förträffliga spårsnön.

De två lodjuren hade kommit vandrande strax efter skymningen kvällen före. Dagsmejan hade töat upp en tum av skartäcket. Den lagom blöta snön som låg ovanpå skaren var alldeles perfekt för att alla detaljer i tassavtrycken skulle framträda utomordentligt vackert.

Loarna hade korsat Svävån där man kunde höra det strida smältvattnet mullra under det ännu bärkraftiga istäcket. Bara ett stenkast från ån låg ett gammalt timrat stall som var kvar från en större skogsavverkning några decennier tidigare. Dörren stod på glänt och där hade lodjuren slunkit in.

Kanske visste de att en eller annan smågnagare kunde ha sökt sig in till resterna av gammalt hö som fanns i ett hörn. Om besöket gav någon munsbit gick inte att utläsa. De båda storkatterna hade hoppat ut genom den öppna fönstergluggen och fortsatt sin vandring snett upp mot en ås några hundra meter längre bort.

På själva åsryggen hade de satt sig bredvid varandra för att utröna om de genom sin fina hörsel kunde lokalisera något byte. De hade fått napp! På en liten myr vid foten av åsen hade en hare sökt sig in under en av granarna i det mycket glesa beståndet ute på myren. Under de täta, slokande grenarna var marken nästan bar, och här hade haren hittat bärris som passade bra i hans tomma mage.

Av allt att döma hade lodjuren på loars vis gjort upp en plan över hur jakten skulle gå till. De skulle i skydd av åsen gå åt var sitt håll. Ungen skulle ett par hundra meter längre bort ta vägen över åsen till ett stort stenblock som låg intill en rännil. På det stenblocket skulle ungen ligga på pass.

Modern rundade myren och gjorde en rusning mot den gran där hon från åsen hört att haren fanns. Strax innan hon nådde fram till granen upptäckte hon att haren flyttat sig till en annan gran och satt där och spisade.

Hon hade försiktigt smugit tillbaka och gjort en lov så att hon kunde skrämma haren åt det håll där ungen låg på pass. När haren upptäckte faran och försökte fly, tänkte den ta en annan riktning än den som ledde mot stenblocket. Men honan hade hindrat Jösse och tvingat honom att gå i pass. Ungen hade gjort vad på honom ankom. I ett långt språng hade den kastat sig ner från blocket och landat på harens rygg.

De båda djuren hade av allt att döma delat på bytet. Kvar på snötäcket låg bara de båda baktassarna och en del ull. Sedan hade de hoppat upp på stenblocket och lagt sig alldeles intill varandra för att smälta maten. Nattkylan hade kommit. Den blöta snön hade frusit till pansar som hade burit de båda katterna då de fortsatt sin vandring. Inte en rispa, inte den minsta bräcka i snötäcket visade vilken väg de tagit.

Resten av dagens skidåkning i strålande sol gav inget speciellt,

Examensprovet?

men när vi återvände hem var vi ändå en upplevelse rikare och lagom trötta. De nyfångade rödingarna och utvalda vinet smakade utmärkt.

Följande år var Sven och jag ensamma uppe i Bågede över påsken.

Vi träffade på det stora lospåret bortom myrarna vid Tjärmyrtjärn. Snöförhållandena var idealiska för vår verksamhet. Ovanpå det djupa snötäcket fanns ett rejält skarlager och allra överst en decimeter nysnö. Skidorna gled lätt och spåren efter jättekatten avtecknade sig vackert där den med långa steg i mjuk trav satte kurs mot nordväst och Munsfjället.Vi hade nått fram till den linje där Gräsberget sluttar kraftigt ner mot Gräsvattnet. Där var sluttningen täckt med medelålders granskog.

Plötsligt hade lon stannat upp. Ungefär ett hagelhåll längre ner mot vattnet hade en nordlig storm föregående höst fått en stor gran på fall.Toppen hade hakat fast i en annan gran och hängde nu på trekvart med det översnöade grenverket väl sammanflätat i den stående granens. I fallet hade den stora rotvältan slitit loss rötterna till en klenare tall med kal stam, som nu hängde parallellt med storgranen. Avståndet mellan de två fallna träden var ungefär tre meter.

Det visade sig att lon upptäckt att en tjäderhöna valt den grova granens stam som ”nattkvist”. Där satt den tryggt vilande omkring fyra meter över marken. Katten hade smugit sig en bit fram mot granen. Där hade den stått och trampat som en tamkatt brukar göra med bakfötterna innan den tar ett språng mot bytet. Kanske vill katterna (små och stora) försäkra sig om att underlaget håller för den påfrestning det utsätts för vid urladdningen då anfallet startar. Därefter hade den gjort några långa språng. Kastat sig upp på den klenare tallens stam, tagit ett jättesprång vidare över till den grova granen och fångat hönan utan att tappa fotfästet. Med hönan i munnen hade den spatserat längs den lutande stammen ner på marken och grävt ner sin fångst i snön intill rotvältan. Där låg hönan när vi kom fram, fortfarande varm och med oskadad fjäderskrud.

Sven krängde av sig ryggsäcken, stoppade försiktigt ner hönan i en papperspåse och knöt ryggsäcken på nytt. Plötsligt såg han allvarlig ut, tittade på mig och sa:

– Gud bevare konungen och fäderneslandet samt dess lodjur. Nu har vi middagen räddad. Visserligen är inte svartvinbärsbrännvin det bästa till tjäderhöna, men nöden har ingen lag.

Lodjuret hade vandrat vidare ut över Gräsvattnets is. När den bara hade en kort bit kvar till stranden började den plötsligt smyga igen. Vad kunde den nu tassa fram mot, bortom strandkanten fanns ju bara en kalmyr?

Spåren visade att den upptäckt en hermelin invid en sten i strandlinjen. Den stora, undersköna vesslan med sina mjuka linjer och svarta svansspets, hade slunkit ner i ett hål intill stenen. Lon som ju inte var utrustad för att gräva, hade krafsat undan snö på båda sidor om stenen i sina försök att få fram det lilla stinkande rovdjuret. Som säkerligen blivit ihjälbitet om det lämnat sitt gömställe. Lon var ju inte hungrig eftersom den inte ätit upp tjäderhönan. Var då hermelinjakten bara ett uttryck för jaktlust, eller var det ett försök att bli kvitt en konkurrent om små läckerbitar?

Grythundar

Under 1930 och 40-talen var grytjakt på grävling en ganska populär jakt under dödsäsongen. Det vill säga från slutet av harens lovlighetstid och fram till duv- och andjakten. Men allt fler tröttnade på den sortens jakt eftersom hundarna ofta blev ganska illa bitna av hårdföra grävlingar och gryten söndergrävda.

Därtill kom att mycket tvivelaktiga "forskningsresultat" tydde på att grävlingarna inte var så svåra predatorer på småviltet som man tidigare trott. Minskad efterfrågan på grävlingsskinn bidrog kanske också till det svalnande intresset för grävlingsjakt med grythundar.

Grytproven var trots allt ganska populära men bara grävlingshundar kunde provas. De rävar man försökte använda som provdjur i konstgryten visade sig ha alltför ömtåligt psyke och därför kunde bara "förliggare" premieras vid grytprov.

Grythundarna med rörligt arbetssätt som en rävsprängare måste ha, och som var mest efterfrågade, hade ingen möjlighet att nå grytprovchampionat. Aveln inriktades i huvudsak på hundar med icke önskvärt arbetssätt.

När jag gick på jaktvårdsskolan hade jag både en tax och ett par släthåriga foxterrier som alla var bra rävsprängare. En uppskattad gästföreläsare var dåvarande generalsekreteraren i Svenska Kennelklubben, Ivan Swedrup. Han höll väl förberedda och mycket intressanta föreläsningar om hundar och hundavel samt om utställningar och jaktprov.

När han kom till grytprov påpekade jag att vi var inne på fel väg här i landet. Jag fick stöd av mina kamrater och även Ivan Swedrup, som efterlyste idéer om hur frågan om grytprov för rävsprängare skulle kunna lösas. Kanske var det på grund av våra påtryckningar som Kennelklubben senare uppdrog åt en kommitté att studera andra länders metoder vid prov för rävsprängare.

Något år senare tillverkade man efter kommitténs ritningar ett konstgryt på Öster-Malma. Grytets konstruktion byggde på att en skarp hund skulle tvinga räven att lämna grytet. Räven skulle placeras i en kittel dit en kort grytgång ledde. Mellan gången och kitteln fanns en löstagbar förträngning där hunden inte kunde tränga sig förbi, men där den kunde få in huvudet och attackera räven. Efter några minuter skulle en lucka öppnas på kittelns baksida, och räven skulle då via en fortsättning av grytgången kunna flytta sig till en ny kittel.

När räven tagit plats i den kitteln skulle en ny förträngning skjutas ner och hindra hunden att komma in till räven. Därefter skulle förträngningen vid den första kitteln tas bort och luckan öppnas. Hunden skulle då kunna hitta räven på nytt. Det var hundens skärpa och attacker som poängsattes.

Alla godkända grytprovsdomare i landet, det var inte så många på den tiden, samlades på Öster-Malma för att lära känna grytets konstruktion och för att framföra sina synpunkter på konstruktionens lämplighet. Man hade också lyckats få tag på en tam rödrävshane som kunde användas som provdjur.

För att kunna sköta min tjänst på bolaget behövde jag framför allt älghundar och grythundar, och hade därför utbildat mig till jaktprovsdomare för sådana hundar. Detta främst för att få en inblick i var det bästa avelsmaterialet fanns att tillgå. Jag var således en av dem som kallades till grytprovsdomarkurs.

Jag hade sedan tidigare skaffat mig ganska stor erfarenhet av både grävlingsjakt och rävjakt med grythundar. Jag hade lärt mig att rävar ofta ligger i en återvändsgränd, en blindgång i grytet, när hunden träffar på den. Då hjälper det inte hur skarp hunden än är. Han måste antingen tränga sig förbi räven för att få en möjlighet att tvinga ut den, avbryta attacken och springa ut till husse eller söka efter annan väg in till räven.

I vissa gryt kunde jag höra på hundens skall att den inte kunde komma åt Mickel, samtidigt som räven kunde komma åt att bita hunden. Genom att gräva mig ner till det ställe där striden brukade stå kunde jag konstatera att räven var klok nog att lägga sig bakom en trång passage i gången där hunden hade svårt att tränga sig fram. Och därmed inte heller få grepp om motståndaren. Räven hade däremot ofta möjlighet att bita hunden. En sådan förträngning av gången kunde utgöras av en springa mellan två stenar eller av en grov trädrot.

När en räv som sökt skydd mot oväder i ett gryt, eller som krupit in för att bli kvitt en drivande hund, plötsligt får besök av en häftigt attackerande grythund blir den av allt att döma till en början ganska skärrad.

Men lägger den sig bakom en trång passage märker den snart att den har alla möjligheter att försvara sig. Då gäller det att hunden avbryter attacken innan räven lugnat ner sig, och att hunden söker efter andra vägar eller springer ut till husse. Om allt plötsligt blir tyst brukar räven efter ett par minuter försöka gömma sig i en annan del av gångsystemet eller smyga fram till en ingång för att lyssna och titta efter fridstöraren.

Om min grythund söker sig ut, vilket jag helst vill att den ska göra, brukar jag locka den till mig och klämma fast den mellan mina smalben. (Vi har givetvis tränat detta många gånger.) Om man står alldeles blickstilla kan man ofta efter två till fem minuter se rävnosen utomordentligt sakta och försiktigt komma fram ur en ingång. Snart kan man se hela huvudet. Har man då tvingats ställa sig så att räven kan se var man står, kan Mickel ligga och stirra på den orörliga människan och hunden i flera minuter. Plötsligt rusar den ut och sätter högsta fart mot närmsta skydd.

En mer spännande situation än den då Mickel ligger och stirrar på dig får man leta efter. Det gäller att stå blickstilla tills den röde plötsligt snabbt och elegant sprätter iväg. Många jägare har trott att de ska hinna med att få iväg ett skott när räven ligger och stirrar på dem, men de har misstagit sig. Räven hinner ner i grytet innan skottet går och sedan är det ofta svårt att få den att lämna underjorden.

Det gäller således för den som har behov av grythundar, att hitta hundar som har sådana anlag att de blir otåliga om deras attack inte snabbt ger resultat. Får man ett sådant ämne att arbeta med är det värdefullt att ha ett bra konstruerat träningsgryt för att kunna öva upp hundens färdigheter. Grytet måste vara byggt så att hunden vinner på att avbryta attacken och söka efter andra vägar eller springa till husse. Därför byggde jag ett eget träningsgryt som visade sig vara bra för träning av rävsprängare.

När jag såg konstgrytet på Öster-Malma opponerade jag mig mot uppfattningen att hunden skulle tvinga ut räven ur grytet. Jag hävdade att grytet var olämpligt. När vi därefter skulle prova olika hundars förmåga att få räven att lämna den kittel den först var placerad i, visade det sig att jag fick rätt. När räven attackerades av en skarp hund vågade den inte vända ändan till och gå vidare till nästa kittel. Då den erfarna räven märkte att en hund var feg och inte vågade gå till angrepp, promenerade den lugnt vidare till nästa kittel. Den typen av provgryt skulle verkligen gynna fel hundar.

De flesta av de församlade domarna anslöt sig till mina idéer beträffande provgryt. Jag framförde också som min åsikt att rävar inte skulle användas som provdjur på grund av deras ömtålighet. Jag hade själv med framgång använt mig av grävlingar som träningsobjekt för att få den rörlighet som jag ville ha hos mina egna rävsprängare. Så varför skulle inte grävling kunna användas som provdjur vid prov för rävsprängare? Alla var överens om att grävlingen är ett tillräckligt robust provdjur.

Jag beskrev också träningsgrytet jag byggt åt mig själv. I det fanns den vanliga förträngningen med måtten tretton gånger sjutton centimeter som gallrar bort de hundar som är för stora. Det som var nytt var att jag fyllt en av gångarna med lite vatten. Liknande hinder finns ibland i naturgryten. Dessutom hade jag gjort en gång som lutade kraftigt mot en "brunn". Vid den hade jag byggt en avsats där hunden måste hoppa upp för att komma i närkontakt med grävlingen.

Kitteln hade en svängbar botten. Efter någon minut svängde jag kitteln något bakåt så att hunden kunde se grävlingen utan att den kunde komma nära den.

En hund som var lämplig för rävsprängning blev då otålig och letade efter en ny gång fram till grävlingen. Den hade då två nya möjligheter att komma fram till motståndaren. Jag svängde kitteln så att hunden genast fick närkontakt för att visa att den vunnit på att söka nya vägar.

De församlade domarna fick se hur mitt gryt var konstruerat. Och jag kan glädja mig åt att mitt gryt numera används för jaktprov för rävsprängare såväl i Sverige, Finland som i Norge. Och det är grävling som används till provdjur.

"Nålsögat" i mitt provgryt ansågs inte utan anledning som för stort av en del domare. Det hade det mått som gör att en utvuxen hanräv kan tränga sig igenom utan större ansträngning. En gryt-hund som med viss möda också kan passera kan visserligen ta sig fram samma väg som en hanräv tagit, men en honräv är betydligt mindre. I många fall är det omöjligt för en hund som med möda tar sig förbi nålsögat att komma fram till den plats där en rävtik ligger. Därför skjuter man betydligt fler rävar per säsong för en liten grythund än för en stor. Kritiken var befogad.

När detta skrivs har uppfödare av en viss ras begärt att nålsögat ska göras ännu större. Anledningen är givetvis att stor procent av deras hundar är för stora som rävsprängare. Följaktligen tar de sig inte igenom tävlingsgrytet. Dessa uppfödare borde inse att vi inte kan ändra på rävarnas storlek.Vill man få fram lämpliga hundar inom den aktuella rasen gäller det att avla på småväxta individer.

Sånt man minns

Har man jakt och jaktvård som yrke, då har man naturligtvis den stora förmånen att uppleva mycket intressant ute i markerna. Varje jaktsäsong ger nya erfarenheter. Nya minnen läggs till tidigare års. Ofta är kanske en lång rad jaktdagar varandra ganska lika, men plötsligt händer något som i fråga om stämning, skönhet, spänning eller vildhet går utanpå det vanliga. Något som pockar på en framskjuten plats i minnenas dagbok.

Jakt med vapen och jakt med kamera har mycket gemensamt. Det gäller att komma i håll, och det gäller att hålla rätt och att trycka av i rätt ögonblick. Jakt med kamera efter bra viltbilder är svårast. Den är i flera avseenden mer komplicerad som till exempel när det gäller att komma i håll för storoxen.

Hur många jägare har inte drömt om att få pryda sin vägg med hans krona, men det är få förunnat även i de marker där tunga tjurar inte är sällsynta. Att ta storoxen med kamera är ännu svårare. Man måste vanligen komma ganska nära inpå honom för att bilden ska bli lyckad, och det är dessutom mycket annat som ska stämma.

När man äntligen har honom i håll är det inte bara att smyga upp vapnet, osäkra, sikta och krama av. Nej, man bör ha tid för att mäta ljuset, och finner vanligen att det är för mörkt. Bländare och avstånd ska kontrolleras. Man bör hinna komponera bilden, hinna se hur man ska ha honom i förhållande till bakgrunden.

Man ska ta ett djupt andetag för att kunna hålla andan och minska skakningsoskärpan. När denna checklista är avprickad är han ofta redan borta. Finns han kvar är det kanske högt gräs i vägen, några kvistar eller något annat som skymmer och förstör bilden.

Visst hade jag redan en och annan bild på storoxar i mitt arkiv men den verkliga pangbilden saknades. Skulle jag kanske ta den nu då jag som så många gånger förut vistades i de kära markerna kring Ströms Vattudal. Här fanns allt jag kunde önska mig, inte bara stortjurar med de mäktigaste hornkronor. Naturens vilda skönhet med prägel av orörd natur, uppvisade mängder av vyer som skulle kunna vara en drömbakgrund till drömbilden på drömtjuren.

1969 var jag som vanligt på plats några dagar före oktoberjaktens början. Det var bra både för hundarna och mig att efter hundramilafärden få acklimatisera oss före jaktens strapatser.

Jag ville utnyttja morgontimmarna till att lista ut var älgkorna höll till. Vi hade lyckats dåligt med kalvskyttet under septemberperioden, och det måste nu rättas till. Eftersom det var brunsttid fanns ju tjurarna hos korna. Om det ville sig väl kanske jag dessutom kunde få den där drömbilden jag börjat fantisera om.

På en mindre landsväg hade jag sett spåren av ett par stora och tunga tjurar, kanske kunde det löna sig att vänta på dem under gryningstimman nu då brunsten pågick.

Dagen före jaktens början bjöd på bra fotoväder. När jag tittade ut ett par timmar före gryningen blinkade stjärnorna från en molnfri himmel så det artade sig verkligen till att bli en vacker morgon.

När gryningen så sakteliga kom smygande satt jag på toppen av en liten kulle och lyssnade efter ljud från brunstande älgar. Men allt var tyst och stilla. Det blev ljusare, men ingenting hände. Så

Vid jakt med kamera är det så mycket som ska stämma. Här blev framförhållningen för stor. Snyggt gräs och ungmickel med mjuka rörelser. Drömbild? Nej, men som minne får den duga.

småningom började solen förgylla Munsfjällets toppar och det blev dags att gå tillbaka till bilen.

Då hände det! Ner över hygget på Dunnerklumpens branter kom tre älgar i långsamt trav. Var det en ko med två stora kalvar? Nej, den som kom sist hade horn. Stora Horn!

De tre var tydligen på väg mot Gräsfjällets sluttningar. De skulle snart passera över den lilla myren nere i dalgången. Jag hade bara att göra en snabb framryckning ett hundratal meter medan älgarna var dolda bakom en kulle.

Jag visste var älgstigarna fanns i detta område. Där borta bredvid den vildvuxna martallen brukade de passera. Det var precis lagom att sätta sig intill en annan tall där en buske skymde lagom mycket för att de inte skulle upptäcka mig.

Jag hade god tid på mig för att mäta ljuset och ställa in skärpan mot martallen på mina båda kameror. Jag fick till och med tid att komponera bilden. De fulsnygga martallarna blev magnifika när de första solstrålarna förgyllde den brungula barken på stammarnas förlängning. En dimslöja liksom klippte av stammarna på mitten. Blånande höjder i bakgrunden. När älgarna kommit in i vänstra bildkanten skulle slutaren gå.

Där kom de! Precis där jag hade önskat att de skulle komma. En tvåårskviga i täten och tätt efter henne en verklig storoxe med väldiga skovlar kantade av ett tjugotal taggar. Gaffeltjuren kom respektfullt en bit vid sidan om. De båda ungdjuren var precis lagom "små" för att förstärka intrycket av storlek och styrka hos den mäktige.

Nu stannade de upp ett tag i slyskogen innan de skulle ge sig av ut på myren. Av de båda unga såg jag bara huvudena, men på stortjuren syntes även rygglinjen. Tur att vinden låg rätt. Nu behövde de bara gå fram ett tjugotal meter och då skulle slutaren gå.

Mitt livs storoxebild. Nu hade tillfället äntligen kommit – eller snarare nästan kommit.

Plötsligt vred alla tre på huvudena och lyssnade, stirrande bort mot vägen. Denna ensliga väg som trafikerades av några få fordon per dygn. Men just nu, precis just nu, kom en av dessa sällsynta bilar. Älgarna kastade om och försvann. Tillfället till pangbilden kommer som en snigel och försvinner som en blixt.

Rikoschetter

Vårt jaktlag som jagade i Sjulsåsens skogar var jämförelsevis litet. De år då inga gäster var inbjudna gällde det för oss att verkligen vara effektiva för att kunna hålla älgstammen på lämplig nivå. Dessutom skulle vi se till att tillräckligt många älgar sköts så att de anställda på förvaltningen kunde fylla sina frysboxar i lämplig omfattning.

I dessa björnrika trakter var det ofta svårt för hundarna att få älgarna att stå. Därför behövdes många passkyttar. Alltför ofta blev de hundar vi hade att tillgå under septemberjakterna hårt slitna i värmen. Efter några dagar var vi ibland "hundlös", som man brukar säga på den breddgraden. För att nå större effekt, men ändå spara hundarna, brukade vi smyga ut till var sitt hygge i gryningen för att om möjligt komma till skott på de älgar som betade där.

Vid den jakt jag nu tänker berätta om skulle jag ensam klara av ett långsträckt och kuperat hygge där det gick en skogsbilväg genom större delen av området. För att hinna med så mycket som möjligt cyklade jag längs vägen. Innan jag kom upp på ett backkrön klev jag av och smög upp på krönet för att spana av terrängen framför. Om ingen älg syntes till trampade jag vidare till nästa backe.

Jag hade klarat av större delen av hygget utan att upptäcka några älgar. Men när jag försiktigt tittade upp över det sista krönet ganska nära skogskanten, gick tre ettårstjurar och betade bara sextio–sjuttio meter framför mig. Alla tre rörde sig mot skogen cirka fyrtio meter bort.

Närmast mig gick en normal spetstjur. I sluttningen ovanför honom en i samma storlek men med minst fyra taggar. Den tredje var snett bakom de andra och något större. Hornen var kraftigare och hade sex taggar. I den trakten är det ingalunda anmärkningsvärt att ettåringar har horn i den storleksordningen.

Jag bestämde mig för att i första hand skjuta på den som gick närmast. Om jag fick iväg ett säkert skott skulle jag så snabbt som möjligt skjuta på den som gick ovanför. Den tredje skulle jag sannolikt inne hinna med. Eftersom den föreföll vara den kvalitativt bästa av de tre borde det vara den som fick bli kvar.

Jag var säker på mitt skott på spetstjuren, och eftersom nummer två dröjde kvar ett ögonblick hann jag skjuta ett bra skott även på den tjuren. Jag visste att jag kom rätt. Jag såg redan innan jag sköt på nummer två att den största rusade iväg, och bestämde mig för att bara hålla de båda påskjutna under kontroll.

Då upptäckte jag att höger bakben var brutet på nummer tre. Jag försökte ett snabbskott och måste sikta mot halsen eftersom jag hade att skjuta snett bakifrån vänster. Den gången lyckades jag träffa halskotpelaren och tjuren stupade. Men vad hade hänt med bakbenet?

Det visade sig att kulan mot den första tjuren hade träffat ett revben vilket tydligen var tillräckligt för att den skulle ändra riktning en aning. Utgångshålet visade att kulan måste ha varit obetydligt deformerad och att den nya riktningen pekade något mot tjur nummer tre. Därefter måste kulan ha rikoschetterat mot en sten som gjort att riktningen ändrats i nästan nittio graders vinkel mot den ursprungliga. Den hade träffat bakbenet på nummer tre och haft tillräcklig kraft för att slå av benet.

Jag kände obehag. Hur många gånger hade det inte hänt att jag anvisat en för snäv gräns för tillåten skjutriktning när jag placerat ut raden av skyttar vid våra storjakter. Om samma sak inträffat som jag just upplevt skulle passgrannen ha varit i farozonen.

Ove Geibrink, som när detta skrivs är regionschef uppe i norr, var min elev när följande inträffade.

Ove skulle smyga genom ett kuperat skogsområde i Kolmården och försöka skjuta älg eller något kronvilt. Plötsligt reste sig en älgko från en bergklack i ungskogen och smög på det för älgar typiska sättet ner bakom kullens krön och vidare i det branta utförslutet. Då reste sig kalven och stod kvar ett ögonblick för länge för att kunna leva vidare.

När Ove skulle hämta kalven med den lilla bandtraktorn passerade han kons spår och upptäckte att hon blödde. Kulan hade ändrat riktning högst avsevärt, när den gick igenom kalven, och träffat kon i ena låret.

Vi spårade henne en dryg kilometer och såg att hon hela tiden blödde kraftigt men att hon använde alla fyra benen. När hon skulle passera en bred bäck med dybotten och ta sig upp på andra sidan hade lårbenet brustit.Kulan hade stannat mot benet som fått en spricka och inte klarade påfrestningen när kon skulle upp ur bäcken. Älghunden visade att hon fanns i närheten och fick komma lös.

Jag gick efteråt tillbaka till Oves skottplats. När kon blev träffad av rikoschetten hade hon hunnit nästan tjugo meter bort och var skyddad av berget till dubbel älghöjd. Kulan hade således ändrat riktning då den gick genom kalven så att den fortsatt "runt hörnet" och träffat kon i låret.

När allt går snett

Den stora gästjakten på Stavsjö var väl förberedd. Vi hade märkt ut passen i de olika dreven med drygt två meter höga störar som var målade i topparna med vita och orangefärgade fält i lysfärg som även färgblinda kunde se. Något man bör tänka på. I dimmigt väder är sådan passmarkering särskilt värdefull. Sikt och skjutgator var väl upphuggna. Jaktledaren hade en lista över vad han måste komma ihåg vid utställningen av skyttarna i de olika dreven.

Skriftliga avskjutningsregler och förhållningsorder hade i förväg sänts ut till skyttarna. Dagen innan hade de getts tillfälle att provskjuta sina vapen på bana. Slaktpatrullen var väl rustad. Den elev som hjälpte mig det året var Göran Bergman, både erfaren, energisk och kunnig. Han hade fått bekanta sig med den äldre av mina båda eftersökshundar. Så att det paret skulle kunna rycka in om det behövdes. Jag ville själv sköta eftersöket med min unga ledhund som behövde träning.

Mot kvällen dagen före jakten skjutsade jag runt bolagets styrelseordförande och verkställande direktören i de områden som jakten skulle beröra. På en halvtimme hade vi sett fler älgar på oskurna sädesfält, viltåkrar och mossar än licensen medgav för hela området. Och ändå måste tilldelningen räcka även till en ny gästjakt inom en annan del av markerna. De båda herrarna började diskutera vad vi skulle sysselsätta gästerna med efter lunch eftersom hela den kvot som kunde tas ut antagligen redan var fylld vid det laget.

Det var ingalunda önskeväder när jaktdagens morgon grydde. Västlig storm slet i trädkronorna och kalla regnskurar avlöste varandra. Första drevet måste gå i motvind. Det blev nödvändigt att omvärdera passens kvalitet. Gästerna måste få stå på sidopass och hemmafolket placerades mitt i säcken. Alla fick se älg. Men det blev inte lossat ett enda skott. De älgar som snällt gick i pass var fredade stortjurar eller kor med kalv som vi på den tiden lät gå fria. I och för sig är det fel att freda enkelkalvkorna. Det är de starkaste korna som föder tvillingar som ska sparas, och eftersom anlagen för tvillingfödsel ärvs bör även deras kalvar sparas.

Vad som gladde mig i den såten var att jag hade satt ut hedersgästen på ett sidopass där en rad älgar visade upp sig. Han var en erfaren jägare som aldrig sett en älg men hade skjutit många olika sorters storvilt i andra länder. Trots att han var så kunnig, eller kanske snarare just därför, hade han bett att få avstå från att skjuta tills han fått tillfälle att bekanta sig med denna för honom nya art.

Nästa drev skulle starta från landets hårdast drabbade vägsträcka vad det gäller viltolyckor, E4:an genom stavsjöskogarna. (Som då ännu inte hade viltstängsel.) Drevkarlarna hade fått order om att när drevledaren signalerade i hornet, skulle höger flygelkarl starta. Därefter skulle nästa drevkarl starta femton sekunder senare, trean efter ytterligare femton och så vidare. Drevet skulle gå i en båge och på så sätt skulle vi pressa älgarna bort från E4:an. Detta hände innan kommunikationsradio användes så signalerna var tutningar i luren.

Nu kom det verkliga ovädret. Stormen slet omkull ett och annat träd och hagelkorn stora som rundkulor till en tjugoåttakalibers vräkte ner. Gubbarna på drevets högerflygel uppfattade därför inte hornsignalen. Flera älgar rusade över E4:an men alla klarade sig helskinnade. Det gjorde också de älgar som passerade skyttarna. Dessa hade av säkerhetsskäl inte rätt att lämnat sina pass innan hornsignalen om avslutat drev kom. De satte sig ner, vände ryggarna mot drevkedjan och drog lodenrockarna över huvudena. Inte ett enda skott.

Vi hade som vanligt planerat att äta lunch ute i skogen. Men nu ordnades i all hast möjlighet för såväl skyttar som drevkarlar att äta och värma sig i en samlingslokal. Ändå låg vi en timme före den tid som vi visste att de avklarade dreven normalt tog. Gästerna brukar vilja titta på de älgar som skjutits, och det är ju lärorikt så det får ta den tid det tar, men när det inte finns någon skjuten älg att titta på tjänar man in tid.

I de två drev som planerats och som genomfördes fanns färre älgar än vi väntat oss. Och de som visade sig bröt igenom drevkedjan eller var inte skjutbara.Vi tog ett improviserat drev. I ett av passen kom en ensam ko i hög fart. När hon kommit hundra meter ut på en myr sköts hon, men så kom kalven. Lyckligtvis blev även den fälld. Båda skulle enligt planerna ha varit fredade.

Vi brukade slakta upp skjutna älgar på logen vid ett torp där jordbruket lagts ner. I boningshuset bodde en skogsarbetare med fru. Jag hjälpte Göran att flå kon och dela upp den i fjärdedelar. Därefter måste jag hasta iväg till jaktmiddagen. Eleven kunde sin sak och jag visste att kalven skulle bli korrekt behandlad.

Då Göran nästa morgon skulle hämta en pryl som han glömt i logen upptäckte han att älgköttet stulits under natten. Jag hade inte tid att göra några efterforskningar för vi skulle förbereda en jakt några mil bort. Den skulle genomföras dagen efter. Polisen hade ingen lämplig personal att sätta in. Jag vet fortfarande inte vilka som var de skyldiga, men tror mig veta vem som tipsat dem.

Jag hade under många år plågats av gallbesvär. Den här gången blev jag ordentligt sjuk och operation skulle bli nödvändig. När alla prover var tagna var väntelistan för operation lång och jag skulle komma i tur just då älgjakten började.

Detta var ju helt oacceptabelt vilket också min gode vän landstingsmannen påpekade

– Packa din trunk och var beredd, blev hans råd. Jag brukar jaga tillsammans med ett par läkare och en av dem är specialist inom det här området. Han är skicklig på att ta ur, för det har han visat i skogen. När han får någon vakans kan han säkert ta in dig. Somliga hinner ju dö innan det blir deras tur!

Någon dag senare ringde en läkare och bad mig komma in till lasarettet med en gång för avlägsnande av krånglande galla.

Gallstensoperation var då ett ganska stort ingrepp. När jag vaknade ur narkosen på måndagseftermiddagen satt en jägare iklädd vit rock vid min säng och pratade stövare. Det var ett utomordentligt angenämt och inspirerande uppvaknande och bidrog säkert i högsta grad till mitt snabba tillfrisknande. Jag har satt stort värde på denna omtanke och på att jag efter operationen utan obehag har kunnat äta hur mycket som helst av den mat jag tycker om. Det vill säga sådan mat som vållar gallbesvär.

På lördagsmorgonen i samma vecka släppte jag min egen stövare. Visserligen satt jag kvar vid bilen men det var ändå skönt att vara ute igen. I läkaren hade jag fått en ny jägarvän. Han och två av hans kollegor förgyller då och då mina jakter. Några dagar innan detta skrivs fick han skjuta sitt första vildsvin på min jaktmark vilket jag gläder mig åt.

På följande jakt borde jag kanske ha stannat hemma. Såret efter operationen hade ännu inte läkts helt och jag måste fortfarande undvika tunga lyft och andra ansträngningar.

Vi hade representationsjakt på en av bolagets östgötafastigheter under älgjaktens allra första dag. Min elev det året hade ingen större erfarenhet av eftersök och därför hade jag vidtalat Kjell Mörk som var en av mina tidigare elever, att hjälpa till med sin gråhund. Mina egna hundar fick ge sig till tåls tills jag blivit mer helbrägda.

Morgonvädret var bra och de första dreven gick utan mankemang men också utan resultat. Efter lunch började strulet. En av bolagets egna skyttar sköt ett skott på en ungtjur. Han brukade sätta kulan där den ska sitta, och oftast visste han också var den satt. Men även solen har fläckar.

Den här gången träffade han älgens struphuvud. Efter samlingssignalen kom han och berättade att han tittat bakom en gran där älgen stannat upp efter skottet, och sett ljust lungblod. Han hade också hört älgen hosta och rossla.

I det drevet hade jag stått på ett sidopass där det kom en ko med kalv och två skoveltjurar tätt inpå. Respektfullt kom så en gaffeltjur släpande efter. Ingen av de övriga passkyttarna hade sett ekipaget.

Eleven och jag kontrollerade spåret där ungtjuren hade blivit påskjuten. Blodspåret ledde till stranden av en ganska stor sjö. Där låg tjuren, men den sprang ut i vattnet och började simma utan att vi lyckades komma till skott. Det hade nu börjat blåsa ganska hårt och regnet vräkte ner så jag uppmanande eleven att inte skjuta. Hade vi skjutit och träffat hade huvudet försvunnit under vattnet, lungorna vattenfyllts och älgen sjunkit eller förts bort i vågorna av den hårda vinden.

Älgen simmade mot en holme tvåhundra meter bort. Det var

bättre att skjuta den när den nått fram dit och vadade i land. Då skulle kroppen synas ovanför vattnet och om älgen föll direkt skulle den flyta in mot grundvattnet. Min första kula träffade för lågt men den andra satt rätt. Älgen föll ihop i strandkanten. Det blev ett drygt jobb för eleven att skaffa båt, ro ut till älgen, ta ur den och bogsera den iland. Men det klarade han med glans.

Under tiden hade resten av jaktsällskapet tagit nästa drev som var det sista. Området låg några kilometer från föregående drev, och det visade sig att de älgar jag sett i förra drevet hade sökt sig dit. En skytt på ett av sidopassen sköt kalven och skadade gaffeltjuren med ett skott för långt fram i bogen.

Gruppen sökte sig mot ett pass längre in i såten där en av gästerna stod på ett vägpass. Han såg kvartetten komma med gaffeltjuren haltande några meter framför de övriga. Hela gruppen försvann i en smal ungskogsremsa invid vägen som just där gjorde en krök. Skytten hade bara en glugg på en meter att skjuta i. Det gällde att skjuta så fort tjurens nos blev synlig. Han sköt och träffade perfekt.

Det var bara det kruxet att en av skoveltjurarna hade sprungit förbi gaffeltjuren. Det var en av de stora som föll. Den andra skoveltjuren, den skadade gaffeltjuren och kon försvann in i ett område som drevkarlarna före lunch drivit av. Det borde sålunda vara älgtomt men också otrivsamt för trion som överallt träffade på färsk vittring av människa.

Tre andra älgar hade blivit påskjutna på tre andra pass. Resultatet av påskjutningarna var oklart eftersom ingen hade rätt att följa på utan ledhund. Kjell hade hittat två av älgarna döda och avfångat den tredje. Han var klar med sitt jobb kort efter min återkomst från mitt eftersök. Alla jägare och drevkarlar åkte hem medan Kjell och jag stannade kvar för att söka rätt på den skadade gaffeln.

Regnet upphörde medan skymningen hade börjat falla. När vi spårat fyrahundra meter var vi framme vid en tallmosse där det bildats dimma efter regnet. Där reste sig två vuxna älgar. Den ena var kon som travade ut åt höger medan den andra stod kvar.

Det måste vara gaffeltjuren eftersom han inte följde med kon. Kanske han inte orkade längre? Kanske hade kon stannat hos honom för att invänta kalven? Älgen stod vänd med bredsidan mot oss. Den hade upptäckt oss och nosen pekade mot den punkt där vi stod. Vi tyckte oss kunna utskilja horn i dimman. Det måste helt enkelt vara gaffeltjuren, för skoveltjuren borde vid det laget vara flera kilometer bort.

Vid eftersök måste man ta vissa risker annars skulle alltför många skadade älgar komma undan. Detta gäller framför allt när skjutljuset som i det här fallet höll på att försvinna. Vi enades om att jag skulle skjuta och att Kjell skulle stå kvar om det skulle visa sig vara ett nytt djur som kommit in i såten efter avdrivningen. I så fall skulle det bli nödvändigt att ringa för att komma på gaffeltjurens spår. Jag sköt och skyndade mig fram. Där låg skoveltjuren! Varför hade han stannat så snart? Kon var kanske brunstig, men varför följde han då inte efter henne när hon sprang iväg?

Vi slog en ring och hunden hittade snabbt den skadade älgens spår. Strax efteråt såg vi honom linka undan i en hyggeskant. Hållet var långt och ljuset dåligt men tjuren gick omkull. En av oss två hade fått in en turträff och den andre hade bommat.

Eländet var inte slut med detta. Sedan vi fraktat fram gaffeltjuren med den lilla bandtraktorn hade det börjat regna på nytt. När vi lastat skoveltjuren och kommit halvvägs till den väntande lastbilen gick traktorn sönder. Jag fick ju inte göra några tunga lyft eller hjälpa till att släpa en tung älg, men jag kunde buda folk som orkade bättre.

Att jag inte hann fram till jaktmiddagen säger sig självt. Jag var inte ens ur skogen när gästerna började gå hem. Efteråt fick jag kritik från vissa jägmästare för mitt skott mot skoveltjuren, men det bekom mig inte. De var tillräckligt okunniga för att inte veta vad de talade om. Men det kändes hårt att de båda skoveltjurarna som så väl behövdes i markerna skulle falla på detta snöpliga sätt.

Curr

Alla som sysslat med injagning av unghundar håller säkerligen med mig om att en jaktsäsong inte är en riktig jaktsäsong om man inte har någon unghund att jaga in. Visst är det roligt att jaga med färdiga hundar men man vet ju precis hur bra eller dåliga de är. Jakten utvecklas ungefär så som man i förväg räknat ut.

Med en unghund är det annorlunda. Kanske motsvarar den inte de förväntningar man ställt på den och det är ju det vanligaste. Har man bara ett bra ämne att arbeta med, en hund med stor jaktlust och samarbetsvilja, längtar man efter varje nytt tillfälle att komma ut i markerna med sin fyrbenta kamrat.

Curr var en sådan hund. Han var en gråhund av vår egen uppfödning, Stavholmens Curr. Vi skulle ha sålt honom som valp om inte min fru haft förmågan att så skickligt kunna se vilka anlag en valp har.

Jag behövde en ersättare till en av mina löshundar. Vi beslöt att behålla en hanvalp ur en av våra gråhundkullar. Men vi hade olika uppfattning om vilken av de tre hanvalparna som var mest lovande. Den Gun ansåg vara bäst höll jag som trea. Tvåan var vi överens om. Vi sa att vi inte skulle sälja någon av de tre innan vi var överens om vilken som föreföll bäst. Det drog ut på tiden.

När valparna nästan var halvårsgamla fick vi i tur och ordning besök av tre av landets mest anlitade utställningsdomare på älghundar. Vi bad dem välja ut den av valparna de ansåg vara mest lovande, näst bäst samt trea. Alla satte de tre unghundarna i samma ordning som jag klassificerat dem.

Efter ytterligare ett par månader insåg jag att jag hade haft fel. Curr, min trea, hade gått om de båda andra. En av dessa fick gå till Finland och blev där dubbelchampion. Den andre köptes av Jägareförbundets dåvarande ordförande Fritiof Boo, som gjorde hunden till jaktchampion med certifikat på utställning. Att göra honom till utställningschampion tyckte Fritiof var onödigt för det var en jakthund han ville ha.

Curr blev en skönhet. Jag ställde i första hand ut honom därför att han måste ha utställningsmeriter för att få starta på jaktprov. Han fick deltaga på tre av Kennelklubbens utställningar. Han tilldelades certifikat och blev bäste hund av spetshundsras samt Best in Show reserv vid två av dessa utställningar. Han blev med andra ord näst bäst bland närmare 2 000 deltagare.

Den ena gången blev han slagen av en underskön pointer, ägd och förd av en av mina skånska kollegor. Det var en sensation att två jakthundar toppade en av SKK:s utställningar, som helt dominerades av sällskapshundar. Vilken av de två jakthundarna som vann var för mig ganska likgiltigt.

Den andra gången blev Curr slagen av en mops. Det var inte lika roligt, trots att mopsen säkerligen var en förnämlig representant för sin ras. Det kändes på något sätt fel att en särklassigt vacker representant för en urgammal ras som sedan lång tid tillbaka varit människan till hjälp med vakthållning, jakt och försörjning, blir slagen av en hund som framavlats genom att man parat missbildade hundar. En sådan ras har tillkommit bara för att tillfredsställa människors nycker och fåfänga. Men Best in Show är ju bara just en show. Det kändes skönt att se att mopsens matte blev oändligt mycket lyckligare än jag hade blivit om Curr stått som segrare.

Curr, vår trippelchampion.

Ända sedan min gråhund Draga hade lärt mig hur otroligt effektiv man kan bli som älgjägare om man har en högklassig ledhund som dessutom kan användas som löshund, har jag försökt att göra ledhundar av alla jämt- och gråhundar jag jagat in.

Några av dem har blivit utomordentligt säkra spårhundar, men ingen av dem har haft sådana anlag, eller nått sådan färdighet att den har varit värd att kallas ledhund. Ingen utom Curr. Han visade sig vara nästan lika begåvad som Draga, och följaktligen fick han genomgå den förberedande dressyr som en ledhund måste ha.

Redan första hösten fick Curr göra bekantskap med älg. Det var egentligen alldeles för tidigt. Visst är det lockande att se hur en unghunds anlag tycks vara, men att släppa en så ung hund lös och låta den möta älg kan straffa sig.

I en hyggeskant hade en äldre älghund skällt ståndskall på en ko med kalv. Jag lockade av och kopplade honom. Unghunden Curr skulle få ta över. Jag tog plats på en bergklack med god utsikt över ståndplatsen och min elev fick släppa Curr några hundra meter därifrån.

Skulle unghunden uppsöka den plats där han hört den äldre hunden skälla? Och hur skulle han i så fall uppträda? Ofta kan man redan vid det första älgmötet avgöra om en älghund har de rätta anlagen. Därför var det med stor spänning jag väntade på att han skulle närma sig älgarna.

Det dröjde några minuter efter avtalad tid för släpp innan han dök upp på en kulle femtio meter från älgarna. Där stannade han några sekunder och tog en överblick av platsen där de mörka djuren stod. Så lyfte han näsan och drog in den lockande vittringen. Därefter travade han vidare mot älgarna. På femton meters avstånd stannade han och började skälla lugnt och taktfast precis som en gammal hund.

Jag hade bestämt mig för att skjuta kalven så fort unghunden skällt några skall. Men det här såg så bra ut och var så intressant att titta på, att jag inte kom mig för. Sådant kan straffa sig.

Kon gjorde en blixtattack mot Curr, men han vek vigt av åt sidan och fortsatte att skälla som om inget hade hänt. Rädd var han då sannerligen inte. Nu hade kalven gått bakom några granar. Snart hade den gått före kon in i en tät ungskog i en gryta mellan bergen. Därifrån ljöd nu ståndskallet en lång stund. Då och då avbröts skallet och man kunde höra braket och stampet när kon gick till anfall.

Ungskogen var för tät för att man skulle kunna komma till skott. Att smyga mot ett sådant stånd i en håla omgiven av berg brukar också vara ganska vanskligt. Där uppstår ofta viss turbulens som gör att vinden kan svepa runt. Än blåser det från ena hållet, än från det andra. Jag måste snällt vänta i hopp om att kon och kalven skulle visa sig.

Så började älgarna äntligen röra sig tillbaka mot den plats där de tidigare stått. Nu tänkte jag inte dröja med skottet. Men vad fick jag se? En stor skoveltjur, sådan jag hade lyckats få fredad på bolagets marker i Kolmården.

Kon och kalven hade skrubbat av sig hunden mot stortjuren. Curr var lydig och kom så snart jag kvittrade som en fågel. Det var den signal "vi hade kommit överens om", Curr och jag. Att han blev omklappad säger sig självt.

Curr hade redan som valp fått lära sig att följa släpspår med blod. När han var halvårsgammal fick han visa att han kunde följa såväl färska som äldre älgspår. Han fick då lära sig att gå precis så sakta och lugnt som ledhund, och helst även en spårhund, måste kunna.

Har man en så samarbetsvillig och lugn adept som Curr är det ingen konst att lära honom den färdigheten. Det gick också lätt att få honom att förstå att han skulle lägga sig ner när jag ryckte i kopplet och höjde handen. Snart låg han kvar tills jag hämtade honom antingen jag smög bort från honom eller rusade iväg.

Så lydiga blir inte många älghundar. I all synnerhet inte om de vet att det finns älg i den riktning husse försvinner. Man får vara nöjd om de stannar kvar och håller sig tysta när man kopplat dem.

Vi hade haft ganska få älgar längst ner mot Vattudalen under den tid som gått av septemberperioden. Större tjurar hade helt lyst med sin frånvaro. Det föreföll som om den värmebölja vi haft den senaste tiden hade motat upp dem mot höjdlägena.

Det var ännu helt mörkt när vi lämnade bilen på en liten väg denna lovlighetstidens sista dag. Det skulle dröja ännu ett par timmar innan man kunde se hårkorset ordentligt. Curr följde den slingrande stig som ledde upp mot höjderna. Det var bara att hålla i kopplet och följa hans ljusa svanknyte som kunde skönjas trots mörkret.

I gryningen markerade Curr ett nygånget spår efter en stor oxe. Den hade betat sig fram i en myrkant snett mot vinden. På en liten ås hade han legat en stund. Därefter hade han gått vidare över en annan myr och genom ett skogsparti med gamla svartlavbehängda granar. Tyst och försiktigt tassade Curr före mig med näsan i spåret. Stannade då och då för att lyssna och fortsatte sedan på nytt.

Plötsligt tvärstannar han och lyssnar spänt mot dalgången där Svävån ringlar fram genom ett bälte med meterhögt gråvide. Han står stilla en stund och lyssnar. Nu är han säker på sin sak. Han lämnar spåret och sätter kurs mot ån. Sakta och försiktigt avancerar han ett par hundra meter och stannar på nytt. Nu kan jag själv höra hur det plaskar till ute på myren. Älgen går tydligen och betar vattenväxter i någon av pölarna vid sidan av ån.

Curr vid en av sina guldtjurar (Sjulsåsen).

Curr får lägga sig ner med kopplet över ryggen och jag smyger sakta och försiktigt vidare. Snart kan jag se ut över videbältet och de björkar som nyinvandrade bävrar lämnat kvar. Jag smyger fram ytterligare några meter för att kunna se bättre. Jag hör ett nytt plaskande men kan inte se älgen. Kan det vara bävrarna som lurat oss?

Har älgen lagt sig ute bland videt? Insekterna är besvärliga. Kanske har han lagt sig i någon vattensamling för ån är ganska djup just här. Efter den långa värmeperioden är vattenståndet så lågt att han kanske till och med ligger i ån.

Då får jag se honom! Han har gått och betat nere i ån men har redan upptäckt mig! Jag kan se huvudet genom starrgräset. Hörlurarna är riktade rakt mot mig. Hornen är ännu bastklädda och deras färg är ganska lik starrgräsets därför var de så svåra att upptäcka. Jag smyger upp studsaren och försöker räkna taggar.

Som vanligt när en tjur står vänd rakt mot mig är det omöjligt att räkna. Den ena taggen döljer den andra. Man kan knappast ens se om tjuren har skovlar eller ej. Att skjuta när jag inte ser mer av älgen är otänkbart, men jag borde kunna få in en bra träff när han kliver upp ur ån.

Han har sett nog och vänder långsamt bort huvudet från mig. Det gäller att passa på för nu kan det gå snabbt! Han "vänder på klacken" och kastar sig upp ur ån och rusar i väg i riktning rakt från mig. Vattnet stänker kring honom. Vid trädridån sextio meter bort kan han möjligen vika av. Då gäller det att vara beredd. Mycket riktigt. Han viker av åt vänster och visar hela bredsidan. Det går inte särskilt fort för honom för underlaget är osäkert. Bitvis bär marken någorlunda bra, bitvis sjunker han ner. Framförhållningen bör gå lätt att få lagom, men hans hoppande upp och ner gör att jag har svårt att få iväg skottet.

Jag ser ingen reaktion för träff. Kanske sköt jag för högt. Ett nytt skott snett bakifrån höger. Inte heller nu tecknar han för träff. Man nu är jag säker på att kulan ska sitta någorlunda rätt. I nästa sekund är han försvunnen bland de gamla granarna i myrkanten.

Curr ligger kvar där jag lämnade honom och vill resa sig när jag kommer närmare. Jag höjer bara handen så sjunker han ner igen. Han är givetvis på helspänn efter att ha hört älgen och skotten. Jag sätter mig bredvid honom några minuter för han måste lära sig att vi inte ska ha bråttom vid sådana tillfällen.

Så reser jag mig upp men han får ligga kvar ytterligare några sekunder. Jag klappar till mot mitt vänster lår som är den överenskomna signalen att han får resa sig och ta plats vid min sida. Vi går ett par hundra meter nerströms. Jag vet att det är lättare att komma över ån där. Därefter följer vi ån tillbaka och står nu mitt för där jag stod och sköt. Jag har ögonmärke på båda skottplatserna. Första skottet gick mitt för lutande björken. Nummer två mitt för en mörk fläck till vänster om spåret.

Man är alltid spänd på att få klarhet vid tillfällen som dessa. Men nu måste jag gå sakta, sakta. Curr får lägga sig ner ett par gånger. Jag fortsätter ensam en bit framåt och går sedan tillbaka och hämtar honom. Mitt uppträdande har inget annat syfte än att lära honom att nu ska vi ta det hela lugnt.

När vi har tjugo meter kvar fram till spåret får han ligga ner. Jag går fram och synar noggrant den första skottplatsen men kan inte se ett enda hår. Det växer höga tuvor med en kraftig gräsväxt på toppen, de ser ut som rakborstar ställa i en dypöl. Eventuella hår är inte lätta att upptäcka.

På andra skottplatsen hittar jag däremot rätt mycket hår. Lagom långa och med rätt färg för att träffen ska sitta rätt. Jag hämtar Curr.

Han får ta an spåret fram till första skottplatsen. Några små

REGISTRERINGSBEVIS FÖR HANHU[illegible]

Hundens ras: [illegible]
Namn: Stavholmens Curr
Registreringsnr: 22278/66
Födelsedatum: [illegible]
Färg: [illegible]
Fader: [illegible]
Moder: [illegible]
Uppfödare: [illegible]
Ägare:
Överlåten till:
" "
" "

Vaccinerad mot valpsjuka
1. Den 19/1 1967. Vaccin [illegible]
R. [illegible] / Leg. vet.
2. Den 24/2 1974. Vaccin [illegible]
R. [illegible] / Leg. vet.
3. Den / 19 . Vaccin
/ Leg. vet.

Stockholm den 23/8 1966
SVENSKA KENNELKLUBBEN
Ivar Swedrup / [illegible]

Härmed intygas, att ovan angivna hund, besiktigad efter 6 mån. ålder, äger normalt utvecklade och normalt belägna testiklar.

Rättvik den 11/8 1968
Bengt Borglin
leg. vet.

STAMTAVLA

[illegible]	[illegible]	[illegible]
		[illegible]
	Stella [illegible]	[illegible]
		[illegible]
[illegible]	[illegible] Champion [illegible]	[illegible]
		[illegible]
	[illegible]	[illegible]
		[illegible]

ZT 63326 — 22. 01. 66

Currs stamtavla.

ryck i kopplet visar honom att han måste gå sakta, mycket sakta.

Så är vi framme vid första skottplatsen. Han stannar upp, höjer huvudet och prövar vinden. Det är tydligt att här har vittringen förändrats. Han går ut tre meter bortom spåret och sätter ner nosen bredvid en grästuva. Där ligger en hel tuss av ragg, en liten skinnbit håller samman tussen. Genomslag! Långa hår från manken, talar om att kulan måste ha gått mellan två taggutskott.

Vid skottplats två får Curr stanna och undersöka. De avskjutna håren hittar han genast. Han sätter också nosen mot ett grässtrå och visar att här finns en bloddroppe. Spårningen fortsätter, sakta, sakta. Han måste lära sig att vid ett eftersök måste han gång på gång stanna och lyssna. Femtio meter längre fram markerar han att där framme bakom granarna ligger älgen.

Det har nu gått så lång tid att jag känner mig säker på att älgen är död. Men Curr är i det utvecklingsstadium att varje träningstillfälle måste utnyttjas.Vi måste uppträda som om älgen fortfarande är vid liv.

Curr får ligga ner medan jag sakta och försiktigt fortsätter framåt. Snart ser jag att älgen ligger död mellan granarna, och jag uppträder som om ett avfångningsskott behövdes. Jag fortsätter framåt tills jag kan se Curr genom att kika mellan granarnas täta grenar. Så skjuter jag avfångningsskottet mot en stubbe. Curr ligger orörlig. Han har goda nerver den pojken!

Jag går tillbaka till honom och han får beröm. Han har uppträtt som en färdig hund och jag var helt säker på att jag hade en värdefull medhjälpare för framtiden. Det var inte utan att jag sände Gun en tacksamhetens tanke vid det tillfället.

Ingångshålet efter andra kulan visar att den gått genom lungorna. Utgångshålet efter första träffen sitter så pass långt ner att kulan måste ha gått bara några centimeter ovanför själva kotpelaren. Där finns väldigt lite mellanrum mellan taggutskotten, så jag måste ha haft maximal otur att inte träffa ett utskott. Hade jag gjort det skulle älgen gått omkull, det vet alla jägare.

Då jag flått älgen kunde jag känna att ett taggutskott verkligen var avskjutet. Varför hade älgen inte stupat? Det är något för Karl Borg att svara på! Han har varit min levande uppslagsbok när jag känt mig osäker i veterinärmedicinska frågor.

Jo då. När jag något senare frågade den trygge skåningen bad han mig berätta hur det hade gått till.

– Jaha, det förklarar saken, började han. Älgen var häftigt skrämd och sprang på osäkert underlag som tvingade honom att ha alla muskler hårt spända. När kulan träffade var kotkroppen så hårt fixerad att det inte blev tillräckligt kraftig brytning för att älgen skulle bli förlamad. Taggutskottet träffades dessutom rakt från sidan. Effekten blir större om den passerar snett genom. Hade älgen varit avslappnad skulle den gått omkull direkt, men antagligen rest sig upp igen.

Vid ett senare tillfälle hände samma sak med en häftigt skrämd kalv som jag därefter hade vissa besvär att på nytt få inom skotthåll.

I samtliga övriga fall då jag skjutit av ett taggutskott har djuren gått omkull som träffade av blixten. Då har det ofta gällt ett andra skott efter ett osäkert första. Ett skott snett bakifrån med förhoppning att träffa ryggen resulterar i att den kotan utsätts för en brytning snett framåt vilket säkrare ger förlamningseffekt än om kotan vrids rakt åt sidan, som fallet var med tjuren och kalven.

Med tiden har en av Karl Borgs lärjungar, Bengt Ole "Älgklockan" Röken som jag har på nära håll, fått fungera som orakel när jag känt mig osäker i liknande sammanhang.

Curr hade således visat att han redan var fullgod ledhund. Med sådana färdigheter borde det inte vara svårt att göra honom till champion i den provformen för älghundar. Men om de anlag han visat föregående säsong satt i borde han också klara av att bli champion som löshund.

Eftersom hans exteriör var fullgod kunde han kanske rent av bli landets första trippelchampion. Med den förhoppningen anmälde jag honom till jaktprov i båda grenarna.

Jag var angelägen om att få testa hans anlag som löshund men jakter av olika slag lade hinder i vägen. Först den tjugofemte oktober fick han komma lös.Vi hade turen att träffa på en ko med kalv. Han hade då varit ute på en tiominuters söktur och denna gång väntade jag inte med skottet. Han måste få uppleva hur löshundjakt ska sluta

– med skott! Några dagar senare upprepades samma sak, men då fick han hålla på en stund innan jag sköt.

Nästa upptag gällde en ettårstjur. På ungdjurs vis stod han på upptagsplatsen en halv minut, sedan gjorde han en rusning och försökte skaka av sig hunden. Curr hängde med trots den höga farten. Jag hade turen att få se när tjuren och hunden kom rusande över ett hygge, och när tjuren plötsligt tvärstannade.

Den började jaga hunden runt, runt bland frötallarna. Hunden skällde så snart älgen upphörde med förföljandet. Efter någon minut gjorde tjuren en ny rusning men hade oturen att komma åt mitt håll. När han stannade och hunden började skälla på nytt fick skottet gå.

Efter ytterligare fyra perfekta ståndarbeten där jag vid varje tillfälle kallat av honom före skottet, skulle han sista licensdagen få en avslipning före det första av löshundsproven jag anmält honom till.

Efter ett par timmars sök i till synes älgtomma marker började han slutligen skälla ganska långt framför mig. När jag äntligen kom inom skotthåll såg jag att det var en skoveltjur. Kameran låg kvar i bilen för det hade varit ganska regnigt på morgonen när vi gett oss av. Jag hade inte haft en tanke på att släpa med mig fotoutrustningen. Men vädret hade successivt blivit bättre så jag bestämde mig för att ta chansen att springa efter kameran.

När jag till slut var tillbaka på ståndplatsen stod tjuren kvar på samma plats. Curr var fortfarande kvar uppe på stenblocket femton meter från tjuren. Han hade ett arbetssätt som inte störde älgarna mer än nödvändigt. Han stod långt från älgen och hela tiden stilla medan han skällde. De flesta hundar går för nära och irriterar dessutom genom att röra sig fram och tillbaka, eller rent av runt älgarna.

Jag förstod att jag måste vara utomordentligt försiktig om jag skulle kunna komma i fotohåll på en så erfaren stortjur. Ståndskallet hade ekat halvannan timme och jag hade ännu inte kommit i lämplig fotoposition.

Då flyttade sig tjuren ett par steg. Jag såg att det ena hornet hade tio taggar och det andra åtta eller nio. För att vara i Kolmården är det ovanligt stora horn. Såväl här som på andra håll i Sverige skjuts tjurarna innan de är tre år. De har då inte ens hunnit visa om de har anlag för att få skovelhorn.

Mitt foto blev ändå inte så oävet. Jag hade givetvis önskat att få med Curr på samma ruta, men att få med både älg och hund på samma bild lyckas sällan. Allra minst om hunden står där den ska stå, tio till femton meter från älgen. Som minne av Currs första säsong är fotot av stortjuren ändå värt en hel del för mig.

Har man en verkligt bra jakthund vill man naturligtvis undersöka om den nedärver sin talang. Innan man tar valpar efter den bör den nog ha ställts ut och helst fått första pris i öppen klass. En tvåa kan godkännas under förutsättning att anmärkningarna gäller detaljer som saknar betydelse för hundens användbarhet vid

Stortjuren framför Curr. Efter något år var den haremsbildare.Tio år gammal blev han en av de två guldtjurar som hittills skjutits i Sörmland.

jakt. Om en jakthund är så vacker att den nära nog är oslagbar på utställning, men saknar goda jaktanlag, bör den inte användas för avel.

Curr hade som nämnts ovanligt starka nerver och bra anlag för samarbete. När han användes som löshund kunde jag snabbt kalla av honom från ståndet såväl kort efter upptaget som efter långt ståndarbete. Jag trodde att jag med samma metoder skulle kunna lära även andra unghundar denna utomordentligt värdefulla egenskap. Men där tog jag fel. I de flesta fall fordrades grundligare förberedande dressyr och inlärning vid rätt skede i hundens utveckling.

Jag anmälde Curr till flera jaktprov och begärde att först få starta honom på ett par prov som ledhund. Därefter skulle han gå som löshund. Men det gick inte i lås. Vid den sammandragning av domare och hundar som skett fick en löshund förhinder så jag måste börja med att starta Curr som löshund.

Han fick hög poäng och tilldelades första pris. Nästa dag startade han som ledhund med samma förnämliga resultat. Med ett undantag klarade han också de följande proven. Misstaget berodde på att han fått en magåkomma så att han inte orkade söka ut, varför provet fick avbrytas.

Curr blev således landets första trippelchampion redan i rekordung ålder. Han fick bli far till många framgångsrika avkommor.

Men han hade ett fel som ibland ställde till bekymmer. Curr var otroligt förtjust i barn. Det hände flera gånger när han var på återväg från en älg som gått undan för långt, att han fick höra barn leka och stoja. Då bara måste han fram och hälsa på dem. Barnen blev överförtjusta och började leka med honom vilket gjorde att jag kunde få vänta onödigt länge på honom.

En kämpe

Hos hundarna inom vissa raser har skallets karaktär mycket stor betydelse. Inte bara genom att det ändamålsenligt ska påverka jaktens utgång, utan även för husses och andra jägares möjlighet att njuta av musiken. Då det gäller stövare ska – enligt min mening – en bra hund väcka med jämna mellanrum under sökarbetet även om vittringen av nattspåret är svagt. Då vet man var hunden håller till och Mickel blir inte överraskad när den närmar sig längs hans morgonspår. Räven lämnar då legan i lugnt tempo.

Rävhunden ska ha ett lugnt och entonigt skall. Det behöver inte vara särskilt tätt men det ska aldrig upphöra. Inte ens om hunden vid något tillfälle förspringer sig. Om en hund med den typen av skall dessutom driver relativt långsamt, märker räven snart att den alltid vet var den har förföljaren och behöver inte gå i gryt. Mickel brukar snart ligga en kort bit före hunden och bukterna kan bli mycket snäva. Om man från läsidan kan smyga inpå ett sådant buktområde får man en stunds spänning av högsta klass.

Att skallet är monotont och tråkigt lär man sig snart att uppskatta, när man vet att det är så skallet bör låta för att räven ska bukta och hålla sig ovan jord. Då förstår man att verkligen uppskatta musiken. Oftast kommer man förr eller senare till skott eftersom räven brukar hålla sig ovan jord.

När jag kom i Holmens tjänst kunde jag som sagt snart konstatera att Kolmården, i likhet med många andra områden i södra Sverige, hade en på tok för tät rävstam. Rävskinnen hade under ett par decennier varit praktiskt taget värdelösa. Detta medförde ett mycket lågt jakttryck. Under sorkfattiga år blev räven ett gissel för småviltet, inte minst på vintern då det blev extra ont om rävmat. Vissa rävar specialiserade sig då på rådjur och kunde gå hårt åt stammen.Andra blev mästare i att ta harar särskilt om snötäcket var djupt och löst.

Min uppgift blev att med alla medel hålla efter rävarna. Frånsett jakten på rävungar som någon gång kunde bli nödvändig, passade detta mig utmärkt för räven var som nämnts min stora favorit.

Mickel är vacker såväl i färg som rörelser. Den har ett uppträdande som växlar mellan stor fräckhet när den vet att den kan känna sig säker, till stor försiktighet när sådant uppträdande behövs. En härlig motståndare som blixtsnabbt upptäcker en fara och lika snabbt reder upp situationen. Ofta står man där med lång näsa. Ett härligt vilt!

På den tiden hade Tuveskogens Kennel stor framgång med sin schilleruppfödning. Många av dåtidens mest framgångsrika rävhundar hade bröderna Andersson som uppfödare. Att jag blev en av kunderna var ganska självklart. Men jag hade otur. De hundar jag köpte hade förstklassiga anlag men blev kortlivade. Flitigt använda hundar utsätts för stora faror och mina schillrars korta liv ändades på bileller järnvägarna, men det fanns ett viktigt undantag, och jag kallade honom Kämpen.

Frånsett ett litet underbett hade den hunden allt. Han var en pålitlig och lydig jaktkamrat. Efter avslutat drev tog han sig snabbt tillbaka till den plats där vi skiljts. Nattdrev ägnade han sig aldrig åt. När skjutljuset försvann lade han av. Lagom stor, stark och med mjuka vägvinnande rörelser. Näsan var utmärkt, vilket han visade när han motvilligt drev de harar jag bad honom motionera.

Nej, för honom var hararna och rådjuren motbjudande. För honom gällde bara rovdjur. En oskjuten katt som han träffade på ute i markerna blev inte långlivad om det inte fanns ett träd i närheten. En mink i ett enkelt krypin grävde han kvickt fram och avlivade. Men rävarna var allra bäst. De skötte han precis så som jag ovan beskrivit att jag vill att en stövare ska göra, och hans kämpatag gjorde att han verkligen bar det namnet med den äran.

Om en räv blev skadeskjuten lade han omedelbart in överväxeln och var oftast ikapp innan Mickel hann gå i gryt, och sedan var den rävens saga all. Han kunde konsten att snabbt skaka livet ur vilken räv som helst.

Kämpens glanstid inföll i början av 1960-talet, samtidigt som jag deltog i Bertil Haglunds rovviltutredning.

En och annan gång när jag skulle ut på spårningsuppdrag i utredningens tjänst hände det att jag stod utan följeslagare. Eftersom vi alltid skulle vara två personer, blev tillfällen utan följeslagare något av fridagar. Inför utredningens sista säsong tog jag med mig Kämpen upp till Jämtland. Jag ville se hur Vattudalens rävar uppträdde när de fick honom i sitt spår. Men det ville aldrig bli tillfälle till detta eftersom jag alltid lyckades skaffa fram någon jaktkamrat som hade tid och lust att ställa upp på spårningsturerna.

Traktens samer kunde det året, gång efter annan, berätta att ett stort lodjur hade angripit flera renar utan att lyckas döda dem. Det måste betyda att lodjuret var överårigt och hade dåliga tänder. Om jag nu någon gång skulle skjuta ett lodjur borde just den individen vara lämplig.

Morgonen jag planerat att åka hem hade fått en tum nysnö ovanpå det gamla ganska hårda snötäcket. Jag bestämde mig för att skjuta upp hemresan och istället låta Kämpen ta en dust med rävarna på Svanings-edet.

Det första jag får se är stora lodjursspår över vägen. Lon hade kommit från Knösens branter och hade satt kurs mot Gullöberget. Det var just i de trakter varifrån den där lon hade kommit som samerna hade problem.

Jag hade Kämpen i koppel och han tvärbromsade när vi passerade spåret i medvind. Han ryckte till och tittade bedjande på mig. Han ville iväg så fort som möjligt för lodjursvittringen eggade honom. Men han fick vänta för det fanns ingen plats i närheten som man kunde vänta sig att lon skulle välja för daglega.

Det är svettigt att i blixtföre klättra fram längs ett lodjursspår på skidor under risiga granar i branterna, med en ivrig stövare i koppel. Vi passerade Gullöberget längs den nordvästra branten men inget tydde på att lon tänkte gå i lega. Han, det var en verkligt stor hane, hade passerat Sommarstigen och var halvvägs uppe på Strömberget där han satt sig ner och spanat. Sedan krokade han iväg i riktning mot Svaningen men svängde alltmer tillbaka åt det håll han kommit från.

Nu såg jag de första tecknen på att han tänkte lägga sig. Det var dags att släppa. Kanske låg han på höjden strax framför oss. Där kunde han välja ut en avsats med den vida utsikt som ett lodjur vill ha från den plats där de går till vila.

Det kändes skönt att slippa ha hunden i koppel efter den jobbiga spårningen på en bra bit över halvmilen. Kämpen verkade ovanligt ivrig. Kanske skulle han hålla högre fart än han brukade göra på rävdrev. I så fall borde han få lon att träa, så här gällde det att hänga med.

Lon hade valt lega bara ett par hundra meter framför oss. När hunden "rev i" hörde jag att skallet lät ovanligt ilsket. Efter ett kort drev skällde han ståndskall. Måtte nu lon ha träat, för i annat fall skulle hunden snart angripa och då kunde hans saga vara all. Jag måste hinna fram i tid.

När jag kom fram stod Kämpen och skällde med blicken riktad upp mot det yviga grenverket på en hög gran. Att katten fanns där uppe var helt klart, men det var väldigt svårt att upptäcka honom bland alla slokande jättegrenar. Han hade klättrat högt upp. Granen hade växt upp vid foten av ett brant stup. Kanske hade han tänkt sig att hoppa från granen till en klippavsats, och på så sätt skaka av sig hunden. Tänk om han redan förberedde sig för språnget!

Först band jag Kämpen. Därefter kopplade jag på kulpipan och sköt. Medan jag med Kämpen i koppel gick fram mot lon, såg jag att den slocknade för gott. Något avfångningsskott behövdes inte. Kämpen fick komma loss och kastade sig direkt över lon. Han försökte greppa över ryggen som han brukade göra med rävarna. Han försökte lyfta katten för att göra den våldsamma skakning som definitivt släcker livslågan hos motståndaren. Men lon var alldeles för tung för att han skulle orka lyftet så han gav för en gångs skull upp.

Det visade sig vara en fullt utvuxen hane i sina bästa år. Sålunda inte den gamling som jag var ute efter. Färgen var ovanligt vacker och mina tankar gick till Lindorm Liljefors som jag var god vän med sedan många år tillbaka. Jag ringde honom och frågade om han ville att jag skulle frysa lon oflådd och ta den till honom. Han blev alldeles vild av förtjusning.

Vintern 1968 ringde Erland Pettersson, bolagets förvaltarassistent i Uppland, och berättade att han sett lodjursspår i de ganska ödsliga skogarna kring Edsbro i östra Uppland. Han hade spårat lodjuret och sett att det slagit flera rådjur.

– Hur gör vi nu? var hans fråga. Jag rådde honom att lämna lon i fred, för jag gissade att den var på "genomresa".

Ett par veckor senare ringde han igen och berättade att den fortfarande fanns kvar i området. Erland hade spårat den samma dag och konstaterat att den fortsatt att slå rådjur. Han hade till och med sett den "överst på takstenen av klippgrytet ovanför Hållvik".

– Nu kräver traktens jägare att vi skjuter katten, sa Erland.

Jag ville givetvis inte missa tillfället att med spårsnöns hjälp studera upplandskattens förehavanden. Följande dag skidade Erland och jag i de aktuella skogarna. Vi trodde att lodjuret hade blivit skrämt av Erland och dragit iväg på långskjuts, men så var inte fallet. Det fanns kvar inom den mycket stora ring som vi hann slå. Nästa dag skulle vi göra ett nytt jaktförsök, men först hade Erland en förrättning på annat håll. Vi bestämde att jag skulle åka till klippgrytet vid Hållvik och vänta på honom.

När jag i gryningen parkerade vid Hållvik vräkte snön ner och vinden slet i trädkronorna. Jag hade därför inga förhoppningar om att träffa på några lospår. Kämpen fick ligga kvar på sin fårskinnsfäll i bilen medan jag försiktigt skidade i motvind upp mot grytet.

När jag kom fram upptäckte jag på avstånd stora, halvt igensnöade spår efter ett djur som kommit från andra hållet en liten stund tidigare. Det hade hoppat från sten till sten och krupit in i en springa mellan grytets nedersta stenar. Det var inte att tvivla på att den stora lon hade sökt skydd för ovädret i stenskravlets innandömen.

Jag spände av mig skidorna och satte mig att fundera. Jag tänkte bland annat på de ord gamle baronen Beck-Friis på Hargs Bruk, som gränsade mot bolagets marker i detta område, hade yttrat när han fått veta att Erland sett ett lodjur på takstenen till grytet.

– Det är märkligt, lär han ha sagt, det sista lodjuret av den gamla stammen i Uppland sköts på just den stenen.

Efter en stund upphörde snöfallet. Att åka omkring och leta efter andra spår var meningslöst. Allt var översnöat och de stora spåren som ledde fram till grytet syntes inte längre. Det var bara drygt en timme tills Erland skulle komma. Vad skulle jag göra under tiden?

Jag satt på läsidan om grytet, ett drygt hagelhåll från springan där lospåret visat att katten krupit in. Drillningen låg laddad över mina knän. Jag bestämde mig för att se om jag kunde locka ut lodjuret.

Det gick lättare än jag drömt om. Efter några sekunder hoppade katten fram och ställde sig för att spana. Han visste inte varifrån ljudet kommit. Nu såg jag i kikaren att han var stor och mäktig. Efter ungefär en minut hoppade han upp på ett stort stenblock och spanade.

Jag hade min gråvita snödress på mig, och kapuschongen täckte hela huvudet utom själva ansiktet. Jag smög oändligt försiktigt upp drillingen och betraktade lon i kikarsiktet. Armbågarna vilade i knäna. Djurets färg var klar och vacker av typen "kattlo". Den vred på huvudet och spanade av omgivningen.

Skulle jag koppla på kulpipan och skjuta honom? Nej, jag hade skjutit ett lodjur och hade inte lust att skjuta fler. Skulle den här katten skjutas borde Erland få chansen. Jag satt kvar och studerade honom i kikaren. Han skulle sannolikt snart krypa in igen.

Då ryckte det plötsligt till i katten. Han hukade sig några centimeter, vände huvudet rakt mot mig och stirrade mot den plats där jag hela tiden suttit orörlig. Så rusade han iväg upp för branten, och i viga språng kastade han sig från stenblock till stenblock och försvann i skogen. Vad hade hänt? Vad var det som gjorde att han upptäckte min närvaro?

I lä bakom branten uppstod uppenbarligen turbulens. Vinden svepte tillbaka längs marken mot stenramlet så att lon fick vind av mig. I stället för att återvända in i stenramlet föredrog storkatten att fly.

Jag återvände till bilen och snart var också Erland på plats. Medan vi snabbt tullade våra termosflaskor och stoppade i oss ett par mackor, dryftade vi hur vi skulle lägga upp jakten. Skulle Kämpen hålla lugn takt och ge lodjuret möjlighet att söka sig tillbaka till stenramlet? Eller skulle han hålla hög fart som vid den korta jakten i Jämtland, och skulle lodjuret i så fall träa?

Eftersom lon nu hade långt försprång var kanske chansen ganska stor att den skulle återvända till grytet. Erland skulle ta plats ovanpå stenramlet. Men om han trots den ännu ganska hårda vinden, som avtog mer och mer, hörde ståndskall skulle han skynda dit. Om jag såg att lon träat skulle jag hämta Erland.

Lodjuret löste problemet på ett annat sätt. Det hade sökt sig till ett annat stort stenrammel med annorlunda utseende. Jättelika stenblock var staplade på varandra inom ett område som täckte ganska stor yta. Där tystnade drevet. Så hördes plötsligt ett vrål från Kämpen, sedan allt tyst igen.

Jag avvaktade på inspåret i stenramlets utkant. Så kom ett nytt vrål från en annan del av området. Och så åter tyst. Detta upprepades gång på gång.

Stenramlet var tydligen ganska ytligt så Kämpen kunde följa spåret i labyrinterna. Men när lon vigt klättrade upp på stenblocken blev han efter. Den stora katten hade tagit plats på toppen av ett block och betraktade förföljaren därifrån. När Kämpen upptäckte gömstället och vrålade till flyttade sig lon till en annan del av området.

Till slut tröttnade jag på att vänta eftersom skymningen snart skulle komma. Jag rundade området, vilket lon sannolikt upptäckte. Strax hördes ett nytt vrål och sedan började Kämpen driva. Lon hade lämnat området och följt mina skidspår bakåt några hundra meter och sedan vikt av. Erland fick inte tillfälle att möta katten. När mörkret föll var jag tillbaka hos honom och vi återvände till bilarna. Kämpen hade sin vana trogen slutat driva vid mörkrets inbrott och var snart tillbaka hos oss.

Följade morgon var jag tvungen att ställa upp på en jakt femtio mil längre söderut, och kom inte i tillfälle att undersöka vilka vägar drevet tagit. Jag fick aldrig veta om lon hållit undan för Kämpen eller om den klättrat upp i ett träd. Kanske hade den tagit plats högst upp på något jätteblock, för den hade ju lärt sig att dit kunde hunden inte komma.

Traktens jägare gjorde flera försök att komma till skott på lon som hade stannat kvar i trakten. Men de hundar man använde visade ett ljumt intresse för den vittring lon lämnade. Kanske kände de på sig att det var en farlig motståndare att ge sig i kast med.

Lodjuret fortsatte att riva rådjur. På sista snön kunde man se att den fått sällskap av ett mindre lodjur. Det föddes en kull i trakten av Almunge och därmed hade Uppland fått tillbaka lodjuren i landskapet.

När rådjuren i området hade lärt sig att det fanns en farlig fiende i markerna ändrade de måhända sitt uppträdande. Rådjursslaktandet blev kanske inte lika omfattande som i början. Jägarna accepterade den nya spännande viltarten. Det sköts några lodjur och något blev trafikdödat, men stammen höll sig kvar ganska länge utan att rådjuren minskade nämnvärt. Invandring av rådjur förekom säkerligen.

Troligtvis hade också den tidigare mycket täta rävstammen

kraftigt hjälpt till att decimera killingbeståndet. Försvagade rådjur blev rävmat under stränga vintrar. Nu höll lodjuren rävstammen nere, men så småningom blev lodjuren allt färre. Kanske har rävskabben medverkat till detta. När detta skrivs finns lodjur kvar i Uppland men stammen är sannolikt ganska gles.

Själv har jag haft ytterligare en skottchans på lodjur, men då fanns inte Kämpen med. Jag avstod även den gången. Varför skulle jag hänga ytterligare ett loskinn på vår vägg?

I slutet av den jaktsäsong då Kämpen gjorde bekantskap med upplandskatten, sköt jag ganska många rävar för honom. I några fall efter långa och spännande drev. Den av dessa jakter som jag minns bäst var jakten på en gammal hane som tog mycket vida svängar. Jag såg honom vid ett par tillfällen men på för långa håll. Det var en mulen dag med svag vind och lätt, vackert snöfall i behaglig temperatur. Det var således idealväder för rävjakt med stövare.

Strax före solnedgången klarnade det upp i väster. Den lågt stående solen tittade fram och förgyllde de jättestora snöflingorna som fortfarande sakta dalade mot marken. Tavlan framför mig var betagande vacker där jag stod på pass intill en översnöad skogsbilväg. Och den skulle bli ännu vackrare.

Kämpens skall hördes allt tydligare och där kom Mickel i långsam galopp mot mig längs vägen. En fullpälsad räv i vinterlandskap är alltid vacker. Det var nästan motbjudande att bryta stillheten med ett skott.

Sommaren hade varit lång och tråkig för många jaktälskare, bland dem Kämpen. En sval och lagom daggvåt septembermorgon fick han komma loss i ett av de områden där det växt upp en rävkull. Rävarna var fortfarande så talrika att det var nödvändigt att skjuta även om det ännu var långt till den tid då de klätt sig i vinterpäls.

Jag har aldrig kunnat känna tillfredsställelse då jag skjutit en räv vars päls inte hunnit mogna. Detta även under de decennier då fullgoda rävskinn varit i det närmaste osäljbara. Men nu var det som sagt nödvändigt att börja jakten.

Jag hade vid det laget fött upp och dresserat ett stort antal jakthundar av olika raser. Jag trodde att jag prövat alla de fel en husse kan göra för att förstöra en jakthund. Men den här morgonen lyckades jag tyvärr hitta ännu en effektiv metod.

Det dröjde inte länge förrän Kämpen började väcka och drevet gick för fullt. Plötsligt hade jag ungräven alldeles inpå mig. Vi fick syn på varandra samtidigt och mitt kastskott blev illa riktat bland unggranarna. Jag sköt av ett ben på räven som sökte skydd i ett påbörjat gryt i en sandbacke några hundra meter bort. Kämpen var säkert nära att komma ikapp Mickel innan han hann slinka in i den korta och grunda gången. Strax innan jag kom fram tystnade skallet. Kämpen hade tydligen grävt sig fram till räven och höll på att skaka livet ur honom.

Kämpen lärde sig denna gång ett nytt sätt att komma åt rävarna om de gick i gryt. Tidigare hade han alltid lämnat grytet och sökt sig tillbaka till mig om räven gått in. Men efter den här upplevelsen försökte han alltid ta sig in till rävarna. Vid ett par tillfällen när drevet slutade vid stora sandgryt lockade jag ut honom innan han grävt sig fast.

En gammal räv rör sig över oerhört stora arealer och känner till hundratals gryt. Förr eller senare skulle drevet försvinna i fjärrran och Kämpen inte återkomma från det gryt han grävt sig ner i. Sälja honom? Aldrig.

Kämpen fick gå till de sälla jaktmarker där det finns gott om rovdjur att kämpa med, men där det inte finns några farliga sandgryt. Jag tänker då och då på min tappre vän. Han hör till dem av mina jaktkamrater jag saknar mest.

IV

Märkning, viltvård, älghundsdressyr

Älgmärkning

När jag var ny på Holmens bruk stod det klart redan från början att jag skulle komma att ägna stor del av min tid åt älgvård och älgjakt. Därför hade jag all anledning att beklaga att jag inte fann några forskningsresultat att stödja mig på.

Vi visste till exempel att det skedde betydande älgvandringar i norra Sverige. Där styrdes vandringarna av snödjupet och tillgången på mat vid olika årstider. Men hur var det i de södra delarna av landet där snön inte tvingade till vandring. Stannade älgarna kvar i den trakt där de var födda? Om det skedde förflyttningar hade jag velat veta vilka älgar som vandrade och vid vilken ålder de sökte sig till andra marker. Det var många frågor som jag ville ha svar på för att långsiktigt kunna bedriva älgvård på rätt sätt, inte minst att styra avskjutningen.

Ringmärkning av fåglar gav intressanta återfynd. Däggdjur går inte att ringmärka utan måste få öronmärken. Svenska Jägareförbundet hade tagit fram metallknappar för märkning av harar som fötts upp i bur och som släppts ut i markerna. Jag vet inte om det rapporterats några återfynd för de utsläppta hararna blev sannolikt ganska kortlivade. Rävar är dåliga på att rapportera om hararna de äter har knappar i öronen.

Skulle man inte kunna använda harknappar för märkning av älgkalvar? Jag bad att få ett antal knappar för försök med älgmärkning. Inom förbundet var man mycket tveksam. Skulle älgkon verkligen ta sig an kalven på nytt om den luktade människa? Jag var envis och fick till slut göra ett försök.

En morgon i slutet av maj fick jag se en älgko som gick och betade fräken i en grund sjövik. Vid kanten av viken fanns en liten udde och där i värmen från den uppgående solen låg två små röda kalvar.

Jag såg min chans att få märka min första älgkalv och stoppade några märkningsknappar i fickan, smög runt viken och ut på udden. När jag var nära kalvarna gjorde jag en rusning mot dem. Den ena sprang runt mig och in mot fastmarken. Jag såg att den var för stor och kvick i benen för att jag skulle ha någon chans att springa ikapp.

Den andra sprang ut i vattnet och jag rusade efter. Så länge den måste vada vann jag på den, men när den kom ut på djupare vatten och började simma drog den ifrån. Men så kom den in på grunt vatten igen. Jag hann upp den och klämde fast en knapp i ena örat.

Men nu dök ett problem upp. Kon hade försvunnit med den andra kalven och nu tydde sig den märkta till mig. Antingen jag gick eller sprang hade jag den tätt i hälarna. Jag bestämde mig för att prova ett knep. När jag passerade en gammal kolbotten där det växt upp en djungel av smågranar, gick jag ett par varv runt buskaget. Kalven kom några meter efter. Då jag närmade mig vindsidan gjorde jag en rusning. Kalven var inte beredd, så jag hann komma utom synhåll för honom.

Jag kastade mig in bland smågranarna och tryckte. Kalven sprang förbi. Den rundade tätningen ett par varv under ivrigt lockande men upptäckte inte var jag fanns. Så drog den iväg åt det håll den andra kalven försvunnit. Lockandet hördes allt svagare och jag kunde återvända till bilen. Skulle märkningen lyckas, hittade den tillbaka till modern och syskonet?

Jag berättade för Christian von Sydow om mitt första märkningsäventyr och han kommenterade:

– Den kalven är den ur vattnet uppdragne, så honom kallar vi Moses. von Sydow blev så vitt jag vet den förste som gav ett nummermärkt vilt ett "arbetsnamn". När jag långt senare fick möjlighet att märka 150 älgar begåvades en del av dessa med namn efter mina medföljande vänner.

Den första märkta kvigan fick heta Gun. En tjur Jakob och så vidare. Jag har hjälpt forskare att förse vildsvin med öronmärken, och i vissa fall radiosändare. De har fått namn efter politiker, här några exempel: Nasser, Saddam, Idi, Gro, Butto, Ingvar, Thatcher och bröderna Kennedy. Just nu vandrar Göran Persson runt bland traktens foderplatser och brudar, och börjar bli ganska rund om magen efter alla goda middagar.

Då Moses var nästan årsgammal fick jag tillfälle att fotografera honom på nära håll. På fotot framträder märkningsknappen tydligt. Det blev sålunda bevisat att märkning av kalvar kan ge resultat. Därmed kom märkningen igång i större skala. Själv kunde jag bidraga med ett rätt stort antal märkta kalvar, och av dessa blev flera tjurar skjutna mellan en och två mil från märkningsplatsen när de var halvtannat år gamla.

Själva märkningsproceduren kunde ibland bli spännande. Vissa djärva kor blev ganska närgångna och det gällde att se upp så att de inte närmade sig bakifrån. Vid ett tillfälle stod jag och klämde fast en kalv mellan mina knän. Han försökte givetvis på alla sätt komma loss. Modern hörde till de modiga och jag märkte att jag kunde vänta mig att hon skulle göra ett fritagningsförsök. Jag hade fått fast knappen i det ena örat och tryckt spetsdelen genom det andra. Då tappade jag stoppknappen bland riset och fick visst besvär att hitta den.

Plötsligt märkte jag att kon smugit på mig bakifrån. Hon var så nära att jag kunde vänta att hon skulle rusa på mig. Raggen stod på ända, ögonvitorna blänkte,öronen var bakåtstrukna. Hon var inte grann att skåda. Jag slet av mig hatten och kastade den mot henne.

Hon nosade på den och började slå på den med framklövarna allt vad hon orkade. Den blev illa tilltygad och därmed oanvändbar att sätta på huvudet. Ibland ångrar jag att jag inte behöll den som minne av den modiga mamman. Medan hon var upptagen av hattmisshandeln kunde jag avsluta märkningen.

Resultatet av kalvmärkningarna blev ganska magert. Återfynden var få. De färgade plastknappar som togs fram för ändamålet ramlade isär efter en tid på grund av att limmet inte höll. Härtill kommer att hjortdjuren ofta sliter loss knapparna på sommaren när insekterna är besvärliga och djuren kliar sig i öronen med bakfötterna. Om knappen fastnar mellan klövhalvorna slits den loss ur örat. Det stod klart att man borde sätta en knapp i vardera örat, men givetvis händer det att båda knapparna försvinner. När älgar sköts såg man ibland revor eller hål i öronen som tydde på att de varit märkta.

Viol-projektet

Solen skulle snart titta fram över skogsridån bortom sjön och det artade sig till att bli en vacker sommardag. Morgonbrisen krusade vattenytan och fick fjärden att glittra i motljuset. Det gav oss besked varifrån det svaga vinddraget kom och det är bra att veta, inte minst när det ska jagas älg.

Om jag kom åt tänkte jag skjuta från bil men ledhunden fanns för säkerhets skull på plats i bilen. Den kunde komma till användning på olika sätt, inte bara för eftersök. Om förhållandena verkade lovande kunde den bli till värdefull hjälp även före skottet.

Vi körde in på en skogsväg och förbi en ungskog där de planterade granarna och täta lövinslaget hade nått upp till ungefär älghöjd.

– Där står en gaffeltjur, sa min följeslagare. Älgen stod bara femton meter från vägkanten. När bilen stannade lyfte tjuren på huvudet och tittade mot fridstörarna.

Jag laddade geväret, vevade ner rutan och gjorde mig beredd. Huvudet var inte lämpligt att skjuta på och kroppens konturer skymtade knappt genom riset. Jag letade i kikarsiktet efter en tillräckligt kvistfri yta där jag kunde låta skottet gå. När den tog ett par steg framåt syntes låret tydligt för ett ögonblick men innan jag hann trycka av gick han vidare och försvann.

Att stå kvar och vänta var meningslöst så vi fortsatte ett par kilometer till ett litet hygge intill en mosse. Där fanns ingen älg, bara en råget med två små pigga killingar som fick oss att offra ett par minuter. Men det var större byten vi var ute efter så vi återvände till platsen där vi sett gaffeltjuren. Kanske hade han kommit tillbaka mot vägen?

Älgen hade bara gått åt andra hållet. Vi kom i lagom tid för att se honom sega sig uppför de kala berghällarna i kanten av en högplatå hundra meter bort. I skrevorna hade en och annan knotig tall lyckats hitta tillräckligt mycket näring och vatten för att hålla sig vid liv även under torra somrar.

Där det fanns tillräckligt mycket jord i svackorna hade björkfrö grott och slagit rot. Efter ett par regniga år hade riset nu nått knähöjd och kunde ge lövbetarna anledning att stanna till och repa blad från kvistarna. Kanske dröjde tjuren kvar tillräckligt länge för att jag med ledhundens hjälp skulle kunna smyga i håll.

Jag släppte ut hunden som genast kände lukten av älg. Han stannade upp vid vägkanten, drog in vind och lyssnade. Längre än så fick han inte gå, det visste han. Innan jag hunnit ladda geväret och kränga på mig ryggsäcken stramade han upp sig och sträckte på halsen. Han vred huvudet åt det håll där vi sett tjuren försvinna och lyssnade uppmärksamt. Jo, han hörde älgen och sökte min blick. Han ville tala om att han visste var älgen fanns. Duktig hund!

Min kompis fick stanna kvar i bilen för fyra fötter trampar av fler kvistar än två. Jag satte på hunden halsband med koppel och vi var klara att starta. Även om det inte fanns någon tid att förlora fick hunden stå kvar på vägkanten några sekunder. Det gäller att aldrig stressa en ledhund, särskilt inte om den är ung. Så fick han mitt tecken att börja. Han brydde sig inte om att leta rätt på spåret, för han visste ju redan var älgen fanns och satte kurs rakt mot höjdplatån.

När vi kom fram till den plats där vi sett älgen försvinna stannade hunden och granskade spåret. Sedan gick han några meter åt sidan och kontrollerade andra spår. Han tittade på mig och tycktes vilja säga: "Har du förstått att älgen inte var ensam?". Han fick en smekning, jag hade förstått. Vi kunde smyga vidare.

På krönet stannade han och lyssnade, han kunde tydligen inte höra var älgen fanns. Han tog sikte på ett stenblock några meter bort för att hoppa upp och kunna spana bättre. Jag släppte kopplet för att han lättare skulle kunna komma upp.

Tyst och vigt kom han upp på stenblocket och satte sig ner för att lyssna. Jo, nu hörde han älgen. Den fanns snett bortåt vänster. Så vred han plötsligt huvudet rakt fram för att fingranska ljud han hört. Det var ingen tvekan. Det fanns älg där också.

I den riktning han nu spanade kände jag till ett litet försumpat område vid foten av en tvärbrant kulle. De låga videbuskar som växte där hade säkert läckra blad så här års och där betade antagligen tjuren. Hunden tittade frågande på mig: "Vad ska vi göra nu?"

Om vi valde att smyga mot älgen till vänster, riskerade vi att älgen rakt framför oss skulle nås av vår vittring. Då kanske den skulle braka iväg och dra den andra med sig. Nej, det måste vara bättre att vända om, runda platån och smyga mot videt.

Hunden fick tecken att komma ner och vi började smyga tillbaka och runt. När vi kom mitt för videsnåren vek hunden av mot dessa. Han hade från sin lyssnarpunkt bedömt avståndet till de ljud han hört. Han visste att nu var det dags att gira av åt vänster, där skulle älgen finnas.

Tyst och försiktigt smög han fram med alla sinnen på helspänn. När vi hade hundra meter kvar stannade han och sökte min blick. Det började brännas! Min fyrbente kamrat fick följa med ytterligare femtio meter framåt till foten av kullen. Där fick han lägga sig ner och vänta bredvid ryggsäcken. Han hade gjort sitt, och nu gällde det att jag klarade min uppgift lika bra.

Det var lätt att ta sig fram ljudlöst. Sista biten måste jag krypa innan jag var framme vid branten. Sedan kunde jag långsamt och försiktigt resa mig upp med geväret skjutklart. Jag skulle avteckna mig mot himlen så om älgen hade blicken åt mitt håll skulle han genast se en oförsiktig rörelse. Det gällde att ta det lugnt.

Jag hade tur. Den stod vid foten av klippan. Hållet var knappt tjugo meter. Den var vänd rakt från mig och betade på marken. Men det var inte alls tjuren jag hade letat efter, för den vita strimman där bak visade att det var en ko.

Dessutom kunde jag se att hon hade ett välfyllt juver.Var fanns kalvarna? De låg antagligen och vilade bland de låga videbuskarna men jag borde kunna se dem. Jo, där viftade ett öra till. Myggen var tydligen besvärliga. Nu visste jag var kalven fanns så fixeringsbilden av den trädde fram. Om de var två fanns den andra antagligen i närheten.

Så kunde jag se kons högra öra. Hon var omärkt och därför eftertraktad. Jag riktade hårkorset mot höger lår strax under korset och tryckte av.Träffen satt där den skulle. Kon startade direkt och rusade i hög fart mot snåren nedanför sluttningen. Hon drog på för fullt och kalvarna följde tätt efter. I den farten skulle hon hinna långt innan hon somnade. Jag var således ute för att söva ner och märka älg inom det så kallade Viol-projektet (Viltolycksprojektet).

Hunden låg kvar i samma ställning som jag lämnat honom. Han var ganska spänd för han hade hört skottet och dessutom hört kon braka iväg. Jag klappade om honom och han fick lugna ner sig några minuter. När hans iver dämpats kunde vi starta eftersöket.

Kon hade hållit hög fart några hundra meter men så blev stegen kortare, och där hade hon tydligen stannat upp ett tag. Hunden stannade och lyssnade snett uppåt vänster. Troligen låg kon där, men det kunde också vara kalvarna eller tjuren som hunden hörde.

Det var säkrast att låta honom följa spåret ända fram till kon. Jag pekade på spåret och han gled iväg men stannade ganska snart igen, höjde nosen och prövade vinden. Jo, där fanns älg. Men den här gången måste han fortsätta spårningen och han hade rätt. Kon hade vikt av åt vänster och låg på marken.

Kon låg i den ställning som älg brukar ligga då den vilar. Hon andades lugnt och jämnt och allt såg bra ut. Hunden fick lukta på henne ett ögonblick och fick beröm. Men hans intresse riktades genast mot snåren framför oss för där fanns kalvarna. Han fick lägga sig några meter från kon. Han hade varit med om många märkningar på den senaste tiden och visste att jag nu skulle syssla med kon en stund, därför var det mer spännande med kalvarna.

Jag tog av mig ryggsäcken och plockade fram sprutor, provrör, tänger, nitar och den grannlåt som i fortsättningen skulle pryda kon. Blodprovet var lätt att ta från en väl synlig åder på högerörats baksida som så här års nästan är naket. Öronmärken och halsband sattes på plats och kon fick en spruta motgift mot sömnmedlet. Jag tittade på klockan för att kunna redovisa hur lång tid det tog innan hon var på fötter igen.

Därefter drog vi oss tillbaka ett stycke och gömde oss i snåren för att inte skrämma henne när hon vaknade. Jag gjorde de anteckningar som behövdes och var klar med detta i lagom tid för att se när hon började röra på öronen. Strax efteråt reste hon sig mödosamt och tog några stapplande steg.

Efter att hon vilat någon minut gick hon med stadiga kliv mot snåren där hon visste att kalvarna fanns. De kom henne till mötes och hon stannade till. Att modern nu bar ett brett vitt halsband och färggranna öronmärken bekymrade dem inte, hennes vittring stämde och det var det viktigaste.

Märkning av älgkalv.

Hunden fick det beröm han gjort sig förtjänt av för allt hade gått enligt regelboken. Vi kunde återvända till kompisen i bilen.

De många älgkrockarna på vägarna genom bolagets marker blev allt större problem under 50- och 60-talen. Bättre vägar och snabbare bilar resulterar i högre farter. Samtidigt ökade antalet älgar och i de älgrika områdena var det oundvikligt att djur då och då kom att korsa vägarna. Det visade sig att de flesta bilister inte såg älgar som var på väg upp på vägbanan trots att de borde haft tid att upptäcka dem.

Många bilister körde dessutom betydligt fortare i mörker än i dagsljus. De kände sig säkra på att inte åka fast för fortkörning men de glömde viltfaran. Krockarna kunde bli våldsamma och dödsolyckor blev allt vanligare. Det stod klart att man måste ta krafttag för att minska viltolyckorna. Det tillsattes en forskargrupp som fick generöst med pengar till sitt förfogande. Det beslöts att man dels skulle forska på älgars beteende i ett hägn dels ha ett fältförsök.

I området för fältförsök skulle tolv älgar efter nersövning förses med öronmärken och radiosändare monterad på ett halsband. I vårt land hade dittills inga sådana försök gjorts. I USA hade man däremot sövt ner älgar. Men det preparat man hade använt fick till resultat att ganska stor procent av de nersövda älgarna somnade för gott.

Inom Naturvårdsverkets avdelning för faunavård ställde man sig positiva, under förutsättning att man hittade någon markägare och jakträttighetsinnehavare som var villig att ställa upp.

Finn Stålfelt, som utsetts till rådgivare, föreslog att man skulle kontakta Holmens Bruk. Inte minst för att bolaget på en ganska lång sträcka ägde marken på båda sidor om E4:an längs Kolmården. Landets mest svartlistade område vad det gällde älgkrockar.

Antalet olyckor hade faktiskt minskat sedan vi börjat spara alla vuxna älgar i närheten av vägen, men försökt skjuta bort alla kalvar. Jag hade nämligen upptäckt att vissa vuxna älgar uppenbarligen hade vägen som gräns för revir eller hemområde. Om man sköt bort sådana älgar, det var främst kor det gällde, fylldes deras plats av nya individer som till en början inte insåg faran av att korsa vägen.

Att Finn föreslog vårt område berodde också delvis på att jag, eller snarare att mina älghundar, fanns att tillgå.Ytterligare ett skäl var att veterinären på Kolmårdens Djurpark, Bengt Ole Röken, bodde i närheten och var beredd att medverka som rådgivare och ansvarig när det gällde den veterinärmedicinska delen av projektet.

Det beslöts att bolaget skulle vara positivt till försöket och vi var beredda att ställa marker,älgar och mig till förfogande. Viltolycksforskningen kunde börja.

Som vid så många andra tillfällen visade sig Bengt Ole vara en stor tillgång för jägarna och viltforskarna. Han underkände direkt preparatet som de amerikanska forskarna använt.Vi skulle testa ett nytt, så det var bara att sätta igång.

Det visade sig snart att den forskargrupp som utsetts för Violprojektet saknade den erfarenhet av älgar och den energi som krävdes för framgångsrikt arbete.Att låta dem bedöva älgar utan övervakning var inte tillrådligt det insåg jag genast. Det blev nödvändigt att jag och mina hundar fanns till hands hela tiden och jag hade inte tid att ställa upp annat än på nätterna. Det gjorde ju inget eftersom det är i gryningen man har de största chanserna att nå resultat. Men det passade inte forskargruppen.

De sökte sig i stället till kungens jaktmarker på Tullgarn. Även där blev deras verksamhet kortvarig. Dåvarande hovjägaren tröttnade på deras rotande i markerna utan nämnvärt resultat. Man flyttade försöket till Öster-Malma där det inte fanns någon större väg. Det så betydelsefulla försöket blev ett fiasko.

Eftersom jag hade tillstånd att använda bedövningsgevär för märkning av älgar kom jag att på min fritid, i Finns regi fortsätta denna intressanta verksamhet. Av de hundrafemtio älgar som jag själv skulle komma att bedöva under en treårsperiod, var det bara tre som inte vaknade upp.

En av dessa, en ettårskviga, hade inflammationer efter skador på bäckenbenet. Kanske hade modern gått för hårt åt fjolårskalven när den vägrade att lämna sin mor då småsyskon väntades.

En liten tvåårstjur hade tidigare råkat ut för en bilkrock. Jag bedömde då, sedan en av mina hundar fått stå och skälla på honom en timme, att den hade relativt lindriga skador. När jag en tid senare sköt på honom med bedövningsgeväret sprang han undan ett par hundra meter och råkade somna in med huvudet liggande över en vindfälld björk. Struphuvudet kom att vila på den klena stammen vilket givetvis försvårade andningen. När Bengt Ole efteråt undersökte honom visade det sig att varken skelett eller inre organ hade skadats vid bilkrocken, men att älgen hade omfattande inflammationer i muskulaturen. Den hade märkligt nog tre njurar.

Den tredje var en ettårskviga som vi inte hittade. Hon ingick i en grupp älgar som tog samma väg efter skottet. Hunden hade valt fel spår. När hon långt senare hittades död kunde jag inte avgöra om även den älgen hade haft några skador före bedövningen.

Jag gjorde också några försök att bedöva älgar när jag var på våra jämtländska marker och lyckades sätta märken på några få individer.

Skallen efter en ettårig tjur från Kolmården. Hornens storlek kan tyda på att det är en tvååring, men den yttersta framtanden är vit och inte helt utväxt. Samma sak gäller beträffande de tre främsta kindtänderna.Det hade kanske blivit en fin skoveltjur om den fått leva ytterligare 10–12 år.

Bedövningsgevären vi använde var ombyggda salongsgevär. De hade försetts med ny pipa av så grov kaliber att den rymde pilen, som i princip är en stabilt byggd injektionsspruta där spetsen har gjorts tillräckligt grov för att den inte ska vika sig när den träffar djuret. Kanalen genom röret mynnar ut på sidan en centimeter från spetsen. Där kränger man över en plastkrage innan sprutan fylls. Spetsen är försedd med hullingar som hindrar att pilen studsar ut innan den tömts.

Trycket (som ska motsvara systers tumme) åstadkoms genom att man pumpar in luft som påverkar den kolv vilken pressar ut preparatet. Hålet på sprutspetsens sida friläggs genom att plastkragen trängs längre upp vid anslaget.

Så har man bara att hoppas på att sprutan tömmer sitt innehåll i en muskel där preparatet kan blandas in i blodet. Om den töms i ett fettlager eller i en sena uteblir effekten, eller djuret blir bara lite "lummigt" och kan behöva en ny dos om man på nytt kan komma i skotthåll.

Eftersom projektilen är mycket lätt i förhållande till volymen är den mycket vind- och kvistkänslig. Den får inte ges så hög fart att själva sprutan tränger in. Träffsäkerheten var så pass låg att man fick vara nöjd om man träffade älgens lår på trettio meters avstånd, och så nära är det inte lätt att komma. Av den anledningen fick man i stort sett använda sig av vilka medel som helst bara man kom till skott.

Den effektivaste metoden var att smyga fram med bil längs skogsbilvägarna, veva ner rutan och skjuta när lämpligt djur var inom håll. Vissa älgar var skygga och stannade inte kvar inom skotthåll. De gamla tjurarna var misstänksamma och sprang oftast undan. Jag lyckades ändå söva ner ganska många genom att smyga runt och sitta i förhåll.

Löshundsjakt kunde vara tänkbar. Men eftersom en löshund

ofta rycker loss ragg i stora mängder från älgens kors då den faller, måste hunden kopplas innan man skjuter. Tack vare mina ledhundar fick jag rätt många älgar inom skotthåll.

När man kom smygande med bilen genom ett ungskogsområde fick man kanske se en älg som stod lämpligt. Ibland kunde den bara hoppa till när pilen träffade och därefter gå kvar och beta tills preparatet hann göra verkan.

Hade man tur kunde älgen somna inom synhåll. Men oftast försvann den påskjutna älgen snabbt efter skottet. När den sprang undan kanske man upptäckte att det var en hel grupp älgar som tog samma väg och då gällde det att ha en verkligt pålitlig spårhund. Jag brukade som vanligt bära hunden till den plats där älgen hade stått i skottögonblicket och sätta ner den där. Men inte sällan hade de andra älgarna också trampat just där. Eftersom det inte fanns något blod i spåret kunde inte så kallade viltspårhundar användas. Verkligt erfarna eftersökshundar tog trots allt sällan fel. Den ringa skada som älgen fått var tillräcklig för att dessa proffshundar skulle känna på lukten att det var något speciellt med just den älgen. Flyktsträckan kunde variera från några meter till flera kilometer. En stortjur satte vanligen högsta fart från början och hann springa långt innan preparatet lugnade ner honom.

När man träffade på älgen lagom nersövd gällde det att snabbt sätta öronmärken på plats. Halsbandet skulle nitas ihop med poptång. Därefter togs blodprov som skickades in och användes i första hand för genetisk undersökning. Sedan man injicerat motgift var älgen vanligen på fötter igen efter några minuter.

Jag brukade gömma mig i närheten för att kontrollera uppvaknandet. Snart började den röra på öronen och piggnade till ganska kvickt. En kalvko brukade börja med att locka på kalvarna. Om den uppvaknade älgen råkade välja att gå förbi där jag låg gömd såg den mig ofta men luktsinnet verkade fortfarande vara "bedövat".

Eftersom pratiskt taget allt var på experimentstadiet var utgången nervpirrande oviss. Det gav en fin krydda åt verksamheten.

Jag gjorde försök att bedöma älgens ålder med hjälp av djurets storlek och utseende samt framtändernas slitning. Att fastställa åldern hos ett- och tvååringar gick ganska bra men när det gällde äldre djur blev det mest en gissning.

Numera använder man sig av kolsyrevapen som är mycket träffsäkrare och dessutom skjuter man från helikopter. Då kan man följa älgen och se var den somnar in. Detta är betydligt säkrare metod men inte lika spännande.

Varje älg antecknades i ett protokoll med kön och bedömd ålder. Hornens utseende beskrevs och skissades. Om en ko hade kalv antecknades detta. Andra älgar i den nersövdes sällskap beskrevs också. På en kopia av topografiska kartan markerades var älgen befann sig när den bedövades.

Olika färgkombinationer på öronmärkena och stora siffror på de decimeterbreda halsbanden visade vilken individ man hade framför sig. Därför kunde jag ofta med min tubkikare, som alltid låg på plats i bilen, under goda förhållanden identifiera en märkt älg. Då sattes en ny prick på just den älgens karta och ett streck drogs dit från senaste punkten. Så småningom bildades ett spindelvävsmönster som tydligt visade var älgen hade sitt hemområde. Jag kom med åren att göra över tvåtusen observationer som dokumenterades på de märkta älgarnas kartor. Många rapporter kom också från personer som kände till min märkning, men de allra flesta platsangivelserna var för osäkra för att kunna tas med på kartan.

Mina märkningar pågick under tre somrar och när jag slutade med verksamheten var två av tre av traktens älgar (som var äldre än kalv), försedda med grannlåt i öronen och kring halsen. Och

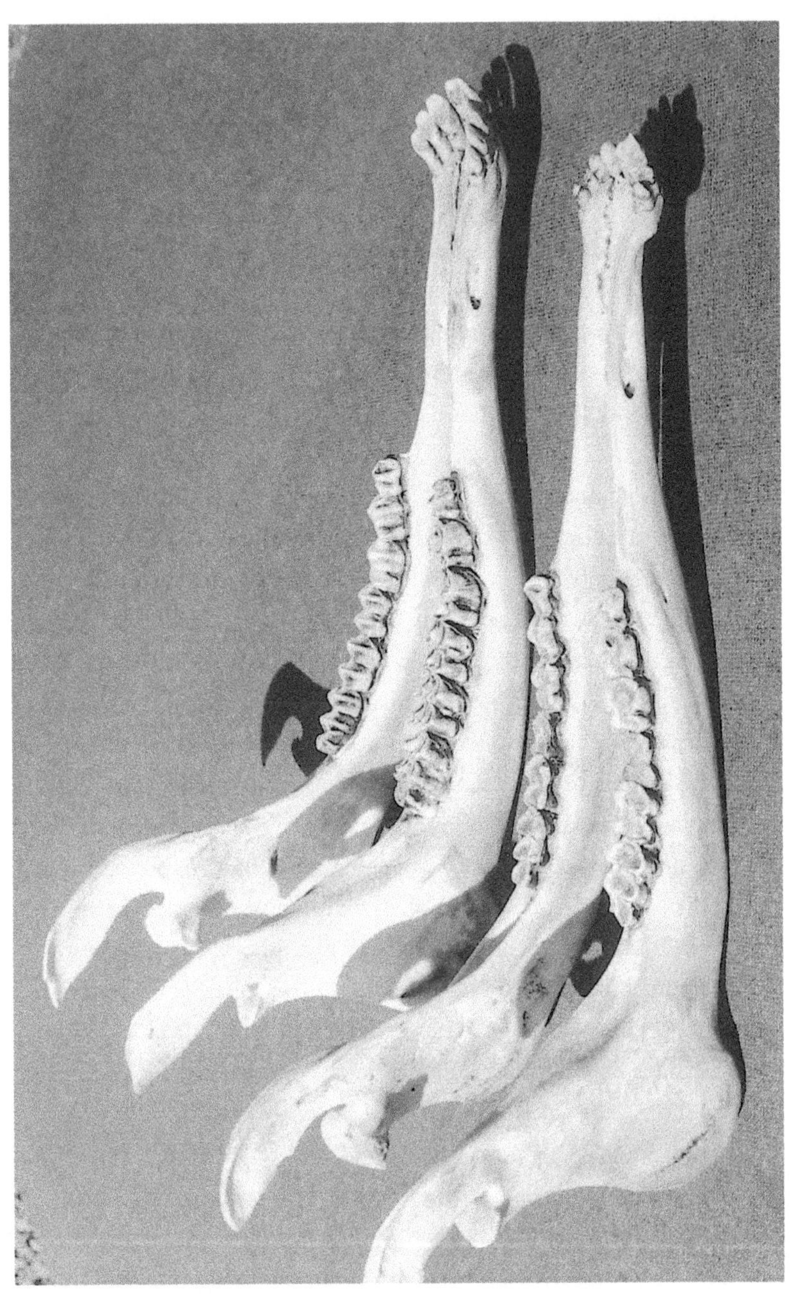

Bilden visar underkäkar av ung (överst) och gammal älg. Den unga älgen var två år när den sköts. Samtliga tänder var brunfärgade vilket visade att den var äldre än ett år. Framtänderna hade vassa eggar och var stadigt fastväxta. En kvist som satt högt upp kunden älgen klämma fast mellan framtänderna och den hårda valken i överkäken och sedan slita av. De vassa eggarna hyvlade lätt av fällda aspars bark och grenar. Tandgarnityret var högeffektivt. Om en sådan älg har sitt hemområde i trakten av jordbruksmark där den hittar och äter raps kommer magarna i olag. Rapsen luktar och smakar gott och är lätt att komma åt, men den passar inte för älgens matsmältningsorgan. Spillningen blir halvflytande.Älgen behöver då växttråd för att få balans och kan åstadkomma mycket allvarlig skadegörelse genom att barka växande tallar och granar. Är älgen av hankön faller den oftast för en kula under hösten. Är den av honkön löper den risk att förr eller senare drabbas av "elvsborgssjukan" genom att äta proteinrik föda på åkermark år efter år. Den undre är från en gammal ko som jag en vinter med normalt snödjup hittade i en mindre ungskog i Kolmården. Hon hade självdött med vommen full av tall- och björkkvistar. Hennes utslitna tänder kunde inte längre mala sönder maten. Jag fann henne därför att jag hade upptäckt massor av färska och äldre spår efter en ensam kalv inne i ungskogen. Efter att ha fyllt vommen med kvistar hade kalven som vanligt lagt sig bredvid kon. Det var sannolikt hennes kalv. Det var märkligt att hon hade kalvat vid så hög ålder. Men kanske var det en av de få kalvar hon fött under de senaste fem åren.Av tandslitningen att döma var hon omkring tjugo år. Metoden att räkna årsringar i tandcementet var inte uppfunnen då.

jag hade lärt mig mycket mer om den art jag tidigare trodde att jag visste det mesta.

Det visade sig att en tjur som märktes i ettårsåldern med tre taggar och stor hornvolym, sköts som tvååring trettiofem kilometer från märkningsplatsen. Då hade den tio taggar och hade vandrat längre än någon annan av de märkta älgarna. Han var alltså en verklig plusvariant som om han hade fått leva och utvecklats till en äldre skoveltjur, kunde ha gett traktens älgstam den blodupp-friskning som så väl behövts.

En annan tjur hade också tre taggar som ettåring och nio taggar som treåring, samt en ganska stor skovel på ena hornet.

Åtta av de märkta älgarna hade elva taggar eller fler. En tjur som märktes när hornen var i kolvstadiet fick elva taggar på vänster horn och ett okänt antal på höger. De flesta tjurarna var dock ganska småväxta med svaga horn och stannade oftast kvar i närheten av märkningsplatsen.

En ko som märktes den artonde maj, ungefär då hon fyllde två år, var uppenbarligen inte dräktig. Under fyra år i rad hade jag varje sommar observationer på henne. Hon födde bara en kalv under hela den tiden.

En annan ko fick en kalv både som tvååring och treåring. Gick gall som fyraåring, fick en kalv som femåring och gick gall som sexåring. Därefter tappade jag kontakten med henne. Efter åtta år träffade jag på henne igen, då var hon ensam och nästan blind.

Ett flertal kor fick mycket litet antal kalvar, men det fanns också exempel på motsatsen. En kviga kalvade när hon var två år och fick då tvillingar. Under de följande två åren födde hon också två kalvar varje år. Hon sköts tyvärr som fyraåring inne på en grannmark. Det hade varit intressant att följa hennes produktion under en längre period.

Många andra kor var också typiska tvåkalvskor och utmärkande för dem var att de hade relativt små hemområden. Eller om man i stället ska använda termen "revir". De höll nämligen till i områden där de hade gott om mat och effektivt lyckades hålla andra kalvkor borta från sitt område.

En sådan ko var nummer tjugoåtta.Arbetsnamn fick hon av någon anledning inte. "Gun" var ju redan upptaget. Kon höll till i närheten av Stavsjö samhälle och därför såg jag henne ganska ofta. Hon var sannolikt två år när jag märkte henne i början av juli. Hon hade då välfyllt juver men de två kalvarna hon visade sig ha syntes inte till. Däremot såg jag henne ytterligare sexton gånger innan årets slut och då nästan alltid tillsammans med kalvarna. En gång hade hon och kalvarna en tjur i sällskap. Däremot hade hon en förmåga att hålla alla andra kor borta från sitt revir.

Det året hjälpte jag Finn med att samla in material från vinterskjutna älgar som vägdes såväl ourtagna som passade och slaktade. Från samtliga togs prov av vominnehållet.

Att vi hade förlängd licens väckte vissa jaktgrannars missnöje. De trodde att detta skulle vara en förmån för bolagt. I själva verket medförde det en massa extra arbete och ett lägre pris för köttet än vi skulle fått ut under hösten. Men avundsjukan och dumheten är stor hos somliga.

Den första december släppte min elev och jag en älghund inom tjugoåttans revir. Det blev snabbt upptag och fast stånd. Eleven som var erfaren jägare fick gå på ståndet och om det var tjugoåttan och hennes kalvar skulle han skjuta båda kalvarna. Snart kom två snabba skott samt hans signal att kalvarna var skjutna och hunden kopplad. Kon, som bar ett decimeterbrett halsband med nummer tjugoåtta väl synligt, hade motvilligt dragit sig undan sedan kalvarna fallit.

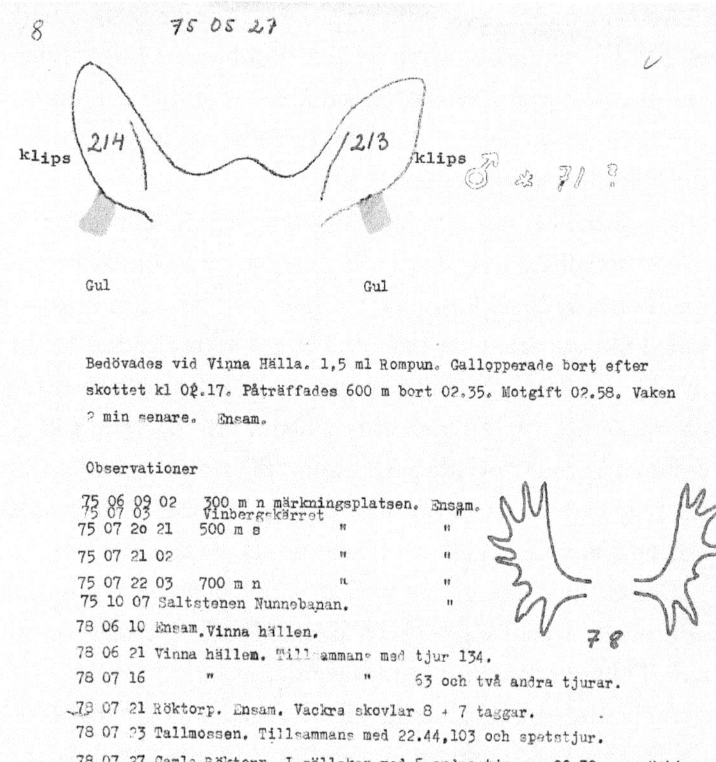

8 75 05 27

klips 214 213 klips ♂ ☆ 71 ?

Gul Gul

Bedövades vid Vinna Hälla. 1,5 ml Rompun. Gallopperade bort efter skottet kl 02.17. Påträffades 600 m bort 02.35. Motgift 02.58. Vaken 2 min senare. Ensam.

Observationer

75 06 09 02 300 m n märkningsplatsen. Ensam.
75 07 03 Vinbergskärret "
75 07 20 21 500 m s " "
75 07 21 02 " "
75 07 22 03 700 m n " "
75 10 07 Saltstenen Nunnebanan. "
78 06 10 Ensam. Vinna hällen.
78 06 21 Vinna hällen. Tillsammans med tjur 134.
78 07 16 " " 63 och två andra tjurar.
78 07 21 Röktorp. Ensam. Vackra skovlar 8 + 7 taggar.
78 07 23 Tallmossen. Tillsammans med 22.44,103 och spetstjur.
78 07 27 Gamla Röktorp. I sällskap med 5 andra tjurar: 22,32, en märkt men ej identifierad, en sextaggare och en gaffel.
78 07 30 Röktorp. Tillsammans med 22,40.63 och två andra tjurar.
78 08 29 " I närheten av 5-taggare och kviga. Hornen halvfejade.
78 10 22 Sandviktorp. Ensam.

78

Märkningsprotokoll för älg nr 18.

Den andra februari såg jag henne nästa gång. Nu var hon en bit utanför det område där jag tidigare sett henne. Alldeles invid henne stod två kalvar och fyrtio meter bort skymtade en annan ko.

Nästa gång jag såg henne var hon tillbaka i sitt gamla revir tre kilometer söder om den senaste observationen. Någon annan vuxen älg fanns inte i närheten. Däremot stod två kalvar tätt intill henne. Hur kunde detta hänga ihop?

Eleven var helt säker på att det var tjugoåttan som var tillsammans med de båda kalvarna han skjutit. Eftersom jag nu träffade på kon och "hennes" kalvar nära E4:an, sköt jag kalvarna. Dessa var betydligt mindre än de kalvar hon brukade ha.

Kort efteråt träffade jag på en annan märkt ko som hade sitt revir strax norr om den plats där jag den andra februari sett tjugoåttan med de två kalvarna. Den kon var nu utan kalvar.

Jag ringde de två jaktlag som hade jaktmark några kilometer utanför hennes område. Men inget av dem hade skjutit några kalvar i de avsnitten. Var det så att tjugoåttan hade "kidnappat" kalvarna från den andra kon som började bli överårig och kanske därför inte förmådde att försvara sin avkomma? Jag kan inte se någon annan förklaring.

Följande år fick tjugoåttan två kalvar som jag sköt i början av november. Ett par veckor senare såg jag henne i sällskap med två vuxna älgar. Hon var då kvar i sitt område. Men i mitten av februari hade hon lämnat sitt revir och hade sällskap med sex vuxna älgar. Ett par månader senare var hon tillbaka i sina hemmamarker.

Följande sommar och höst såg jag henne sex gånger med två kalvar som hon fick behålla. Året därpå fick hon på nytt två kalvar och höll som vanligt till i sitt eget revir.

I slutet av juli blev hon genom flera svampplockargruppers verksamhet skrämd ut på E4:an och ihjälkörd, varefter kalvarna avlivades. Jag hann under de här åren få ett sjuttiotal observationer

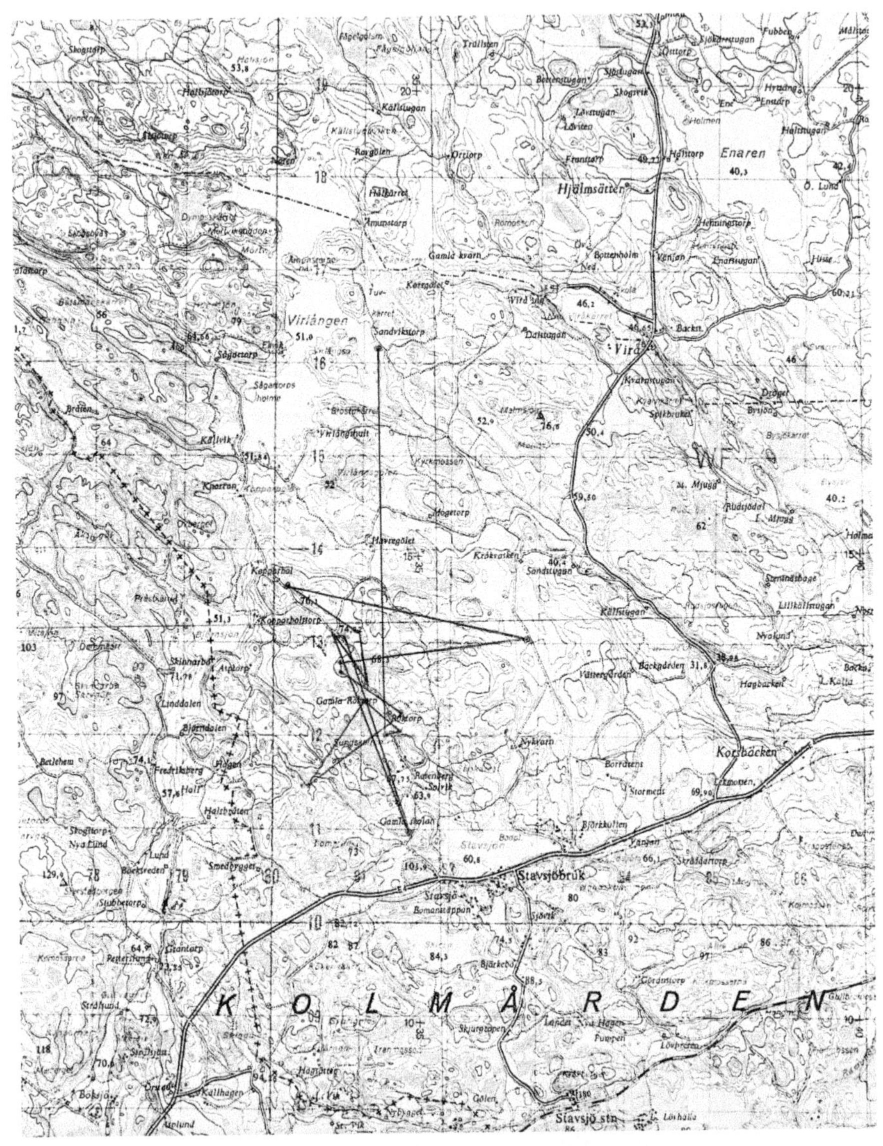

Som komplement till märkningsprotokollen markerade jag även observationsplatserna på kartor. I de fall en märkt älg blev skjuten avslutades observationskartan med ett "†". Den 22 oktober 1978 vid Sandvikstorp var den sista observationen av nr 18.

på henne inom ett cirka sju kvadratkilometer stort område med E4:an som revirets sydgräns.

Under de år hon höll reviret blev inte ett enda hondjur påkört på "hennes" vägsträcka. Men när sedan andra kor tog över det lediga reviret blev tre trafikdödade under första året. I ett av fallen rörde det sig om en förstföderska som blev ihjälkörd dagen innan jag skulle köra till Jämtland för sommarjobbet. Hennes kalv kunde då ha varit högst en månad gammal. Jag lyckades hitta den när jag kom hem. Den överlevde men växte givetvis mycket långsamt. Efter någon vecka fick den en märkt ettårskviga som fostermor men även hon blev efter en kort tid trafikdödad.

På hösten sköts kalven av ett grannlag. Jag hade hoppats att den skulle klara jakttiden och bilarna, för det hade varit intressant att märka den och få reda på om den någonsin skulle nå full storlek.

Ett par veckor innan jag märkte tjugoåttan sövde jag ner och märkte en tjur inom samma område. Han fick heta Jakob efter kompisen jag hade med mig i bilen.

I samband med den märkningen inträffade en lustig händelse. Tjuren hade gått undan cirka trehundra meter och somnat in på en skogsbilväg. Just som han kom ut på vägen och somnade in kom en yngling cyklande från samhället. Denne stod alldels stum bredvid den fallna älgen när vi kom fram, och han bedyrade att det inte var hans fel att älgen hade dött!

Jakob var en tvååring med sex taggar. Året därpå hade han tio taggar. Under de båda följande åren hade han tretton taggar och vackra skovlar. Sista året var de ganska breda. Under fyra år uppehöll han sig inom ett område som mätte drygt tio kvadratkilometer. Men under brunsten det fjärde året hade han plötsligt flyttat på sig en dryg mil österut och där blev han skjuten.

Gång på gång under de här åren var Jakob ganska nära E4:an, men alltid på den norra sidan. Jag blev tvungen att märka om honom när han hade blivit av med båda öronmärkena. Jag hann göra etthundrafjorton observationer av Jakob, och han blev därmed den mest registrerade av alla mina märkta älgar.

Samtidigt med tjugoåttan och Jakob,öronmärkte jag en tvåårig tjur som också höll till på norra sidan av E4:an men något längre västerut. Denne märklige tjur uppträdde gång på gång i norra vägdiket längs en sträcka på ett par kilometer. Men aldrig på motsatt sida. Han var helt orädd för bilarna och människorna som stannade (trots stoppförbud) och klev ur för att fotografera honom. Men där gick gränsen för vad han ville tillåta. Han blev allt aggressivare och var mycket nära att sparka flera nyfikna bilister. Han höll med andra ord ordning på trafikanterna och hans arbetsnamn var självklart,"E4-polisen". Han blev noterad fyrtio gånger och fick som mest sex taggar.

Vid ett tillfälle stod han som vanligt i ett av dikena längs en byväg och åt på en sälgbuske när en gammal farbror kom promenerande förbi. Han såg inte älgen som stötte omkull åldringen men utan att skada honom. Nyköpingspolisen bad mig då att avliva tjuren. Jag sköt honom bakom örat på nära håll. Märkligt nog visade avräkningen som kronan fick från slakteriet att tjugo kilo skottskadat kött rensats bort. Eller var det särskilt märkligt?

Viol-projektet blev som sagt ett fiasko. För min del resulterade detta i att jag fick göra många intressanta iakttagelser som det skulle kunna skrivas en egen bok om. Det visade sig till exempel att bara var tredje eller fjärde tjur hade anlag för skovelhorn. De övriga hade rent cervina horn eller mellanformer. På många håll har man gått in för att spara tjurar som har mellan sex och tolv taggar. Detta måste vara fel. Det innebär att tjurar med cervina anlag får livförsäkring om de hinner få sex taggar. Ofta kommer de inte att få fler än högst åtta taggar, men de kan på grund av sin storlek och styrka komma att dominera aveln.

Som jag nämner i ett annat kapitel har jag aldrig sett korna samlas kring en sådan tjur. De söker sig till skoveltjurarna. Men dessa skjuts bort innan de nått den ålder de måste ha för att kunna betäcka många kor och föra sina anlag för skovelhorn vidare.

En annan iakttagelse var att vissa kor fick tvillingar år efter år, medan andra bara fick en kalv. Mellanformer fanns givetvis också. Enligt en genetisk expert kan man utgå från att anlag för tvillingfödsel nedärvs.

Borde vi då inte skjuta bort enkelkalvarna och deras mödrar i början av jakten och spara alla tvillingkor, deras kalvar och kvigor? Många kor har kommit att bli överåriga genom att vi skjutit en av de tvillingar som vi fått i skotthåll och sparat enkelkalvkor "för att kon skulle ha livförsäkring". De har kanske tidigare fått två kalvar, men orkar nu bara med en eller går i gall.

När man skjutit önskat antal kor måste man skjuta även en och annan tvillingkalv, men de kalvar som sparas bör vara just tvillingar. Om den metoden tillämpades skulle vi få fram en älgstam som gav högre produktion och bättre betalade den skadegörelse som älgar orsakar på ungtallskogen.

Vildsvinsjakt i Polen

Lindorm Liljefors brukade varje vinter delta i en vildsvinsresa till Polen. Vid två tillfällen bjöd han in mig att följa med som hans gäst på en sådan resa. Av olika skäl avböjde jag båda gångerna, dels hade jag ont om tid dels dåliga erfarenheter av liknande sällskapsjakter.

Inte så sällan finns det någon eller några bland deltagarna som blivit utsparkade ur sina jaktlag på grund av onykterhet eller genom att på annat sätt göra sig omöjliga. Råkar man ut för sådana jaktkamrater kan jakter av det här slaget bli helt förstörda.

Lindorm hade förståelse för mina synpunkter och hade kontaktat polska skogstjänstemän som han blivit bekant med. Med deras hjälp lyckades han ordna en "privat" jaktresa.

– Nu ska du med, ringde han och sa en dag. Vi blir fyra jägare. Det blir du, Knut von Essen, min måg och jag. Vi ska jaga med hjälp av några drevkarlar och en massa hundar, så detta kommer att passa dig. Jakten är i början av januari (1971) och håller på en vecka. Vi åker med min bil.

Visst passade jakten! Det blev en mycket lärorik resa med många oförglömliga minnen. Upplevelserna under den jaktveckan väckte mitt intresse för vildsvin som så småningom har kommit att bli ett av mina favoritvilt.

Jaktmarkerna där vi skulle jaga ägdes förstås av staten. Såväl skogssom jordbruksmarkerna förvaltades av tjänstemännen som var våra värdar. Vi bodde i en herrgårdsliknande byggnad och blev mycket väl mottagna. Det var en högre skogstjänsteman som hälsade oss välkomna och han deltog sedan också i jakterna. Så särskilt kunnig jägare var han uppenbarligen inte, men sådana brister kan ju förekomma hos högre skogstjänstemän även i vårt land. Han skulle i första hand fungera som värd och var klok nog att överlämna ledningen av jakten på en underordnad, kunnig tjänsteman. Denne visade sig vara både jägare och viltbiolog. Dessutom en mycket trevlig person.

När vi samlades tidigt på morgnarna mitt i byn, anslöt ett antal skogsarbetare som hade drygt ett dussin småhundar omkring sig. I hundarnas ådror flöt av allt att döma blod från småväxta terrier. Tre av de närmare tjugo hundarna kunde möjligen vara rasrena strävhåriga foxterrier. I de övriga fanns troligen främst border i bakgrunden. En av hundarna avvek och var ganska lik en stövare.

De små hundarna skulle fungera som stötande hundar och prestera korta drev. Den storväxte skulle då ta vid och driva mer envist.

Drevfolket och hundarna transporterades ut till jaktmarken i en mindre lastbil med kapell. De polska tjänstemännen åkte i en militärjeep och vi i Lindorms bil.

Unterförster Vitold Kovalczyk, vår jaktledare, ställde ut den ene jägaren efter den andre i första såten. Första jaktdagen fick jag det pass som låg längst bort och det passade mig perfekt. Vi såg visserligen inget vilt, men Vitold hade låtit mig förstå att han kunde stanna kvar hos mig under drevets gång om jag så önskade.

Utmärkt! Jag hade massor att fråga och att lära. Vitold kunde visserligen inte ett ord svenska och jag lika mycket polska. Men man kommer långt med teckenspråket och stora händer. Med penna och anteckningsbok kan man med enkla skisser fylla ut de luckor i teckenspråket som kan behöva täppas till. Om vi någon gång körde fast fanns en tolk som kunde hjälpa till när vi hade återsamling.

Vitold och jag trivdes utmärkt tillsammans och sökte oss till varandra så snart tillfälle gavs. Han kunde konsten att berätta om vilt i allmänhet och vildsvin i synnerhet. För mig var detta en helt ny viltart.Vitold var kunnig och hans stora beundran för den arten var inte att ta miste på. På min fråga om svinen åstadkommer stor skadegörelse lät han mig förstå att skadorna på åkrarna ibland kan bli besvärande. Men att detta uppvägs av den nytta svinen gör i skogen genom att pilla i sig massor av insektsägg, larver och puppor så snart en skadegörande insektsart visar massförökning. Under sorkår bökar grisarna upp gnagarnas gångar och äter upp såväl kullar av ungar som vuxna sorkar. Han påpekade också att grisarna genom sitt bökande i skogen är utmärkta markberedare som påskyndar förmultningen vilket gynnar tillväxten.

Redan i första såten fick vi bevis för att hundar som går för nära ett svin lever farligt. Småhundarna hade stött en galt och den drivande hunden hakade på. Galten flydde och kom rakt mot en av skyttarna som sköt ett skott framifrån (vilket man inte ska göra). Galten blev skadad och bröt ut ur såten. Vi hörde hunden skälla ståndskall som snart avbröts. Den kom tillbaka svårt skadad och dog följande natt.

Huruvida det gjordes något effektivt eftersök fick vi aldrig veta. Småhundarna var dock i god form och deltog med förtjusning och framgång i de följande jakterna.Vi fick många skottchanser i de viltrika markerna.Vid ett tillfälle såg jag en flock på ett fyrtiotal svin. Strax efteråt hade jag chans att skjuta en verklig storgalt. Den följde fyra fjolårsgyltor som sannolikt var brunstiga för annars hade galten uppträtt ensam.

Att skjuta en storgalt eller vuxen sugga kostade stora pengar så jag nöjde mig med att skjuta en av gyltorna. Dessutom sköt jag en annan ettåring vid senare tillfälle. Jag kunde också ha utnyttjat en rad halvchanser men avstod.

Jag hade inte fått klart för mig vem det var som ägde de pigga små hundarna. När vi samlades på morgnarna kom drevkarlar och hundar strömmande från olika håll. Hundarna blev utsatta för ganska omild behandling när de kastades upp på lastbilsflaket, men eftersom de var av terriertyp lät de sig inte bekomma. Den minsta av dem alla, den som mest liknade en border, var alltid särskilt angelägen att få komma med och snurrade kring benen på än den ene än den andre och tiggde om att få bli uppkastad på flaket.

Då vi samlades en av de sista dagarna hade redan alla hundförare tagit plats på flaket när den lille kom rusande. Han gjorde flera snabba varv runt lastbilen och skrek ut sin förtvivlan. Ingen brydde sig om honom. Bilkaravanen satte sig i rörelse med lastbilen i kön.

Väl framme vid den såt som skulle jagas av hoppade jag ur bilen och sprang fram till lastbilen för att se om min lilla favorit fanns med.

Drevkarlarna hoppade ner från flaket och kastade ner den ena hunden efter den andra men inte den lilla.

Plötsligt fick jag se ett snöigt och isigt bylte som ramlade ner från lastbilens reservhjul, vilket satt fastskruvat ovanför kardanaxeln. Det var min lilla gunstling som tagit plats där vid avresan. Den femtongradiga morgonkylan under den milslånga färden hade gjort honom alldeles stelfrusen. Hela huvudet var täckt av ett islager.

Jag borstade honom ren så gott det lät sig göras och stoppade in honom innanför min tjocka lodenjacka och varma ylletröja. Han skakade våldsamt under ett par minuter men föreföll därefter helt lugn under en kort stund. Så började han sparka ganska vilt, han blev tydligen rädd att missa första såten. Den hunden hade jag verkligen velat ta med mig hem men det gick givetvis inte att ordna.

Polenresan blev oförglömlig och mycket lärorik, tack vare Lindorm, de övriga i vårt sällskap och inte minst tack vare vårt värdfolk och då särskilt Vitold.

Resans starka upplevelser gav anledning till många tankar. I det fattiga Polen var det angeläget att hålla täta viltstammar av bland annat vildsvin. I vårt land ansågs det tjugofem år tidigare nödvändigt att på statens bekostnad anlita särskilda jägare för att utrota den lilla vildsvinsstam som etablerat sig på Linderödsåsen i Skåne.

På den tiden lagrades potatisen ute på åkrarna i så kallade jordstukor. Långa, små åsar byggdes upp av potatisen, omkring en meters höjd och något större bredd. Det hela täcktes med ett lager halm och ovanpå detta ett drygt decimetertjockt lager jord. I vissa fall täckte man med dubbla lager halm och jord.

Vildsvinen bökade hål i stukorna och försåg sig med potatis. Om inte ägaren var påpasslig kunde hela stukan bli genomfrusen och all potatis förstörd. Det hade säkert varit ganska enkelt att hägna in stukorna. Men det kunde man inte tänka sig utan i stället måste vildsvinen bort. Nu lagras potatisen inomhus.

Under de senaste århundradena har människor gjort många ingrepp i naturen som på sikt fått allvarliga följder. Dessa ingrepp har ofta syftat till att få fram ökade åkerarealer eller ökad avkastning. Det kan nämnas utdikning av våtmarker, kvicksilverbetning med rejäl överdos, besprutning mot rapsbaggar eller andra skadeinsekter som drabbar även nyttiga insektsarter och därmed också vissa fåglar. För de trevliga och harmlösa rapphönsen blev detta en fiende för mycket. Andra exempel är övergödning av åkrarna som har resulterat i allvarliga skador på såväl insjöar som större vatten.

Sedan andra världskriget har vi inte haft någon regering som med kunskap och allvar tagit itu med jordbruksfrågorna. Bönderna har inte vetat varken ut eller in.

I den trakt av Kolmården där jag nu bott i femtiosju år, härjades i slutet av 1800-talet stora arealer skog av nunnefjärilens larver.Träden blev kalätna och dog. Enorma värden gick till spillo.

I *Nils Holgerssons underbara resa genom Sverige* berättar Selma Lagerlöf om dessa insektshärjningar. Om skogvaktaren och hans hund Karr, om älgarna Hornkrone och Gråfäll. Min generation undervisades på detta pedagogiska sätt om vad insekter kan ställa till med. Man hade önskat att hon också berättat om att människorna några århundraden tidigare utrotade vildsvinen för att skydda jordbruket.

Om Kolmården hade haft en normal vildsvinsstam vid tiden för nunnehärjningarna skulle svinen sannolikt ha stoppat insektens massförökning. De skulle ha upptäckt den goda tillgången på larver och puppor och käkat upp godbitarna i sådan omfattning att katastrofen uteblivit.

Som alla jägare känner till inträffar då och då så kallade sorkår, när smågnagarna genom lämpliga väderleks- och andra förhållanden får särskilt goda livsbetingelser. De får många kullar med stort antal ungar i varje. Ungarna blir snabbt könsmogna. Tillgången på smågnagare ökar rekordsnabbt, i vissa fall blir de så många att maten inte räcker till och de börjar vandra till nya områden på jakt efter mat. Lämmeltågen är de mest iögonfallande och omtalade.

I skogsmark blir sorkförekomsten tätast i speciellt gräsrika områden och då i första hand i planteringar där plantorna nått en meters höjd eller ibland mer. Vintertid lever sorkarna främst av gräsrötter i ett sådant område.

Om det så blir ett kraftigt snöfall vid låg temperatur och marken täcks av ett djupt lager lössnö, saknar gnagarna möjlighet att vandra. Samtidigt är de skyddade mot ugglor, kråkor och andra fåglar i vars magar en sork passar bra. Till och med sorkspecialisten Mickel går bet. Om den röde hör genom snön var en sork håller till och gör sitt berömda luftsprång för att slå ner på den lilla läckerbiten, så hinner denna oftast fly innan räven lyckats gräva undan den lösa snön.

Snart har sorkarna förbrukat allt vad gräset har att ge. För att överleva måste de gnaga i sig barken på granar och andra plantor. När våren kommer torkar plantorna och det ser ut som om en skogsbrand gått fram.

I mina barndomstrakter kände de skogsägande bönderna till dessa förhållanden. De höstar det var massor av sork, hägnade de in trädplanteringarna med ett enkelt taggtrådsstängsel och släppte dit korna på senhösten. Gräset var för gammalt för att äta varför korna gick och gick och letade efter mat. Snart var nästan varje kvadratdecimeter av marken tilltrampad. De flesta sorkkullarna och en del vuxna sorkar blev ihjältrampade och deras gångsystem under markytan var raserat.

Min nye vän Vitold kände till vilka bekymmer vi kunde få av sorkarna i Sverige.

– Här i våra marker behöver vi inte bekymra oss, berättade han. Här bökar vildsvinen upp gångarna och äter upp såväl ungar som vuxna sorkar.

Idag känner vi till mångfaldens betydelse i naturen. Låt oss få tillbaka vildsvinen, en djurart som en gång i tiden hade stor betydelse för våra förfäders överlevnad.

Egen jaktmark och försöksområde

År 1984 fick jag möjlighet att arrendera jakträtten på en av bolagets skogsfastigheter, drygt femhundra ha. Min pensionering närmade sig så jag beslöt att utnyttja tillfället. Marken ligger en mil från vårt hem och är således lättåtkomlig.

I Kolmården med omgivningar fanns sedan ett antal år tillbaka ett flertal vilthägn och några av dessa med vildsvin. Om det var dessa hägn som läckte eller om grisarna kom från annat håll är säkrast att lämna osagt. Hur som helst såg jag redan hösten 1984 spår i ett mycket tunt snötäcke efter en senfödd kull vildsvin. Något fullvuxet djur hade inte funnits i närheten varför man kan befara att suggan blivit skjuten, och kultingarna förmodligen dukade under.

Följande sommar såg jag ofta spår efter en sugga med kultingar som troligen var födda i början av året. Under den följande vintern var trion flitiga besökare vid en foderplats för rådjur, och vände alltid genast upp och ner på den foderautomat jag satt ut. Den hade fungerat bra för rådjuren men var inte dimensionerad för vildsvin.

Foderplatsen fanns i närheten av ett torp som var uthyrt till sommarnöje. Jag var tvungen att varje gång dra pulkan med foder förbi detta torp, och önskade givetvis att jag själv kunde få hyra torpet och ha det som jaktstuga med foderupplag i uthuset.

Jag hade redan första sommaren försökt komma i kontakt med

hyresgästen för att få veta om han tänkte fortsätta att hyra stugan. Men när jag äntligen fick tag på honom var det för sent. Han hade visserligen sagt upp hyran, men ett ungt par från Norrköping hade redan hunnit ta över. Jag grämde mig för att jag inte passat på bättre.

När nu suggan och kultingarna hade blivit vana att få mat i närheten skulle det ha varit lämpligt att flytta deras foderplats fram mot stugan så att jag kunde sitta uppe på vindsrummet och studera svinen. Vitolds många berättelser om grisarnas klokhet, om deras sociala beteenden och så vidare hade väckt min nyfikenhet.

När våren närmade sig och snön smält bort tillräckligt för att jag skulle kunna ta mig fram till foderplatsen per bil, passerade jag torpet en lördagsmorgon. Då upptäckte jag att grisarna hade bökat upp hela den lilla snöfria gräsmattan invid stugväggen.

Om de nya hyresgästerna kom på besök för att ta stugan i besittning skulle de upptäcka att djur av något slag hade ställt till oreda alldeles inpå huset. Var de här ungdomarna lika rädda för de ofarliga djur som finns i våra skogar som stadsbarn ofta är, skulle de kanske ångra att de hyrt en stuga ute i vildmarken.

Så när bolagets kontor öppnade på måndagsmorgonen ringde jag direkt till den tjänsteman som skötte uthyrningarna och berättade vad jag sett. Jag framförde min teori om stadsbarn och vilda djur, och underströk mitt fortsatta intresse att få överta hyreskontraktet. En stund senare ringde han. Grisarna hade ordnat kontraktet åt mig, och jag var välkommen till bolagskontoret för att skriva under hyresavtalet på fritidsbostaden Hisse.

När den siste bonden hade gett upp efter andra världskriget planterades tegarna kring torpet med skog. Ladugården är borta men stuga och en bod står kvar. Ett drygt tunnland kring husen hade fått förbli öppen mark. Ett trettiotal meter från stugan byggde jag en liten utfodringslada och en foderautomat, och snart hade grisarna hittat den nya matplatsen. Under ljusa kvällar och nätter kunde jag nu sitta vid vindskammarens fönster och betrakta deras förehavanden.

På senvintern försvann suggan men de båda döttrarna fanns kvar. Då och då visade sig också en ganska stor galt. En gylta blir könsmogen så tidigt att den föder sin första kull redan då hon är ett år. Men antalet kultingar är oftast litet. Den ena av de två gyltorna födde två kultingar i februari, den andra fick en kulting i april.

Jag fortsatte att mata mina skyddslingar som besökte platsen nästan varje kväll ändå tills blåbären mognade. Då övergick de i huvudsak till bärdiet. Det förhållandet har för övrigt fortsatt även sedan vildsvinsstammen kraftigt ökat. När det finns god tillgång på bär, diverse grönt, insekter, maskar och så vidare, har intresset svalnat för det jag serverar på foderplatserna. Först när vegetationsperioden är slut blir fodret begärligt igen.

I slutet av september besökte vildsvinen kväll efter kväll torpets foderplats. De hade då att välja mellan spannmål av olika slag, äpplen, krossade ägg (som jag fick från en varuhuskedja), hushållsavfall med mera. Under älgjakten försåg de sig med stor förtjusning med slaktavfall. Men den menyn passade naturligtvis även kråkfåglarna. En och annan örn kom också på besök. Vråkarna passade på att stoppa i sig inför flyttningen och även duvhökar kom för att kalasa.

Jag försökte givetvis att hålla efter kråkfåglarna såväl med hagelbössan som med fällor. Nötskrikorna bar sin vana trogen med sig mat och gömde den i skogen. Med två års mellanrum såg jag när en duvhök försökte slå en nötskrika som fångats i en dansk skatfälla. Höken blev fast i ett av fångstrummen. Eftersom den var ringmärkt kunde jag konstatera att det var samma individ vid båda tillfällena. Ringmärkningscentralen fick de uppgifter den skulle ha.

Bland vildsvinen råder en ganska enkel rangordning. Högst på skalan står de stora galtarna. Inom grupper av suggor med kultingar brukar den äldsta suggan vara ledare. Kultingarna står lägst på skalan. Inom den första lilla gruppen svin jag bekantade mig med, var den sugga ledare som fick två kultingar och assisterades av den andra.

Bland de tre kultingarna var den galtkulting som var ensam i sin kull tuffare än de båda systrarna i andra kullen. Men när den store galten kom på besök måste de övriga i gruppen hålla sig borta från foderautomaten för han ville inte bli störd.

På senhösten kom en ny galt, sannolikt en treåring, in på scenen vid foderautomaten. Han återkom då och då men försvann alltid så snabbt han kunde när den större galten visade sig.

När sedan blåbären mognade det året försvann som vanligt vildsvinen från torpet. Vid något enstaka tillfälle gjorde de en tillfällig visit, och den blåsvarta spillning de lämnade efter sig visade tydligt vilken diet de föredrog. När blåbärssäsongen var över och vetet skördat på traktens gårdar kom de tillbaka till min foderplats.

I slutet av december kom en decimeter snö lagom tills det blev fullmåne. Den tjugosjunde hade jag för första gången med mig studsaren när jag satte mig till rätta vid vindskammarens fönster. Suggorna och kultingarna kom fram och började äta nästan med en gång, och borde väl i stort sett ha varit mätta när den store galten anlände. Gruppen försvann omedelbart och hade hunnit något hundratal meter då galten snyggt ställde upp sig med bredsidan mot mig. Jag öppnade försiktigt fönstret, riktade hårkorset mot hjärtats överkant och lät skottet gå. Galten startade så blixtsnabbt som bara vildsvin kan och var försvunnen efter ett par sekunder.

På den upptrampade foderplatsen hittade jag varken hår eller blod, men jag visste att kulan träffat där den skulle. Trots att jag bara såg enstaka blodstänk tvekade jag inte att krypa in under de täta granarna dit hans långa språng ledde. Om jag varit osäker på mitt skott hade det varit klokast att vänta till gryningen.

Hundrafemtio meter från skottplatsen hade galten kolliderat med en gran. Den plugg av fett som hade täppt till ingångshålet och stoppat blodflödet lossade när galten törnade mot. En röd rand ledde till galten som låg död tio meter längre bort.

Om man använder ett klent rep med lämplig ögla i den ena änden och gör en snara som dras runt underkäken bakom betarna, går det ganska lätt att släpa även en stor galt på ett tunt snötäcke. De glatta täckhåren gör att det blir bra glid mot snön. Så det gick bra att släpa den fram till bilen men det var lite jobbigare att lyfta in den i bagageutrymmet. Har man lite erfarenhet av att lasta vilt går det även att klara en galt utan hjälp.

När jag flådde galten såg jag att kulan (30-06) hade stannat mot huden på utgångssidan. Vid ett första påseende kanske det kan anses anmärkningsvärt eftersom avståndet bara var tjugofem meter. Men har man flått en storgalt och sett de vuxna galtarnas tjocka brosksköld över bröstkorgens båda sidor, förstår man att kulan mött rejält motstånd. Skölden är avsedd att skydda mot rivalens knivskarpa betar vid brunststriderna och har även kapacitet att bromsa upp en studsarkula.

Trots att suggorna och kultingarna var en bit bort när skottet gick, blev de uppenbarligen ordentligt skrämda. Under den närmaste tiden visade spåren att de gång på gång varit framme och stått och trampat under granarna ganska nära foderautomaten, men inte vågat gå fram för att äta.

Om jag hade anat att det skulle dröja så länge som det gjorde innan de vågade sig fram, hade jag lagt ut foder i skogskanten och undan för undan lagt det närmare automaten. Nu dröjde det faktiskt tre och en halv månad innan de vågade sig fram igen. Om det funnits fler grupper på min jaktmark och några av dem inte varit i närheten då skottet gick, hade dessa inte varit skrämda och därför gått fram till fodret. I så fall hade de skrämda svinen säkert vågat ansluta sig till de som åt.

I slutet av februari följande år var det dags för den något större suggan att visa upp sina fem nya kultingar. I samband med detta fick hennes båda fjolårsdöttrar ansluta sig till henne och sina nya småsyskon. Deras "halvbror" hade redan utvandrat till kringliggande marker. Den andra suggan hade också fött sin nya kull, den var lite senare. När hon kom till foderplatsen var hon angelägen att få äta sig mätt så snabbt som möjligt för att kunna återvända till boet och sina småttingar.

Ett par veckor senare fick hennes tre småkultingar följa med till matbordet. Det var uppenbarligen första gången de två kullarna möttes. Ett vilt slagsmål utbröt och alla kultingar slogs med alla för nu skulle rangordningen fastställas. Snart visste man något så när vem som var starkast. Slagsmålet ebbade ut och de ägnade sig åt att dia eller rota i det utlagda fodret.

Men två kultingar, en galt ur vardera kullen, var ordentligt osams. När de inte orkade bråka längre föll de ihop. Flämtande låg de sida vid sida och vilade. Men så gick tydligen gonggongen för nästa rond som pågick tills de blev slut igen, och det var dags för ny vila. Detta upprepades gång på gång utan att någon segrare korades. Även i fortsättningen måste de då och då ta en omgång med varandra.

En grupp rådjur hade dittills försett sig med foder från automaten som stod tjugofem meter från stugan. För att alla skulle få plats hade jag börjat utfodra svinen i två hoar. Den ena fick stå alldeles intill stugans gavel rakt nedanför mitt utkiksfönster, den andra ställde jag några meter bort. I och bredvid hoarna serverade jag inte bara vegetarisk kost utan även animalisk föda som slaktavfall, strömming och annan fisk samt döda höns med mera.

Varje kväll försökte jag ha en höna med mig för att lägga ut mellan hoarna och automaten. Den var avsedd för en gammal tvärstrimmig duvhök som kom i skymningen. Det tar en stund för en duvhök att plocka ett byte tillräckligt rent från fjäder för att kunna börja äta. Sedan tar det en viss tid att fylla krävan. Innan han var mätt hade svinen vanligen anlänt. Först kom de åtta kultingarna i hög fart och började äta med en gång, och strax efter kom suggorna och de båda gyltorna.

När kultingarna var mätta började de båda tuffa pojkarna hitta på rackartyg. De brukade gå fram till duvhöken som satt på sin höna och slet småbitar ur bröstköttet, men höken visade inte ens att han såg kultingarna. Han kände sig trygg. Ett par utfall från tuffingarna blev alltid resultatlösa.

För dessa smågrabbar såg rådjuren stora ut, en gemensam raid kanske kunde resultera? Rådjuren slutade äta, drog sig undan några meter och avvaktade. Det verkade lovande så de båda kultingarna satte ny fart rakt mot dem. Rådjuren studsade iväg med kultingarna tätt efter och de försvann en liten bit in i skogen innan grabbarna återvände. I vild glädjeyra över den lyckade raiden jagade de varandra ett par varv runt automaten och kom då på nytt närmare duvhöken. Men han lät sig inte bekomma och alldeles inpå honom vågade de sig inte utan återvände strax till sin ho för att äta.

När magen började bli full med torrfoder ville kultingarna läska sig med lite modersmjölk. De gick fram och börja dia modern, som i vissa fall på suggors vis lade sig platt på marken och lät kullen förse sig. Det hela brukade sluta med att någon kulting som var mätt klättrade upp på suggan och började leka. Deras upptåg kunde ibland vara ganska skrattretande, och goda vänner jag hade som gäster var alltid förtjusta över föreställningen.

Treårsgalten kom ibland på besök och då lämnade suggorna genast plats för honom. Om han hade valt att äta ur någon av hoarna gick de snällt till den andra eller automaten.

En kväll då gruppen som vanligt stod och åt ur hoarna började suggorna plötsligt lyssna ut mot skogen. Något stort och svart närmade sig. En ny storgalt! Ledarsuggan röt till och alla rusade blixtsnabbt iväg med nykomlingen tätt efter.

Fem minuter senare återvände hela sällskapet inklusive storgalten. Han tog plats vid en av hoarna men suggorna eller gyltorna fick inte komma i närheten. Om de närmade sig gjorde han utfall. Kultingarna däremot krälade kring trynet på honom. Han rörde dem inte. Men hade det varit nödtider vet man inte hur det hade gått.

Eftersom jag var angelägen om att studera svinen från stugfönstret utfodrade jag dem hela året runt. Detta, jämte mycket försiktig avskjutning, bidrog givetvis till att stammen ökade mycket snabbt under de tre första åren jag hade Hisse. Snart kunde jag inte känna igen alla individer som visade sig. Men jag ville ändå få ytterligare kunskap om artens beteenden och sociala egenskaper.

Redan efter två år som vildsvinens fodervärd beslöt jag att begära Naturvårdsverkets tillstånd att fånga kultingar för märkning i fällor jag själv konstruerade. Tillståndet kom 1989. Då fanns bara två kullar om vardera fyra kultingar, och dessa kunde snabbt prydas med märken av samma sort som man använder för får.

Året därpå fångade jag sjutton kultingar och försåg dessa med märken. Då började vissa bönder i trakten knorra över att jag utfodrade "de där odjuren", varför jag sommaren 1991 avstod från märkningen. Men då kom andra bönder och bad mig fortsätta med det. De menade att vare sig de tyckte om en vildsvinsstam eller inte, var det givetvis värdefullt för alla berörda att få så goda kunskaper som möjligt om arten.

Jag fortsatte märkningarna och 1992 blev fyrtiotre småttingar försedda med gannlåt i öronen, och året därpå märktes sextiosex. Resultaten dittills avspeglar ganska väl stammens tillväxt. 1994 lade jag ner mindre tid på märkning och resultatet blev trettiotre märkta. 1995 märktes sextiotre, 1997 fyrtiofem och 1998 fyrtiotvå. Fram till dess hade jag märkt 318 kultingar. Runt 1993 tycks markerna varit mättade på vildsvin och alla övertaliga utvandrade. Under sommaren 2000 har jag märkt ytterligare 44 kultingar och är nu uppe i totalt 362 märkta.

Fångar man vilt i vetenskapligt syfte är det givetvis angeläget att de djur som fångas inte blir stressade eller att de skadas i fällorna. Fällorna jag använde för att fånga kultingar var konstruerade så att bara en i taget skulle fångas. Därför satte jag ut många fällor bredvid varandra och bevakade hela tiden fångsten från stugans fönster.

När hela gruppen av kultingar fångats, eller alla fällor var fyllda, släppte jag först ut de som redan var märkta. Vissa kultingar gick gång på gång i fällorna och kunde bli så vana vid hanteringen att de med ganska stort lugn lämnade mig när de frisläppts.

Med kikare från stugans fönster kontrollerade jag numret på varje kulting. Jag kunde sålunda förvissa mig om att så gott som samtliga återkom till märkningsplatsen. De kultingar som föddes på hösten ägnade sig flitigt åt gyttjebad och smutsade ner sina märken så grundligt att siffrorna blev oläsbara tills de tvättats. Man fick passa på efter ihållande regn.

När jag plockade ut kultingarna ur fällorna och de kände att de var fasthållna, hände det att de skrek i förtvivlan över att inte komma loss. Det kunde vara ganska spännande särskilt om fångsten skedde på hösten då det ofta hunnit bli mörkt innan det var dags att vittja. Vid en av mina fångstplatser fanns en tät unggran bara några meter bort. Skulle någon av suggorna vara så modig att hon vågade sig på ett fritagningsförsök? Särskilt i början kändes det tryggt att ibland ha Jonny och Håkan som intresserade medhjälpare. Men ett oskadat vildsvin har respekt för människan. Det hände att suggorna gick omkring och blåste eller bara röt några meter bort, men de vågade aldrig fullfölja ett anfall. Visst var det spännande ändå.

En vanlig sommarnatt kunde det samtidigt finnas femtiotalet vildsvin i blandade åldrar. Det hände att en sugga bestämde sig för att just nu måste alla i min familj vara mätta, då gick hon undan en bit och lät höra lätet för samling. Nu lossgjorde sig en rad kultingar från olika grupper av svin. Alla rusade iväg till morsan som kallade. Alla utom en. Den kultingen kanske som bäst höll på med att bråka med en jämnstark kusin och hörde därför inte sin mammas lockrop.

När kultingen en stund senare upptäckte att den blivit lämnad ensam kvar, ringade han området som en skicklig stövare. När han träffade på morsans spår följde han detta snabbt och säkert. Hade hon stannat upp och fortsatt i en helt annan riktning, försprang sig kultingen bara några meter och var sedan på rätt spår igen. Detta trots att hela området var genomkorsat av färska vildsvinsspår, varav en del färskare än moderns.

När en grupp vildsvin förflyttar sig genom markerna använder de sig av grymtningar som sambandssignaler. Små kultingar är särskilt pratsamma. När små eller stora grisar slåss om mat hörs ofta gälla skrik, precis som när två galtar slåss om en brunstig sugga.

Som varningssignaler används dels ett frustande ljud som betyder att den frustande grisen anar fara. Den signalen behöver inte betyda att det gäller att fly. Men om den upptäckt att det till exempel finns en människa i närheten ryter den till och alla grisar försvinner blixtsnabbt in i skydd.

Man kan också konstatera att på den plats där den gris befann sig då den frustade eller röt, ligger en speciell vittring kvar. Om en jägare sitter på marken eller i ett torn vid en foderplats och en ledarsugga anar "ugglor i mossen", brukar hon gå en lov runt den plats där hon konstaterat att det sitter en människa. Då kan den frusta hela tiden. Ibland kan hon gå flera varv runt en sådan plats innan hon med ett rytande får alla svin som finns inom hörhåll att lämna området. Andra grisar som kommer till samma plats flera timmar senare, tvärvänder vid suggans spår. Det dröjer oftast upp till en vecka eller mer innan det blir normal foderåtgång på en sådan plats.

Vid ett tillfälle hade en äldre sugga fem kultingar och åtföljdes av två fjolårsdöttrar. Strax efteråt kom hennes två år gamla dotter med sina egna tre kultingar. När den äldre suggan hörde att dottern kom med sina små, lämnade hon och fjolårsgyltorna foderhon och gick dem till mötes. De fyra hondjuren stod i kanske tio sekunder i en ring och tycktes fatta ett beslut. Detta innebar att en av gyltorna skulle vakta de åtta kultingarna, medan de övriga hondjuren besökte en foderplats som låg ett par kilometer bort ute vid en åkerholme. Dit ansågs det tydligen vara för långt för att ta med småttingarna.

"Storasyster" stannade hos de små och åt sig mätt. När även de små var mätta lade sig gyltan ner och kultingarna kröp ihop i en hög och vilade tätt tryckta intill henne tills de tre damerna kom tillbaka. Då promenerade hela gruppen iväg till de legor som de inte skulle lämna förrän nästa kväll.

I det här fallet skulle en jägare ha kunnat sitta och vakta vid den andra foderplatsen och sett tre vuxna svin vandra över åkern mot foderplatsen. Då inga kultingar synts till efter en timme skulle han i god tro kunnat skjuta dubblé på två digivande suggor. Jägaren skulle inte haft någon möjlighet att hitta kultingarna som snart skulle ha dukat under.

Märkningarna visade att en stor procent av kultingarna sköts innan de fyllt ett år vilket är det rätta sättet att beskatta en vildsvinsstam. Så gott som alla sköts inom ett avstånd av en halvmil från märkningsplatsen.

Då galtarna fyllt ett år och började bli könsmogna gjorde de allt längre vandringar i omgivningarna och uppträdde oftast ensamma. Rapporter om märkta galtar som skjutits droppade med tiden in från allt längre avstånd. En hade vandrat nittiofem kilometer (fågelvägen) när den sköts vid Motala. En annan galt påkördes vid Askersund, som ligger ännu längre bort från märkningsplatsen.

I vilken utsträckning småviltarterna påverkas av en tät vildsvinsstam är svårt att uttala sig om. Jag kunde konstatera att när antalet svin var litet i den trakt där jag har min jaktmark, var grävlingar i alla åldrar flitiga besökare på mina foderplatser. De brukade infinna sig kort efter solnedgången och förság sig av den mat jag lagt ut åt vildsvinen, och uppträdde så tryggt som grävlingar gör. När vildsvinen dök upp makade sig grävlingarna lugnt åt sidan.

Sedan vildsvinsbeståndet ökat kraftigt ser jag inga årsungar av grävling vare sig på foderplatserna eller på annat håll i min jaktmark. Vuxna grävlingar kan komma men uppträder numera mycket nervöst, och när de hör att grisarna kommer sätter de högsta fart mot närmaste gryt.

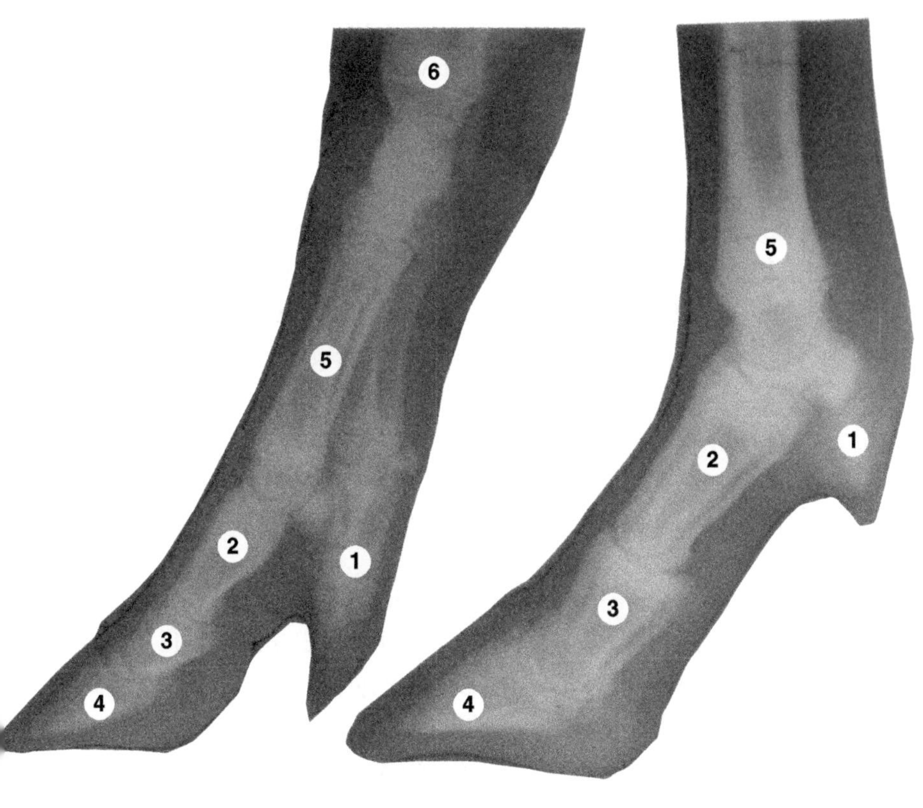

❶ Lättklöv

❷ Kotben

❸ Kronben

❹ Klövben

❺ Mellanhandsben

❻ Handlov

Det kan vara svårt att skilja på spår efter kronhjort och vildsvin. Observera att kronhjortens lättklövar saknar stöd från mellanhanden (5), medan vildsvinets långa lättklövar, troligen på 2 och 5, stöds av var sitt kraftigt mellanhandsben. Notera även avståndsskillnaden mellan lättklövarnas spets och markplanet. (Foto: Veterinär Bengt Röken)

Vad har hänt? Har vildsvinen lärt sig att döda grävlingar? Har de i så fall gjort detta för att äta upp dem, eller vill de ta bort en konkurrent om födan? Är det en viss individ som dödar grävlingar eller är detta en vanlig företeelse i denna täta vildsvinsstam? Det bör påpekas att utanför den här vildsvinspopulationens utbredningsområde finns en tät grävlingsstam med normal sammansättning.

Jag tar för givet att vildsvin äter ägg från markhäckande fåglar som de träffar på. Små harungar de hittar går samma väg. Men jag har inte märkt några förändringar i fågel- eller harstammarnas storlek.

En nyfödd rådjurskilling blir säkerligen uppäten om den påträffas av vildsvin, men det förefaller som om detta sällan händer. På min jaktmark är antalet killingar per get lika stort idag som innan vildsvinen kom.

En storväxt get, med ovanligt klart markerade strupfläckar, kunde jag vid ett flertal tillfällen se beta på ängen invid stugan. 1992 hade hon tre killingar året efter fyra, vilket är ganska ovanligt. 1994 hade hon på nytt trillingar, men blev den hösten skjuten på en grannmark. Under de tre åren klarade hon sålunda alla dessa småttingar i ett område där vildsvinsstammen var ovanligt tät.

Vildsvinen är kloka djur och utrustade med otroligt effektivt luktorgan. Hörseln är också mycket god medan däremot synsinnet är medelmåttigt. Deras försiktighet gör att de är ganska svåra att överlista.

När uppstötta svin söker sig över till lugnare områden håller de oftast makligt tempo inne i snåren. Men om de ska passera en öppen plats, en väg eller en upphuggen gata, stannar de ofta i tätningen och undersöker om det kan innebära fara att passera gläntan. Plötsligt sätter de full fart över den öppna platsen. Står man på pass gäller det att snabbt välja ut en kulting och hålla fram ordentligt.

Kulan bör helst träffa rakt över frambenen där kotpelaren går djupt ner, och det finns ett ganska stort område där en kulträff innebär att det påskjutna djuret blir kvar på platsen. Man ska alltså träffa längre fram än man är van att sikta då det gäller att träffa ett hjortdjur, och längre fram än när man vill träffa tian på den mycket diskutabla vildsvinsfigur som används på skjutbanor.

Träffar man bakom bogvecket och under ryggraden brukar den skadade grisen gå undan mycket längre än ett hjortdjur som blivit träffat på samma ställe. Ett vildsvin bara går och går. Det kan stanna upp och lägga sig någon minut men är snart uppe igen och försöker fly vidare. Avståndet mellan skottplats och lega kan vara en halvmil. Huvuddelen av avskjutningen måste förläggas till senhöst och förvinter om man vill förhindra att ställa till med tragedier.

För att få jägarna att lyssna måste man uppenbarligen gång på gång upprepa att ur en grupp vildsvin ska man alltid välja ut en kulting som nått den storlek och ålder, att den nyss fått den mörka vuxenfärgen eller den bruna färg kultingen får då ränderna har försvunnit eller håller på att försvinna.

Lika angeläget tycks det vara att gång på gång upprepa, att det är onormalt om en vuxengalt finns med i en grupp vildsvin där samtidigt kultingar förekommer. Skjuter man gruppens största svin i tron att det är en galt, inser man snart att man skjutit den största suggan.

För vildsvinsjakt har man i vårt land använt och använder hundar av flera olika raser. Jag har sett många sådana i arbete. Enstaka hundar har visat sig vara fullt användbara medan andra varit stora frågetecken.

Vissa uppfödare har korsat olika raser. Man har till exempel korsat wachtelhund och gråhund i förhoppningen att få avkommor som har gråhundens envisa ståndskall och wachtelhundens benägenhet att avbryta förföljandet av en flyende gris och återvända till husse. I vissa fall tycks uppfödarna ha lyckats bra.

Av de många "vildsvinshundar" jag sett är det bara någon enstaka som jag skulle vilja vara ägare till. Själv har jag bara använt en gråhundstik. Hon var injagad på älg men fick vildsvin som sitt favoritvilt. Såväl på älg som vildsvin stod hon gärna ett tiotal meter från det djur hon skällde på och alltid på det tilltänkta bytets läsida.

Om en hund uppträder på så sätt är chansen betydligt större att såväl älg som vildsvin stannar på upptagsplatsen, än om hunden går närmare eller rör sig fram och tillbaka. När jag försiktigt närmat mig har tiken alltid stått och skällt mot täta snår där svinen varit väl gömda.

När jag kommit upp vid hennes sida har hon gått närmare och trängt sig in i snåren. Detta har resulterat i att ledaren för vildsvinsgruppen, nästan alltid en stor sugga, gjort en rusning mot tiken som då snabbt retirerat förbi mig med suggan tätt i hasorna.

En sådan situation hör till de mest spännande man kan få uppleva vid jakt i vårt land. Det gäller att ha is i magen. Men suggan anfaller inte om hon inte är skadad. Man behöver bara ta ett par steg åt sidan och tala om vem man är. Suggan tvärkastar och flyr. Om vildsvinsgruppen bestått av sugga med kultingar tittar snart någon kulting fram och man kan avsluta jakten på det sätt man önskat.

Om en eller flera suggor brunstar består gruppen ofta av enbart vuxna svin. Då brukar det istället för en kulting vara galten som kommer fram för att se vart suggan tog vägen, och skottet får gå. Då kan man få betar att sätta på väggen. Och man får massor av kött som smakar så vedervärdigt, att det inte finns tillräckligt med brännvin i hela Svealand för att det skulle kunna gå att skölja ner en enda tugga. En kulting på tjugo kilos slaktvikt ger däremot det läckraste viltkött man kan få. Det påstås att om man i liten mängd maler med av storgaltens kött så får korv en pikant smak. Fan trot!

Jag tror att man kan komma att behöva experimentera en hel del med olika hundraser för att få fram sådana vildsvinshundar som passar vårt lands förhållanden. Skulle jag själv försöka få fram en hund som passade mitt sätt att jaga, skulle jag vilja börja med en lugn och lättdresserad gråhundsvalp med bra spänst och dressera den så att den kunde gå okopplad bredvid mig vid de tillfällen jag fann detta lämpligt.

Om jag satte den att följa ett spår efter en skadad gris, skulle hunden gå försiktigt framför mig och alltid hålla sig inom synhåll. Men om grisen plötsligt sprang undan skulle den på kommando rusa efter och attackera tills grisen stannade. Då skulle den omedelbart avbryta attacken och ställa sig så nära att den hade grisen under kontroll, men på så stort avstånd att grisen inte försökte gå till motattack.

En snabb spetshund brukar snart få ett vildsvin att stanna även om svinet är skadat.Vildsvinen är oerhört snabba en kort sträcka men de är inte några uthålliga långlöpare. Om en gris märker att den inte hinner undan brukar den snart trycka. Och då helst i täta snår eller i vass.

Att jag vill ha hunden till att smyga lös framför mig beror givetvis på att det kan vara farligt för såväl hund som husse att föra hunden i koppel. För att inte tala om lång lina!

Eftersöket försvåras av att fettklumpar ofta täpper till sårkanalen och stoppar blodflödet. Det har sålunda stor betydelse att eftersökshunden inte bara är lärd att kunna följa blodspår. Den måste ha lärt sig att vittringen av ett skadat djur även i övrigt avviker från det normala.

Hunden måste vara mycket spårnoga och bör vara lärd att envist följa vittringen av just den individ vars spår föraren satt den på. I ett virrvarr av spår sätts ofta såväl hundens som förarens skicklighet på betydligt svårare prov än vid spårning av skadade djur av andra arter.

Här till kommer att ett skadat vildsvin i likhet med en skadad björn kan gå till anfall mot såväl hund som människa. Anfallet kan komma snabbt och överraskande. Inte bara en galt, utan även en sugga och till och med en kulting, kan tillfoga en förföljare allvarliga blessyrer.

Kronvilt

När Gustav III år 1789 påbjöd att rätten till jakt skulle vara förenad med äganderätten till jord, inleddes en hänsynslös förföljelse av en rad arter. Redan på 1830-talet blev kronviltet och rådjur helt utrotade så när som på några gods i Skåne, där ägarna såg till att de båda arterna fick en fristad.

Sedan vettigare bestämmelser så småningom infördes spred sig rådjuren åter över stora delar av landet. Kronviltstammen tilläts däremot inte att öka eftersom artens skadegörelse i Skåne hade blivit mycket omfattande.

I början av 1950-talet fick jag tillfälle att för första gången se kronvilt i frihet i just dessa skånska trakter. Jag förvånade mig över att de skånska adelsmännen överhuvud taget uthärdade att se den enorma skadegörelse som uppkommit i denna för kronvilt så olämpliga biotop. Den svenska jägarkåren har all anledning att högakta dessa skånska markägare för deras uppoffringar.

Bakgrunden till att jag använder benämningen "kronvilt" är följande. Språkforskare har påpekat att Carl von Linné vid sin skånska resa kom i tillfälle att se en kronhjort, och att han blev oerhört imponerad. Eftersom Linné talade om att han sett en "kronhjort" bör man använda den benämningen på det vuxna handjuret. Man kan misstänka att han aldrig kom i tillfälle att se "hindar" eller "smaldjur". Hade han gjort det skulle han sannolikt ha tjusats av deras elegans och skrivit om detta. Inte minst då smaldjur ibland uppvisar rörelser som påminner om vad man på ryttarspråk kallar piaff. Jag undrar om det finns något däggdjur som i fråga om skönhet och elegans kan mäta sig med vad en ung kronhind kan uppvisa.

Forskarna kan använda sig av vilka benämningar de vill, men vi jägare bör tala om "kronvilt" annars skapar man förvirring (I Nationalencyklopedin står också korrekt att "kronvilt" är en term jägare använder.) Antag att en jaktledare vid en älgjakt ger order om vilka älgar som får skjutas och tillägger: "idag skjuter vi dessutom kronhjort men bara kronhjorthindkalv". Ingen jägare skulle förstå vad han menade. Om ordergivningen istället är:"idag skjuter vi även kronvilt men bara hindkalv" så missförstår ingen.

1948 skrev Bengt Berg en artikel i Svensk Jakt där han påpekade att kronviltet finns på fel ställe i landet. Biotopen (Skåne) är inte lämplig för arten. I de skånska granåkrarna blir skadegörelsen mycket omfattande. Han framförde tanken att om man planterade in kronvilt i Kolmården så skulle barkflängningen av gran utebli eftersom det där finns annan och lämpligare föda att tillgå.

Svenska Jägareförbundet beslöt då att ett kronvilthägn skulle byggas vid Hunneberg, och för att få in pengar till detta bildades Kronhjortsfonden. Avsikten var att de som så önskade skulle kunna få köpa avelsmaterial från Hunneberg. Uppfödningen blev dock mindre lyckad. Om detta berodde på undermåligt material, otur eller oskicklighet kan diskuteras. De som väntade på att få köpa avelsmaterial, däribland Holmens Bruk, fick vänta förgäves.

1959 tog Västerås Stadspark kontakt med Holmens Bruk. Stadsparken hade ett stort kronvilthägn där det började bli för många djur. Ursprungsmaterialet i den uppfödningen var en kronhjort av skåneblod och hindar från Bengt Bergs uppfödning i Blekinge. Christian von Sydow sa att han ville lämna något efter sig i de marker där han haft så många härliga jaktupplevelser. Ett avelshägn skulle byggas i anslutning till vår bostad. Han satsade själv på vår uppfödning genom att plocka fram en rejäl grundplåt ur den egna fickan.

Arbetet med hägnet kom snabbt i gång. De jagande skogsarbetarna bidrog med arbete under en fridag. Från Västerås köpte vi en medelålders hjort, en spetshjort samt några hindar. Efter något år underkände jag hjorten och vi köpte en ny västeråshjort med bättre horn. Vårt val av utplanteringsmaterial fick kritik från vissa "sakkunniga" förespråkare för det skånska kronviltet, och jag själv utsattes nästan för vad man skulle kunna kalla förföljelse.

Det var känt att vuxna hjortar ger sig ut på mycket långa vandringar efter brunsten. Norska hjortar hade någon gång visat sig i Västergötland, och årligen förekom norska hjortar på olika håll i Värmland. En norsk tolvtaggare hade vandrat till Vittangi som ligger cirka sextio mil från närmaste norska bestånd.

1947 var ett torrår med mycket lågt vattenstånd på många håll, och då hade en stor hjort fastnat i blåleran i en av Hornborgarsjöns kanaler och inte lyckats ta sig upp. Enligt Lennart Wingstrand, min rumskompis på Öster-Malma, hade hans bror (zoologiprofessorn) ansett att det varken var en norsk eller skånsk hjort. Enligt hans uppfattning var det en av de hjortar som rymt från Bengt Bergs uppfödning. Trots alla dessa bevis på hjortarnas vandringar höll de "sakkunniga" i sin blåögda tro, fast vid att det skånska kronviltet var fritt från all inblandning av främmande blod. Det gick så långt att man hävdade att alla frilevande bestånd utom de som tillhörde nominatrasen skulle utrotas.

Svenska hjortdjur var ett förnämligt bokverk som gavs ut 1958. Där slog man fast att i en hjortdjursstam måste det finnas fullt utväxta handjur i tillräcklig omfattning. Saknas den sammansättningen försämras beståndets kvalitet mycket snabbt. Med denna kunskap måste det anses synnerligen märkligt att vi idag har färre haremsbildande hjortar och älgar än på 1950-talet.

Styrande politiker, Naturvårdsverket och Svenska Jägareförbundet har verkligen ett stort ansvar i denna fråga. Varför har man inte sett till att det införts tillräckliga begränsningar i rätten att skjuta handjur? Varför har det varit mer eller mindre fritt fram då det gäller småmarker där ägarna av snikenhet eller annan orsak, inte har velat samarbeta med jaktgrannarna för att gemensamt bygga upp lagom stora och livskraftiga stammar?

När det gäller kronvilt är det rätt att man inte tillåter att det bildas fasta bestånd i vidsträckta slättbygder där det bara finns mindre skogsområden. I sådana trakter saknas tillgång till den näring som arten behöver vintertid.Vi vet att starka hjortar, såväl yngre som äldre, lämnar de ganska bofasta hindarna efter brunsten och mer eller mindre tillfälligt visar sig något eller några tiotals mil bort. Därför skulle det vara förbjudet att skjuta handjur som tillfälligt råkar uppehålla sig i områden där arten ska förhindras att bilda fasta bestånd. Däremot ska de smaldjur skjutas bort som i vissa fall kan följa en eller flera vandrande hjortar.

När Bengt Berg hört att vi planerade att återinplantera kronvilt på bolagets mark, inbjöd han mig till Eriksberg i Blekinge för att under några dagar besöka honom och studera hans uppfödning av olika hjortdjur. Han var inte känd för att ödsla beröm över andra, men han prisade de skånska storgodsens strävan att rädda kronviltet från utrotning. Dock skrattade han åt somligas prat om den renrasiga Linnéanska kronviltstammen i Skåne. Han hade med sitt raka sätt blivit ovän med många av de han kallade "blaikingarna". Vid flera tillfällen hade någon klippt hål i nätet runt hägnen och flera storhjortar hade rymt. Han berättade att han konstaterat att en av de stora (Jag vill minnas att han kallade den "Kalle".) omgående styrt kosan mot de skånska kronviltbestånden. Sedan Kalle under några år härjat bland de skånska hindarna fanns där inga oskulder kvar enligt Bengts mening.

Han hade rätt. Den DNA-analys som senare gjordes visade att skillnaden var obetydlig mellan det skånska kronviltet och det i Kolmården. (Det vill säga avkommorna efter Bengt Bergs djur vi köpte från Västerås.) Det var faktiskt så att en samtida undersökning visade att skillnaden var större mellan älgarna som levde i Kolmården och de på Vikbolandet på andra sidan Bråviken, med minsta avstånd kortare än en kilometer.

Av de gjorda utsläppen av kronvilt i Södermanland tycks kolmårdsstammens tillväxt ha gått betydligt snabbare än i övriga områden med inplantering. Detta beror enligt min mening på den goda tillgången på lavar i det kuperade Kolmården. I gränstrakterna mellan Södermanland och Östergötland skjuts nu årligen omkring fem kronvilt per 1000 ha. Jag har sedan några år tillbaka framfört att avskjutningen av kalvar och hindar bör ökas. Någon barkflängning av gran under savtiden har hittills inte kunnat påvisas. Däremot förekommer skadegörelse på jordbruksgrödor, främst på raps. Sedan kronviltet ätit av denna för arten helt olämpliga föda, har vissa vuxna djur fått förväxta klövar som konsekvens av alltför hög proteinhalt i födan. Jordbruksgrödorna innehåller sålunda för mycket protein för att passa kronviltet. En lekman kan dessutom konstatera att spillningen blir halvflytande vilket betyder att de känsliga magarna är i olag.

De kronvilt från Holmens utplantering som vandrade mot de sörmländska jordbruksmarkerna tycks gå en dyster framtid till mötes. År efter år ser man hjortar som förefaller vara i fyra till femårsåldern, men bara ett fåtal rapporteras skjutna. Några helt utväxta hjortar varken ser eller hör man längre. De som utvandrade till höjdlägena på östgötasidan har klarat sig betydligt bättre. Där finns lagom kuperad mark med gott om lavar och mycket liten procent av jordbruksmark. En rad hjortar har där nått mogen ålder och blivit haremsbildare. Tjugotaggare är inte ovanliga och en tjugofyrataggare stupade för några år sedan i en brunststrid med en tolvtaggare. De båda hjortarna fick hornen sammanflätade och lyckades inte komma loss från varandra. Tjugofyrataggaren var bara nio år. Hos en hjort av hög klass ökar hornens vikt och taggantal tills hjorten är tolv år gammal. Därefter brukar tyngd och taggantal vara oförändrat under några år för att därefter snabbt minska.

Hjortar ur kolmårdsstammen får ofta kapitala horn redan som treåringar. De har således ögon-, is- och mellantaggar samt tre krontaggar på vardera hornet. För varje år som går fejar en hjort hornen allt tidigare och kommer därmed också allt tidigare i brunst. Men först i tio- tolvårsåldern når den full styrka och låter höra sitt djupa, intensiva bröl redan i mitten av augusti.

Blir hindarna betäckta tidigt föds kalvarna redan i april. Även om snön ligger kvar klarar sig kalvarna utan svårighet eftersom modersmjölken ger tillräcklig näring. När snön smält har dessa kalvar fördelen av att kunna utnyttja hela vegetationssäsongen och står väl rustade för den kommande vinterns påfrestningar. Dessa kalvar ger hög slaktvikt och har ett fast och läckert kött.

Kronviltet trivs således bäst i stora skogsområden och föredrar starkt kuperad terräng. I sådan terräng har det alltid funnits gott om bärris. Blåbärsris är den förnämsta foderväxten för en rad viltarter däribland kronvilt, men i det moderna skogsbruket håller bärriset på att försvinna. När marken är snötäckt kan kronviltet vandra miltals till högläntа områden med riklig förekomst av vitlav på bergflatorna och hänglav på gamla granar. En annan eftertraktad vintermat är pors som ofta växer på skogsmyrar. Så-

Kolmårdshjort. Så här kan en femårig kronhjort se ut. Tänk om den fått leva i ytterligare minst fem år. Då skulle den närmat sig den ålder då de starkaste hjortarna börjar bröla redan i mitten av augusti. Med sitt mäktiga bröl kan en sådan hjort locka till sig hindar som en stilla kväll hör honom på miltals avstånd. Hindarna påverkas så att de inom några dygn kommer i brunst och blir befruktade. Kalvarna föds i slutet av april. Men – under hösten och vintern kommer den här hjorten röra sig över ett mycket stort antal jaktmarker och har mycket liten chans att överleva.

dana områden producerar kronvilt året runt. Men under en "gammaldags" vinter med snötäckt mark under minst tre månader är jordbruksmarkerna en öken för det kronvilt som finns där. Sådan mark lämnar ingen produktion när maten bäst behövs.

Det kronvilthägn vi byggde på Stavsjö, placerades framför vår bostad för att vi skulle kunna ha uppsikt över det och dess invånare. Detta gav oss givetvis möjlighet till intressanta iakttagelser. Nätet hade 7,5 centimeters maskor och var två meter högt. Överst spikades två taggtrådar för att göra det svårare för räv och grävling att klättra över. Även nere på marken fästes två taggtrådar för att främst hindra grävlingar att krypa in.

Redan första hösten hoppade en älg in under brunsttiden. Den slet loss taggtrådarna och vek ner nätet. Älgen hade uppenbarligen jagat hindarna och en av dem hade hoppat ut samma väg som älgen tagit sig in. Älgtjuren hoppade ut efter hinden. Jag var i Jämtland men Gun hade märkt att det var oro i hägnet och såg en hind springa fram och tillbaka utanför stängslet för att få kontakt med kalven som var kvar på insidan. Rakt nedanför vårt sovrumsfönster hade vi avstått från att spika taggtråd högst upp mellan två stolpar, för att vi enkelt skulle kunna ta loss stängslet när vi skulle in med fordon. Hinden hade upptäckt att hägnet just där var cirka tjugo centimeter lägre. Plötsligt tog hon ett språng utan ansats och klarade sig över. Vilken spänst, två meter utan ansats.

Våren 1960 släppte vi ut en dräktig hind och en spetshjort. De höll en tid till i närheten av hägnet men fick aldrig vara i fred för några "naturfotografer". Djuren flyttade då över E4:an och uppehöll sig några kilometer norr ut. När brunsttiden kom och hjorten i hägnet börjat böla sprang hinden varje kväll över E4:an mot hägnet, följd av kalven och unghjorten. Sent en kväll blev hon givetvis påkörd och fick båda bakbenen avslagna en bit nedanför hasen. I detta bedrövliga skick hade hon rundat en mindre sjö. Något blod kunde man inte se i spåret, men jag hade tillgång till en effektiv hund och kunde avliva hinden i gryningen. Samtidigt blev unghjorten påkörd och dödad. Det är sällan kronvilt krockar med bilar, men här rådde speciella förhållanden.

Kalven klarade sig och kom att uppehålla sig i anslutning till hägnet. Det blev en snörik vinter men kalven använde sig ändå inte av det foder jag lagt ut. Han klarade sig fint genom att gräva fram ljung och viltlav i ett bergigt område i närheten. Vi beslöt att bygga ett mindre hägn några kilometer norrut för att komma bort från den starkt trafikerade vägen. Till detta hägn slussade vi sedan djuren vi avsåg att släppa ut i frihet.

På våren 1963 släppte vi ut fem hindar med kalvar och en trettontaggare. Följande höst blev hjorten skjuten på en liten mark en mil bort. Några år senare sköts en tiotaggare på annat håll av en passkytt som nyss tagit sin jägarexamen.

Bland andra herresäten i Skåne är Högestad och Kristinehov omtalade för förnämlig viltvård. Det förhållandet rådde så vitt jag förstår redan på Gustav III:s dagar. År 1989 sköt Carl Piper en stor kronhjort på Högestad. Hornet vägde 8,8 kilo och mättes till 207,7 poäng. Åldern var bara åtta år! Hur skulle hornen sett ut om hjorten fått leva ytterligare fyra år då den skulle ha varit fullvuxen? Vi kunde läsa om allt detta i Svensk Jakt under rubriken "Kronviltvården har gett resultat i Skåne". Det är tänkbart att rubriken kunde ha varit lika korrekt om man i stället skrivit "Kronviltvården i Blekinge har gett resultat i Skåne".

Om man på de två stora godsen redan från början (trots den kolossala skadegörelsen) sett till att det alltid funnits ett betryggande antal helt utväxta handjur, är det tänkbart att en DNA-analys av den fällda hjorten skulle ha gett ett annat resultat än det jag ovan relaterat till. Då tror jag också att man kunnat hävda en ren skånsk kronviltstam. Hur som helst med det, jag gratulerar och gläds åt att detta imponerande horn finns hos en släkt som offrat mycket under lång tid för att ha kvar detta förnämliga vilt i vår fauna.

Fällhorn från avelshjorten i vårt hägn. De sista årgångarna med returhorn som blev allt mindre finns inte med på bilden. När hjorten var 18 år och färdig att självdö avlivade jag den.

Älghundsdressyr

Sedan det blev känt att jag tänkte ge ut mina memoarer har erfarna älghundsmän från olika håll i landet hört av sig och bett mig att "rensa upp i träsket". De har blivit trötta på "kärringprat om eftersök" eller på kuppartade beslut om ändringar av prövningsordningens utformning som bara kan bli till skada för älghundens framtid. Dessa önskemål innebär kanske inte att jag nämnvärt ändrar på vad jag tidigare planerat att skriva, men det stärker mig i min tro att jag har haft rätt då jag bråkat med okunniga makthavare som i kraft av sina positioner lyckats fördröja en sanering.

Jag har skrivit om vad som hände när jag i min ungdom skadeköt en älg vid jakt med löshund. Att jag då fick klart för mig att älgen hade kunnat avfångas redan samma dag om hunden gått att koppla på skottplatsen och om den lärt sig att tyst och försiktigt följa den skadade älgens spår. Nu fick den plågas ytterligare ett dygn.

När jag 1947 under mitt år på jaktvårdsskolan berättade om mitt misslyckade skott och pressade lärare och gästföreläsare om besked, kunde ingen besvara mina frågor om hur man ska gå tillväga vid eftersök. Man visste att man brukade släppa en löshund på skottplatsen. Vissa av mina kamrater kunde berätta om såväl lyckade resultat genom det tillvägagångssättet som att det påskjutna djuret senare hittats dött. Av den lösryckta raggen att döma hade hunden hittat älgen död och därefter försvunnit på sök efter andra älgar. En norrlänning kunde förtälja att i hans hembygd fanns en ökänd tjuvskytt som med hjälp av ledhund brukade tjuvskjuta älgar. Hunden höll dessutom vakt och varnade ägaren om bevakare närmade sig när denne höll på med uppslaktningen.

Jag har berättat om att då jag blev anställd i Holmens Bruk var jag överens med ledningen om att stor del av mitt jobb skulle komma att bestå i att med hjälp av väldresserade älghundar se till att älgar snabbt kunde avlivas som blivit sårade vid våra eller andras jakter, eller som skadats vid kollision eller annat sätt. Ofta blev jag tvungen att pröva mig fram och det var båda spännande och nyttigt att få vara pionjär. Vilken hundras skulle jag välja? Jag hade en finnspetstik på prov. När jag lyckats få den livliga krabaten att lugna ner sig tog hon sig fram precis så lätt och tyst som jag önskade. Jag insåg att en hund i den storleken var idealet för denna uppgift. Ett några timmar gammalt älgspår följde hon felfritt. Man ska då också komma ihåg att det är inte bara älgvittringen som hunden följer. Den vegetation som det tunga djuret skadar och den jord som trycks ihop luktar starkt och underlättar spårningen. Men om hon träffade på vittringen efter skogsfågel blev, som sig bör, älgen helt ointressant.

Jag insåg att en lätt byggd gråhund skulle ta sig fram tyst och borde dessutom ha älg som sitt huvudintresse. Att den var ett nummer för stor kunde inte hjälpas. Jag köpte ett par tikvalpar från dåtidens mest berömda gråhundsuppfödningar. De förde ett visst mått norskt blod och hade på tok för tjock päls men – värst av allt – de hade för dåligt vinklade extremiteter och skulle inte ens orka som ledhundar. Inget att lägga ner arbete på. De fick aldrig tillfälle att lära sig vad älgar är.

Jag visste att Jan Åkerman, som jag dittills inte träffat, jagade med lätt byggda och rörliga gråhundar. Han var domare på såväl älghundsprov som vid utställningar av spetsar. Jag tog kontakt med honom och i fortsättningen träffades vi ofta. Vi hade långa diskussioner om hur man skulle kunna få fram en stam av gråhundar med de egenskaper vi önskade. Han hjälpte mig att hitta en tikvalp – Jämtåsens Draga – vars föräldrar var lätt byggda. Hon var redan som valp precis så lugn, trygg och lättdresserad som jag önskade.

Innan Draga fick komma ut i markerna på allvar, tränade jag henne på att låta sig bäras från bilen fram till den plats varifrån hon kunde se en älg och känna vittringen av den. Hennes intresse väcktes direkt. När jag tog ut henne ur bilen ställde hon sig framför mig, rullade med svansen och tittade mig i ögonen. Då jag bar henne fram till den plats jag utsett spejade hon ivrigt efter det stora mörka djuret och den spännande vittring hon väntade. Hon lärde sig också att känna igen ljuden från en betande eller idisslande älg.

Nästa steg blev att hon fick ta an spåret efter en älg som jag sett några timmar tidigare. Även då bar jag henne till den plats där hon skulle börja. Trots att hon bara var några månader hade hon inga som helst svårigheter att följa spåret även där älgen gått i diverse krokar och betat. Om vi kom så nära att hon kunde höra älgen eller få direktvittring av den, rörde hon sig mycket försiktigt. Gång på gång tittade hon på mig. Hon ville veta om jag var nöjd med hennes beteende, eller, redan vid denna tid blev hon irriterad om jag trampade av en kvist. Jag fick ett varnande ögonkast. Jag började inse att jag dragit högsta vinsten. Den här tiken skulle lära mig hur en perfekt ledhund arbetar.

Att jag alltid vill bära hunden från bilen och fram till den plats där jag vill att den ska börja spåra eller spana efter älg, är för att hunden på väg dit kan passera spår efter älgar som jag inte vill att den ska intressera sig för. Olika älgar lämnar olika vittring. Min medhjälpare ska bara intressera sig för den älg jag vill att vi ska komma åt. Jobbet ska starta där jag sätter ner hunden.

När vi skulle börja jaga på allvar fick hon vid något tillfälle gå i sele och jag använde en åtta meter lång lina. Jag hade hört att man gjorde så i Tyskland. Men jag insåg genast att vi hade bättre kontakt om hon hade halsband. En lång lina var bara till besvär i den ojämna, risiga och steniga terräng där älgen gått fram. Den fimpades undan för undan, och så småningom återstod knappt tre meter.

Apropå olika koppel vill jag påpeka att några decennier senare kunde det för mig bli aktuellt att spåra påskjutna björnar eller vildsvin. Dessa gör ibland en krok tillbaka och lägger sig vid sidan av spåret beredda att anfalla förföljare. När de anfaller blir attacken mycket snabb. Till de hundar jag då använde hade jag en sex meter lång, mjuk och smidig råhudsrem. Den ena ändan var fäst vid min livrem. I den andra ändan stansade jag upp ett hål. Därefter drogs remmen mellan hundens ganska breda halsband och hundens päls, tillbaka till min livrem där jag satt fast en krok på vilken jag kunde haka fast den hålstansade ändan. På detta sätt hade jag båda händerna fria och möjlighet att skjuta åt sidorna utan att hundens hörsel skadades. Om djuret anföll hunden hade jag bara att rycka loss linan från kroken och hunden var i princip lös.

Vår första representationsjakt genomfördes utan att eftersök behövdes. Dagen efter hade jag för första gången möjlighet att skjuta för Draga. Vi gick ganska långt längs släpvägar och barrstigar utan att hon markerade färska älgspår. Men så fick hon plötsligt direktvittring från en älg. Vi avancerade 300 meter innan hon visade att nu var vi nära. Jag höjde handen som tecken på att hon skulle lägga sig. Kopplet fick ligga över hennes rygg och jag smög vidare steg för steg. Där gick en kviga och betade. Men hon gick snett förbi mig i slyskog och jag måste följa efter henne innan hon vände bredsidan till. Skottet fick gå och älgen rusade 100 meter innan den krockade med ett träd och stupade. Den riktning älgen valde gjorde att den föll bara 50 meter från Draga. Jag smög tillbaka för att kontrollera tiken. Hon låg fortfarande kvar men hade blicken riktad mot älgen. Så vred hon på huvudet. När hon fick se mig rullade hon uppmuntrande med svansen men låg kvar. Därefter höll hon hela tiden älgen under observation tills jag var framme hos henne. Hon fick ligga och titta på medan jag tog ur älgen. Den första kråkan satt redan i en grantopp och väntade.

Jag beslutade mig för att testa Draga. Hon fick lägga sig ner och jag lämnade min jacka bredvid henne. Studsaren gömde jag under en gran. Jag hade inte fått ordentligt med motion på en vecka och bestämde mig för att springa de fem kilometer jag hade hem. Men först gjorde jag ett märke i den vägkant där det var lämpligt att söka sig in till älgen och Draga.

Man höll på att bygga vår nya bostad invid den koja vi tillfälligt bodde i. Kalle, den torpare som brukade köra ut våra älgar med sin häst, fraktade bort stenar från tomten. Han skulle hämta älgen och jag tänkte själv ta bilen. Men först skulle jag ta ett bad i sjön. Draga kände Kalle väl eftersom hon dagligen fick gå lös på tomten. När jag badat färdigt ringde polisen och meddelade att ett rådjur var påkört. Jag måste åka dit med en av mina hundar för att göra eftersök. Det hela var snart avklarat, men Kalle hade fått vänta.

Han hade sett min anvisning vid vägkanten och hittat älgen. Draga låg kvar och rullade igenkännande med svansen när han stannade med sitt åk. Men när han grep tag i älgen rusade hon upp och motade bort honom. Därefter återgick hon till sin lega.

När jag kom dit satt Kalle bredvid Draga och kliade henne bakom öronen. Det passade henne bra men älgen fick han inte röra.

Jag var medlem i Svenska älghundsklubben och hade grundligt läst igenom prövningsordningen för såväl löshundsprov som ledhundsprov. Jag hade också tjänstgjort som elev och aspirant vid älghundsprov och blivit godkänd domare.

För att få rätt att starta på jaktprov måste en hund först starta på utställning. Detta därför att ett älghundsprov oftast pågår en hel dag. I vissa fall ännu längre. Att en icke rastypisk hund under sådana förhållanden skulle tillåtas att ta upp en domares tid kan ej tillåtas. Vid sin första utställning fick Draga en etta men certet gick till en annan tik. På den tiden utdelades endast ett certifikat.

Ledhundsprovet innebar i stort sett att hunden bara behövde visa att den smög fram tyst och försiktigt längs ett älgspår och att den tog det särskilt försiktigt när den kom nära älgen. Den skulle helst markera var älgen fanns genom att lägga eller sätta sig ner. Föraren skulle komma fram till skottchans, mer än så krävdes inte. Allt detta och mer därtill kunde Draga. Jag anmälde henne till två prov. Jan Åkerman var den enda av då tjänstgörande domare som dömt en ledhund och blev utsedd att döma Dragas första prov. Arne Bromée som jag dittills aldrig träffat och som aldrig dömt ett ledhundsprov, utsågs att döma andra provet. Draga fick en etta vid båda proven.

Arne poängterade i sin prisdomareberättelse att Draga visat upp finesser som var långt utöver vad som krävdes. Han tog som exempel att en älg som tiken spårade, och hon hade klarat allt och var i princip färdigprovad, då vi kom fram till utloppet från en stor mosse.Vi stod på en bergklack och framför oss hade vi ett stort område där det växte gråvide som älgarna betat ner hårt.

Om vi skulle tränga oss igenom snåren skulle risets skrapande mot våra stövlar höras lång väg. Jag bad att få visa att vi kunde stå kvar. Jag kunde släppa Draga lös och med handrörelser dirigera tiken runt videområdet. Hon skulle sätta sig ner när hon kom till utspåret och sitta kvar medan vi smög dit. Allt klaffade.

När årets prisdomareberättelser kom ut i tryck skrev en läsare en insändare där han hävdade att Arnes påstående var lögn. Skribenten tillade att domarna ej borde ha rätt att döma varandras hundar. Vem skulle då döma?

För att visa att min tik verkligen motsvarade de beskrivningar båda domarna lämnat, arrangerade jag en bild med Draga och mig själv. Vid en drevjakt satte jag mig på ett säkert pass mitt inne i såten. Jag placerade min Hasselbladare på en stubbe invid en väg, och satte tiken och mig själv på motsatta vägkanten. Jag hade en fjärrutlösare kopplad till kameran och trampade på bollen när en älg fanns precis på den plats jag planerat. Studsaren var givetvis oladdad.

Med hjälp av Draga och efter hennes anvisningar kunde jag ofta smyga mycket nära såväl friska som skadade älgar och med stöd skjuta dem i översta halskotan. Att kunna skjuta där är värdefullt i många avseenden. Men jag avråder de jägare som inte är mycket erfarna att försöka sig på det konststycket. Det kan lätt leda till skadeskjutning och besvärliga eftersök.

Vid ett tillfälle hade Draga spårat en skadad älg och visat att den låg i tät snårskog. Jag märkte inte när den gick upp och plötsligt stod jag vid en varm lega med en bågformad blodrand intill. Den visade att älgen träffats i huvudet. Blodet hade droppat från näsan. Dittills hade Draga aldrig fått tillfälle att arbeta som löshund. Hur skulle hon uppträda som attackhund? Jag hämtade henne.

Sladden som leder till kameran ligger på marken mellan Draga och mig.

När vi kom tillbaka till legan fick Draga undersöka den och lukta på blodet. Därefter släppte jag Draga och eggande henne att rusa efter älgen. Hon försvann i hög fart. Det dröjde ganska länge men så äntligen började hon skälla långt bort i fjärran. Skulle hon stå kvar tills jag kom dit?

Då jag kom fram stod hon uppe på ett sluttande stenblock och skällde med tätt och hörbart skall. Vinden låg så att jag kunde åla mig upp bakom henne. 30 meter längre fram såg jag älgen i en öppen glänta. Den verkade pigg men hade lagt sig. Jag höjde handen och tiken lade sig ner och tystnade. Jag smög förbi henne för att hon inte skulle få knallen i örat. När hon slutat skälla blev älgen genast orolig och reste sig. Nu gällde det att skjuta ett säkert skott.

Under den säsongen fick Draga klara upp många eftersök och skötte sig fint. Alla skadade älgar kunde avfångas i eller vid sårlegan. Något mer tillfälle att släppa henne som attackhund kom inte.

En jaktgranne hade ringt. Han hade skadeskjutit en älg som gått in på en av bolagets marker några mil bort. När jag kom hem den dagen var det mörkt och regnet forsade ner. Nästa dag hade vi jakt på annat håll. Någon eftersökshund kunde grannen inte få fram. Han berättade att han hade snitslat med långa remsor av dasspapper från gränsen och 50 meter in.

Det kom att dröja till tre dygn efter påskjutningen innan jag var på plats. Regnet hade fortsatt och marken var dyblöt. Dasspapperet hade blötts upp och låg på marken. Draga hade inga som helst svårigheter att följa blodspåret vilket i och för sig inte var så konstigt. Älgen var träffad i levern och blödde kraftigt. Vittringen steg uppåt. Blodet höll på att ruttna och luktade starkt. Älgen var inte användbar.

Under Dragas år fram till "pensioneringen" fick hon klara massor av eftersök och vid några tillfällen lät jag henne fungera som löshund. Hon ställde sig alltid en bit från älgarna och försökte alltid komma upp på en bergknalle, en sten eller något annat läge där hon kunde se älgarna och de se henne. Där stod hon hela tiden på samma plats och skällde. Efter en stund lade sig älgarna. Om de var oskadade låg de och idisslade. Det var alltid enkelt att komma till skott.

En ledhund blir ju aldrig tröttkörd och behöver inte en vilodag. Därför fanns ingen anledning att jaga in någon ny ledhund och Draga var i toppform fram till hög ålder. Detta bland annat därför att jag aldrig lossade skott innan jag hade henne liggande bakom mig.

Spetsarnas uppstående öron gör att deras hörsel lätt skadas. En ledhund försöker lokalisera älgarna med hörselns hjälp. Det måste man alltid tänka på.

Vi behöll en tik ur en av Dragas kullar, och den fick lära sig en del av ledhundens färdigheter. Men det var en löshund vi behövde. Det visade sig att hon hade nedärvt Dragas egenskap att uppsöka en hög punkt i närheten av älgarna om de stod kvar i upptaget. Ofta står ju älgarna kvar någon minut men sticker om hunden blir närgången. Detta gäller framförallt unga djur. Men om hunden omedelbart uppsöker en hög punkt och står kvar där, så har de ingen anledning att dra iväg. Jag sköt ovanligt stor procent ungdjur för henne.

Så småningom måste Draga falla för åldersstrecket. Det blev Curr som fick axla hennes mantel. Han blev som jag tidigare berättat trippelchampion. Han hade nedärvt Dragas egenskaper (han var fjärde generation efter henne), däribland att som löshund genast i upptaget uppsöka en hög punkt där han kunde se älgarna.

Jag hade således genom köpet av Draga fått en medhjälpare som lärde mig hur en ledhund ska uppträda. Men jag hade samtidigt genom hennes blod fått betydligt effektivare gråhundar för löshundsjakt än jag tidigare haft.

Som tidigare nämnts blev vi några år efter min pensionering tvungna att sluta med hundhållning. Sedan dess har nya älghundsraser avlats fram eller importerats. Jag har sett många av dessa hundar i arbete men kan inte uttala mig om raserns användbarhet eftersom jag aldrig själv har följt en sådan hunds utveckling från valpstadiet fram till den färdiga hunden.

Den ökande vildsvinsstammen är en ny faktor som kommer att påverka val av älghundar och deras arbetssätt. Jag tar för givet att hållande av älghundar i stor utsträckning kommer att styras av deras användning för eftersök på älg. Det måste anses helt klart att dessa hundar dessutom kan komma att bli förnämliga vildsvinshundar. Vad vi behöver är snabba hundar med tillräckligt kurage för att som ensamma attackhundar få skadade vildsvin att stanna och söka skydd under en gran, i tät vass eller annat gömsle. Genom avelsurval kan man också få fram individer som ställer sig och skäller utom räckhåll för grisen då den stannat upp. De hundar som nu används för detta ändamål behöver oftast vara två för att klara den uppgiften, men detta medför följdsituationer som är allt annat än trevliga och som måste undvikas.

Om man studerar den mycket omdiskuterade prövningsordning som gällt under 90-talet, med ändringar att gälla fr.o.m. 1997 års prov, finner man beträffande hundens sök att den ska hålla högt tempo, den ska göra sökturer på 10–25 minuter samt att den ska ha utmärkt förmåga att finna älg. Så långt är allt gott och väl. Men så kommer det obegripliga. Om hunden finner älg och det blir ståndskall på ett avstånd från provgruppen (under ledning av domaren) som understiger 200 meter, ska detta anses som ett stort fel som bara kan ge 1–3 poäng. Hunden kan då sällan tilldelas första pris. Kan det vara hundens fel att det står älgar så nära provgruppen? Ska allt passa in i de norrländska upphovsmännens fantasivärld måste tydligen avståndet till upptagsplatsen vara 800 meter eller mer. Då ska hunden tilldelas 10 poäng.

Nu var det inte första gången som ett så märkligt förslag lades fram. Det hade även skett ett antal år tidigare. Arne Bromée som då var närvarande smulade sönder det förslaget. Han hade startat sina älghundar på prov såväl i Norrland som i södra Sverige, och även tjänstgjort som domare både i norr och söder. Han påpekade att i landets södra delar, där de olika jaktlagen oftast disponerar ganska små arealer, har man ingen användning för sådana hundar och vi kan ju inte ha en prövningsordning för norra Sverige och en för södra. Han tillade:

– Om hunden plötsligt börjar skälla ståndskall nära provgruppen och får älgarna att stå kvar, kan inte detta betyda att det är en dålig hund. Avslag!

Att prövningsordningen idag ser ut som den gör har fått en rad mycket erfarna älghundsmän (däribland Arne) att sluta som domare och avstå från att starta sina egna hundar på prov.

Den som skaffar sig en älghundsvalp måste i de allra flesta fall räkna med att om han ska få användning av sin hund som löshund så bör han ställa upp i ett jaktlag med förhållsskyttar. Han bör då ha en hund som hela tiden håller reda på var husse går fram och korsa genom marken framför honom. Han måste också inse att då skyttar mer eller mindre omringar såten blir älgar ofta oroade och flyttar sig in i såten. Om hunden då, trots att älgarna märkt att det finns människor i trakten, får älgarna att stå har hunden de egenskaper som vi bör inrikta aveln på om älghundar ska få ökad efterfrågan. Den nuvarande prövningsordningen arbetar i rakt motsatt riktning.

Mot den bakgrunden och med tanke på hur man måste vänta sig att framtidens älghundar ska arbeta för att komma till flitig användning, inte minst med tanke på vildsvinen, vore det naturligt och önskvärt att upphovsmännen till nuvarande prövningsordning själva föreslog en återgång till vad som tidigare gällt.

Vi utvecklade delvis egna metoder vid dressyren av våra valpar och unghundar av olika raser, för att få så stor användning som möjligt av dem när de var färdiga för jakt. Gun offrade alltid tid på att vara med då någon av våra tikar födde en kull och att hon alltid, alltid, lyfte upp varje valp när den slickats torr av tiken och fått dia. Hon höll den mot kinden och talade lugnande till den en stund innan den lades tillbaka bland syskonen. Detta förfarande upprepades några gånger varje dag ända tills det var dags att skingra kullen.

Alla valpar fick följa med på ett antal bilturer vilande i Guns knä tills de somnade. Det fick till följd att inte någon av dessa valpar senare blev bilsjuka.Vissa av de stövarvalpar vi köpte hade däremot sådana besvär.Vi botade dem genom att kränga en avklippt strumpa över hundens huvud. Strumpan fästes vid halsbandet via den kanal som bildades när strumpans ena ände syddes ihop dubbelvikt (halsbandet drogs genom tunneln). Hunden hindrades på så sätt att stirra upp i taket. Det hjälper.

Våra hundar fick också redan som valpar lära sig att aldrig lämna en bil vars baklucka eller dörrar lämnades öppna. En hund ska ligga kvar tills den får tillstånd att lämna bilen.

När det blev dags att lära valparna koppelvana var det Gun som skötte dressyren. Valpen försöker ju alltid att bita i kopplet för att komma loss. Ett kättingkoppel behövs. Det gör ont i valptänderna när den biter. Gun lärde dem också att aldrig gå med sträckt koppel. De tröttnar snart om de ständigt irriteras av småryck i kopplet. Det är behagligare att gå med slakt koppel.

Sele? Aldrig! Det är inte draghundar vi vill ha fram.

Valparna fick också lära sig att alltid gå på mattes vänstra sida. Detta främst av den anledningen att en jakthund bör vänja sig att gå på vänster sida när den följer en väg. En mötande bilist har då lättare att upptäcka faran om föraren ser hundens ögonreflexer i strålkastarljuset. Dessutom lärde hon dem att de alltid ska gå ner i diket när de möter en bil. De valpar som hade svårt att lära sig just detta, botades genom att en god vän med kompis ibland kom på besök med en pick up och fick hjälpa till. Kompisen stod på flaket utrustad med en hink fylld med kallt vatten som han tömde över hunden då den mötte bilen. Att man kan råka ut för detta när man möter en bil fattar en normalbegåvad unghund genast. Det fattar även den som håller i kopplet.

En sak som måste tränas, tränas och åter tränas är att lära hunden vad kommandot "ligg" betyder. Det måste nötas och åter nötas in. I början måste valpen varsamt tryckas ner och tvingas att ligga still. När den lugnt ligger kvar ska den ha beröm och gärna en godbit.

När den lärt sig att ligg betyder att den måste lägga sig, ska ligg kombineras med att man samtidigt höjer handen när kommandot ges. Sedan man gång på gång tränat och upprepat det hela ska hunden kasta sig ner på marken även om man ger kommandot allt tystare. Till slut ska hunden lägga sig så fort den ser den höjda handen. Varför då denna tidsödande dressyr?

Att det är viktigt för ledhunden att kunna detta har framgått på flera ställen i boken. Men det har ännu större betydelse när det gäller att få maximal hjälp av sin löshund. Hur värdefullt det är att kunna locka sin hund av ståndet har alla löshundsägare insett. Men om man bara lockar av hunden vid de tillfällen då älgen inte ska skjutas, vägrar hunden snart att komma. Det hjälper inte att den får beröm eller en godbit som lön. I den situationen spottar den ofta ut godbiten. Den har inte tid. Den vill tillbaka till älgen. Hunden kan i det läget vara svår att få fast. Man försöker fånga den, men en blöt älghund är hal som en ål. Den rusar tillbaka till älgen och man får vänta i timmar. Möjligheten kanske sumpas att med hunden i koppel kunna uppsöka en plats där man vet att det står en skjutbar älg. Man försöker att smyga nära den icke skjutbara älgen och rusar fram för att skrämma den i sken och samtidigt försöka fånga in hunden och koppla den. Det resulterar oftast i att älgen sticker och med den även hunden. Man hör att det blir ett nytt stånd. Nytt försök och nytt misslyckande. Detta är inte hundens fel. Du har inte tillräckligt tränat ligg och höjd hand.

De signaler jag använt när jag vill locka till mig en hund av vilken ras det vara må, har på större avstånd varit tut i hagelpipan där man kan få fram två toner som låter likt utryckningsfordonens varningssignaler. Därför har jägarhornet som jag använt vid älgjakt fått låta på samma sätt. Då lär sig hunden att det är jag och ingen annan som använder just de signalerna.

Vill man öka en halvårsgammal valps benägenhet att så snabbt som möjligt uppsöka husse eller matte, bör man börja med att på hemmaplan lära valpen att om han rusar dit signalerna hörs så blir han rikligt belönad med godis av förnämsta slag. När detta är grundligt inlärt bör man be en tillfällig gäst om hjälp (en gäst som hunden inte kommer i kontakt med inom det närmaste året). Man ber gästen locka till sig valpen, fjäska med den och sedan lyfta in den i sin bil. Därefter åker han några hundra meter bort, lyfter ut valpen som han har i ett koppel i form av ett snöre vars ena ända han stuckit in under hundens halsband. Därefter fattar han om snörets båda ändar. När han ser att hunden lyssnar till husses tut-tut och vill iväg i den riktningen, så tar han fram den smäckra vidja jag försett honom med, och ger hunden ett par rejäla rapp samtidigt som han ryter åt den. Sedan släpper han snörets ena ända. Hunden rusar iväg mot husse. Får den då en handfull grovt grus i baken tänds andra steget.Valpen är snabbt framme vid tut-tut signalerna och får all den tröst en skrämd valp kan behöva. Metoden kan synas vara i råaste laget, men hunden har fått lära sig att somliga människor kan vara onda och främmande bilar ska man akta sig för.

Tut-tut-andet kallar jag signal nummer ett. När jag gett den signalen och hunden lämnat älgarna och lagt sig framför mig kopplar jag den, sedan rusar vi mot älgarna som hunden så gärna vill uppsöka på nytt. När jag kommit så nära ståndet att jag vet att hunden ska kunna höra signal "två", släpper jag den igen. Den får stå och skälla i omkring fem minuter. Därefter låter jag tvåan höras. Den består i att jag busvisslar med korta stötar som jag försöker få så lika spillkråkans ljud som möjligt. älgarna anar inte oråd, men hunden vet att husse vill att den ska komma. Jag kopplar den igen och vi rusar omedelbart mot älgarna. Att älgarna hör oss saknar betydelse. De vet att den gaphals som irriterat dem försvann i den riktningen, och nu är han tydligen på väg tillbaka igen.

Om vi kommit så nära ståndet att hunden och älgarna ska kunna höra signal "tre", som består av mina försök att imitera fågelkvitter, släpper jag min kompis som inte är sen att springa tillbaka till älgarna. Hunden ska snabbt vara tillbaka hos mig igen när jag börjar drilla. Sådana ljud har älgarna hört hela sommaren. Att jag inte kan imitera en viss fågelarts strofer märker inte älgarna. Kanske är deras musikaliska begåvning lika begränsad som min. Men hunden kommer och det är huvudsaken. Koppling igen och omedelbar förflyttning mot älgarna men nu något försiktigare, med spaning mot den plats där älgarna ska finnas. Släpp och ståndskall. Upprepning och förhoppningsvis skott sedan jag kopplat hunden och lagt den bakom mig. Ny förflyttning mot älgen eller älgarna. Om vi ser den påskjutna älgen och den börjar ragla brukade jag tidigare släppa hunden. Jag trodde att det skulle innebära en stor triumf för en unghund att vara nära när älgen gick omkull. Men även om så skulle vara fallet tar man risken att hunden blir för närgången och hamnar bland älgens våldsamma bensparkar när den lagt sig på sida. Det bör kunna räcka att man har hunden i koppel och låter den rycka ragg ett tag.

Det hela kan bli misslyckat om hunden inte är tillräckligt dresserad. Ibland kunde det inträffa att det trots allt stod en älg till en bit från den som man trodde var ensam. Har då den påskjutna stannat upp och står stilla lägger hunden bara märke till den älg som springer undan, och hunden försöker hinna upp denna för att få den att stanna. När hunden återkommer är kanske den skjutna älgen både urtagen och bortkörd.

Särskilt när marken är täckt av ett snölager med skare som brister för varje steg man tar, inser man hur oerhört mycket värt det är att kunna locka av hunden, koppla den och springa i riktning mot älgarna för att på så sätt komma dem inpå livet. För att inte tala om de tillfällen då älgarna står i ett lövkärr med frusen

Deri var den mest begåvade av jämthundarna jag jagade in. Den tiken rättade sitt sök efter rådande förhållanden. I lyhört väder sprang hon snabbt från kulle till kulle. På krönen satte hon sig och lyssnade. Ibland prickade hon in älgar på ett förvånansvärt stort avstånd. I blåsigt väder blev lyssnarpauserna mycket korta. Hon kryssade sig fram i motvind och höll sig cirka 300 meter framför mig. Jag såg henne sällan men hon visste vilken takt jag höll och var jag fanns. Om jag tänkte ändra riktning stannade jag. Hon kom snabbt tillbaka. Då fick hon ligga ner och fick kanske en godbit. Därefter fick tiken gå okopplad vid min sida ett hundratal meter i den nya riktningen. Jag gav henne tecken att söka ut. Hon hade noterat varåt vi skulle gå. På ståndet stod hon ganska stilla 5–10 meter från älgarna och oroade obetydligt. Men det hade varit ännu bättre om hon stått längre ifrån. Om jag ville skjuta eller avbryta jakten kom hon direkt på den signal vi kommit överens om och lade sig bakom mig. Om jag sköt låg hon kvar, om jag avstod och gick bort från älgarna följde hon mig okopplad vid min vänstra sida tills jag gav henne tecken att söka efter nya älgar. På bilden har inte älgarna upptäckt mig, men Deri håller ögonkontakt med mig.

barmark. Det hörs lång väg om en mus springer över lövtäcket. Men kan man gång på gång locka av hunden och springa fram mot älgarna kommer man till skott.

Tränar man hunden efter dessa anvisningar inser den att jakten bara ger resultat om den uppsöker husse och blir kopplad. Så småningom behöver man inte ens signalera. Plötsligt kommer hunden rusande. Han vet att det är det säkraste sättet att komma åt älgen.

Om man dessutom har hunden liggande kopplad bakom sig när skottet går behöver man inte vara rädd för att hunden ska bli träffad av splitter. Det "vådaskjuts" ett förvånansvärt stort antal älghundar varje år av till exempel en gäst som får gå på ståndet, eller av förhållsskyttar eller av hundägaren själv. Bara en bråkdel av olyckorna kommer till andras kännedom. Har man gästen vid sin sida och hunden liggande bakom kan man känna sig trygg. Hunden måste tränas, tränas och åter tränas. Man kan komma långt även om man har få träningstillfällen på älg som ska skjutas.

Innan jag hade insett hur mycket det betyder att ha sin älghund grundligt appelldresserad, började jag lägga blodspår som valparna fick följa. Redan innan kullen skingrades försökte jag få klart för mig vilken av valparna som hade bäst näsa, vilken som hade lättast för att ta initiativ osv.

Vi lärde valparna att tycka om små köttbitar doppade i blod. I förväg gjorde jag i ordning en bana.Vid start lade jag en liten hög med köttbitar En bit kött var en lång strimla som jag fäste på en träbit som var fäst vid den grova reven hos ett havsfiskespö. Jag frikopplade spinnrullen och gick i en halvcirkel och vevade in klampen med köttstrimlan tills den var några meter från mig. Där frikopplade jag på nytt, gick i en ny halvcirkel och vevade in. På så sätt åstadkom jag en rad vinklar utan att valparna kunde träffa på mitt spår. De måste följa vittringen. Köttstrimlan blev snart blodfri men lukten av kött och vegetation som påverkats var tillräckligt för att den valp som hade bäst förmåga snabbt sökte sig fram. Till slut hade strimlan fått stanna i en annan hög med köttbitar som jag tidigare lagt ut. Jag hade lyft spötoppen och ryckt till. Strimlan på den lilla träbiten hade hamnat vid mina fötter. När banan var klar bar jag valparna till startplatsen och satte ner dem bland köttbitarna. Den mest initiativrike uppfattade snart att det kunde finnas mer kött om man följde blodspåret som ledde bort från startplatsen. De övriga följde så småningom efter. Jag hade sett till att jag såg målgången från startplatsen och kunde observera händelseförloppet. Jag mötte valparna vid målet och gav dem det beröm de var värda.

Segraren fick inte vara med vid nästa tävling. Fick den det segrade den på nytt. Vinnaren blev ofta den valp vi själva behöll. Jag utsatte den för allt mer avancerade träningar och prov. Men jag var noga med att den skulle följa ett släpspår utan några spår av människa bredvid. Den fick lära sig att spåret plötsligt kan upphöra, den fick lära sig att ringa där bytet vänt om och därefter gjort avhopp osv. Allt kunde åstadkommas genom att vända om och veva in, frikoppla rullen stanna mitt för den punkt där man ville ha avhoppet, sträcka reven lagom mycket och rycka till. Köttet hoppade precis så långt man önskade.

Nästa steg bestod i att unghunden blev buren till den plats där jag sett ett vilt av det slag just den hunden skulle specialiseras på, och kunnat kontrollera vilken väg viltet tagit. Unghunden fick lära sig att lugnt och försiktigt arbeta sig fram längs spåret. Någon gång hade jag kunnat smyga runt och skjuta djuret och hunden hade fått precis den belöning man önskade att den skulle få. Men oftast fick spårningen avbrytas. Det fick räcka med beröm och godbitar.

En sak måste nämnas i detta sammanhang. Såväl de älghundsämnen som taxar och andra raser jag lärde spåra på detta sätt, visade att om jag använde rikligt med blod vid spårläggningen, blev vissa unghundar så bundna till blodspåret att de gång på gång ville ringa och gå tillbaka till blodpölarna när blodet i spåret började ta slut. Det blev då svårare att få hunden att fortsätta spårningen.

Ibland bytte jag ut den släpande köttbiten mot en pinfärsk hudbit efter en nyss påkörd älg, rådjur eller dovvilt. Jag doppade hudbiten i det varma blod som jag kunde ta tillvara vid urtagningen. Därefter hängde jag upp hudbiten för lagom avrinning. Från "skottplatsen" fanns då mycket blod i spåret men det avtog snabbt och snart hade valpen bara enbart lukten av den färska huden och den tilltufsade vegetationen att hålla sig till.Vid målet fann hunden hudbiten samt skallen av det "fällda" djuret, om det rörde sig om en älg.Var det ett rådjur eller dovvilt låg hela djuret vid målet.

Jag har fått frågor vad det "godis" består av som jag ger mina hundar då de gjort sig förtjänta av belöning. Det mest åtråvärda som jag kunnat hitta är kruttorra små bitar av älgvom. Vänd vommen ut och in. Skölj den mycket noggrant i rent vatten vid en sjöstrand, fjällbäck eller liknande så att allt grönt försvinner som sitter inkilat mellan papillerna. Häng gärna upp den vid hemkomsten och spola med slang eller högtryck. Skär vommen i stora sjok där man delar de olika vomsäckarna. Spika upp bitarna under tak men på plats där vind och sol kommer åt. När sjoken är torra klipps de i 2–3 cm breda remsor som får torka ytterligare. Klipp sedan remsorna i 2 cm långa bitar. En bit per portion. Serveras kall med varmt beröm.

Jag har nämnt att jag redan under året på Öster-Malma blev bekant med Svenska Kennelklubbens förträfflige generalsekreterare Ivan Swedrup. I fortsättningen kontaktade vi ofta varandra i jakt- och hundärenden. Därför kanske det var naturligt att han uppmanade en av sina bröder, Christer Swedrup, att ringa mig när denne 1955 blev redaktör för Svensk Jakt. Jag kunde hjälpa honom med illustrationsmaterial samt en och annan artikel.

Några år senare tog han kontakt med mig när han återkom från Tyskland, dit han blivit inbjuden till dovviltsjakt. Han berättade att en hjort hade blivit skadad. Ett framben var avskjutet. En yrkesjägare skulle starta eftersöket med en bayersk viltspårhund och Christer fick löfte att följa med. Hunden hade höga meriter vid prov på konstgjort blodspår, vilket var ett test på hundarnas förmåga att lugnt och säkert följa ett sådant spår. Det var inträdesbiljetten till eftersök på en skadad hjort. Vid det provet skulle hunden i koppel följa spåret tills hjorten stöttes upp. Då skulle den släppas lös, fungera som attackhund, och hålla det skadade viltet på plats under skall eller riva ner det. I det avseendet var den här hunden mycket effektiv.

Emedan Christer var redaktör för Svensk Jakt utnyttjade han sin ställning genom att på ett effektivt sätt slå på trumman för införande av viltspårprov. Ivan kunde hjälpa honom att snabbt få den nya provformen godkänd.

Eftersom det gällde ett nytt sorts prov fanns inga godkända domare. Man nominerar under sådana förhållanden en domargrupp bestående av personer som gjort sig kända för att vara specialister på att bedöma hundars förmåga att klara ett jobb av just den sorten som det tilltänkta provet gäller. Christer ansåg att jag var självskriven i en sådan domargrupp, men jag tackade nej. Jag reagerade mot att man skulle använda så stor blodmängd, som dessutom skulle vara jämnt fördelad längs hela sträckan utom vid korta uppehåll. Spårläggarens tramp skulle hela tiden finnas intill spåret. Hunden skulle vara iklädd sele och föras i lång lina. Ibland skulle det naturligtvis inträffa att ett vilt korsade det blodade spåret och kanske trampade i någon av blodpölarna. En kort sträcka framöver skulle det därför finnas ett eller annat blodstänk från de nedsmetade klövarna. Om då en hund, som vid jakt med framgång använts för uppspårande av skadat vilt av just den arten, tog an det intressanta spåret och inte ville återvända till vittringen efter spårläggaren och det verklighetsfrämmande denne sysslat med, skulle provets bästa hund bli utslagen. En tax som aldrig använts för jakt och som troligen skulle vägra att ta an ett spår efter ett vilt utan blod, skulle få tillgodoräkna sig framgångar på viltspårprov som merit för att kunna bli utställningschampion.

Vid alla andra jaktprov måste vilt och viltspår finnas för att provet ska kunna genomföras. I det här fallet kan ingen sakkunnig påstå att det är fråga om jaktprov. En hund som klarar det konstgjorda spåret med bravur har ju inte getts tillfälle att visa om den kan spåra ett vilt. Varför kallas detta "viltspårprov"? Att en sällskapstax får tillgodoräknas "bedriften" som jaktprovsmerit för utställningschampionat är en bluff.

Det innebar att sällskapshundmänniskor ännu en gång kastade sig över en jakthundsras och bidrog till att rasens användbarhet för jakt försämrades. Det var sannerligen inte första gången. Jag minns då man i början av 30-talet rövade bort den strävhåriga foxterriern. Den var ju så söt och käck. Och man kunde modellera den genom trimning eller klippning. Man fick fram nervösa och bitska hundar. Ett antal år senare krävde samma kategori av människor att den släthåriga foxterriern inte skulle behöva jaktprovsmerit för att bli utställningschampion.

Det är ofta så ordnat i vår natur att storväxta individer visar mer spänst, styrka och "skönhet" än genomsnittet. Så var fallet med våra foxterrier. Men man måste komma ihåg att det var för rävjakt under jord som rasen avlades fram: Fox = räv + terra = jord. Alltså en variant ur den stora terriergruppen som avlats fram för rävjakt under jord. Problemet var nu att individerna ofta blev för stora för att kunna tränga sig fram mellan rötter eller stenar som bildade nålsögon nere i gryten. Därför satte man in ett nålsöga i de konstgryt där hundarnas förmåga att irritera räven så att den lämnade gryten blev provade. Nålsögats storlek var (som nämnts tidigare) höjd 13, bredd 17 och längd 10 cm. För stora hundar sorterades bort. Detta irriterade sällskapshundfolket. De krävde att jaktprovsmerit inte skulle behövas för att hunden skulle kunna bli utställningschampion. Grythundsklubben kämpade emot men till slut föll Svenska Kennelklubben till föga. Vissa tikägare lät sig förledas att para sin tik med en underskön sällskapsterrier. Idag är användbara foxterrier mycket sällsynta. Ett fåtal är tillräckligt små för att kunna användas vid grytjakt.

Det realistiska jaktprov som i Tyskland följde på testet skulle inte kunna finnas hos oss. Det innebar att man inte bara skulle pröva hundens förmåga att följa spåret efter ett skadat vilt, utan även förmågan att verka som attackhund. Denna del av provet var inte genomförbar i Sverige eftersom man avsiktligt skulle skjuta av ett framben på viltet och sätta hunden på spåret en stund senare. När nu Christer bad mig vara en av domarna vid dessa viltspårprov avböjde jag. Jag kan förstå att han blev ledsen över att jag inte ville

Foxterrier, bra byggd för grytjakt.

ställa upp som domare vid en form av prov som jag inte trodde på. Däremot tycker jag att det var ynkligt att det från annat håll startades en hetskampanj mot mig för min oginhet.

Svenska Jägareförbundet inledde samarbete med Studiefrämjandet. Den första kursboken var *Viltvård*. Kurserna blev en succé. Närvaroprocenten var mycket hög i förhållande till studiecirklar i andra ämnen. Redan då föreslog ett stort antal jägarcirklar att kurser i eftersök av skadat vilt borde startas. Det utsågs en kommitté som skulle lägga fram förslag om hur en sådan cirkel skulle arbeta. Jag valdes att ingå i kommittén.

Vi var överens om att en jägare som var erfaren på eftersök av skadad fågel skulle vidtalas att beskriva hur en bra hund för den typen av eftersök skulle arbeta i olika situationer. Jägaren som ansågs vara mest lämpad att skriva om eftersök på hårvilt skulle utses osv. Den som skulle ge råd då det gällde eftersök på skadade älgar och björnar ansågs vara den som fick dra det tyngsta lasset. Kommittén menade att jag var självskriven. Jag var den ende som år efter år skött eftersök på älg från Småland i söder till Jämtland i norr, och som dessutom hade erfarenhet av björn. Jag avböjde. Jag visste att jag var hatad av somliga för min negativa syn på viltspårproven och förstod att jag skulle bli angripen på olika sätt. Eftersom jag vägrade ville ingen annan åta sig uppdraget. Kursboken i eftersök måste skjutas på framtiden.

Efter några år försökte man på nytt. Försöket stupade av samma orsak som första gången. Man vände sig då till min arbetsgivare och vädjade till företaget att övertala mig. Jag blev således uppmanad att försöka. Resultatet blev att faktagranskarna i lärobokskommittén förkastade praktiskt taget allt jag skrivit. Vederbörandes okunnighet och hämndbegär avslöjades verkligen i deras löjliga motiveringar. Jag krävde då genast att få tillbaka mitt manus och att någon annan granskare skulle vidtalas. Det resulterade i att en mycket jaktkunnig person erbjöd sig att försöka omarbeta mitt manus. Det han kom fram till blev en knäpp på näsan för kritikerna. Visserligen ändrade han en och annan detalj men det må förlåtas honom.

Det var knappast hans fel att vissa foton i den första utgåvan av *Eftersök* blev en fruktansvärd plump i protokollet. Jag hade beskrivit hur eftersöksjägarens ryggsäck bör vara packad vid jakt i norra Sverige där man kan bli tvungen att övernatta när en älg blivit skadeskjuten sent på dagen. Jag påpekade att man måste ha en liten lätt handyxa, ett litet lätt rep, pannlampa osv. När jag fick boken i min hand fann jag en nytagen bild på denna utrustning, visande bland annat en stor yxa med meterlångt skaft och en bogsertross – hur man nu skulle kunna få ner allt detta i en liten ryggsäck. Kapitlet är inte bra. En helt ny och modernare lärobok i ämnet eftersök är idag ett skriande behov!

Vid tiden för viltspårprovens tillkomst hade Lennart Wingstrand – min kompis från året på Öster-Malma – pensionerat sig och slutat med jordbruket på fädernegården vid Hornborgasjön. Han ställde upp som domare vid många viltspårprov och hade vid flera tillfällen dömt en vorsteh som visat sig vara nära nog oslagbar vid den provformen. Ägaren med hund fick komma med i Lennarts jaktlag. Redan första älgjaktsdagens morgon påsköts en kviga som fick en dålig lungträff. Hon travade undan hundra meter, stannade och stod kvar några sekunder. Under tiden proppades sårkanalerna igen av levrat blod. När hon fortsatte lämnade hon inte längre blodspår. Hunden vände gång på gång tillbaka till blodspåret. Skytten hade sett kvigans flyktväg och visste att hon stupat en bit längre fram, men dit ville inte viltspårspecialisten följa med. Den hade sannolikt från början goda anlag, men hade överträtnats på denna för utbildning av eftersökshundar mycket diskutabla form av "viltspår".

Fiskeby Bolag, som Holmens skogar hade långa gränser mot, hade som så många andra köpt bayerska viltspårhundar. Dessa tränade min kollega Sten Andersson omsorgsfullt och fick stora framgångar vid försök att följa dessa märkliga "viltspår". Gång på gång ringde han och bad mig komma med en älghund:

– Vi har skadeskjutit en älg igen.Våra hundar följer bara med så långt det finns blod. Längre än så kommer vi inte.

Ibland kunde jag komma omedelbart.Vid andra tillfällen fick han vänta någon eller några dagar. Ibland kunde jag inte komma alls. Jag kan inte minnas att vi missade någon älg de gånger jag kunde ställa upp.

En gång hade man skjutit av frambenet på en älg. Det var förstklassig spårsnö. Jag hade inte tid. Sten samlade ihop ett antal skyttar som omringade den vidsträckta och täta ungskog där älgen gömt sig. Det var meningslöst att spåra med hundar som inte var roade eftersom blodflödet upphört. Efter tre dagars jakt då han utan hund förföljde älgen som gick runt, runt utan att visa sig för någon, gav passkyttarna upp. Nästa dag kunde jag åka dit med Curr. Jag släppte honom när jag såg att han hade vittring av älgen. Det blev stånd på upptagsplatsen och en kvart senare var älgen skjuten.

De otaliga tillfällen då hjortdjur kolliderat med bilar eller tåg blev en mardröm för mig. Men tack vare att jag hade specialdresserade hundar så ordnade det hela så gott som alltid upp sig. Ibland kunde man på olycksplatsen hitta benbitar och visste då att djuret måste avlivas. Det gällde bara att använda rätt hund. Ibland fanns olycksbilen kvar på krockplatsen. Föraren eller passagerare hade kanske konstaterat att djuret linkat iväg på tre ben, men huden hade hållit. Varken hunden eller jag kunde hitta en droppe blod.

Ibland kunde man av skadorna på bilen gissa sig till hur pass omfattande djurets skador var, men man kunde inte vara säker. Jag minns en liten Fiat med två ovanligt lugna damer. De kunde tala om att den stora tjurens ena sida törnat mot bilen. Rutorna var hela och några plåtskador kunde man inte se. Inte en droppe blod.Tjuren hade travat undan med långa kliv. Min hund följde spåret tills vi hittade legan. Tjuren, som hade en slaktvikt på 255 kilo, låg död nära tre kilometer bort. Mjälten var spräckt och älgen hade förblött utan att lämna en droppe blod i spåret.

En stor råbock hade plötsligt slungats in genom vindrutan.Varken föraren eller hans hustru hade sett bocken innan glasflisorna yrde över dem. Den sparkande bocken hamnade i damens knä. Hon slet upp dörren och bocken rusade iväg med långa språng. Min tax spårade den över tre kilometer. Den gick upp långt innan vi var inom hagelhåll och galopperade undan med långa språng. I legan fanns inte en enda droppe blod.

Det här var några av många, många exempel på eftersök av skadat vilt som inte lämnat blodspår jag skulle kunna räkna upp. Någon gång misslyckades även mina hundar men då hade vi oftast blivit satta på fel spår, eller så klantade jag själv till det hela.

Jag har berättat om de 150 älgar som jag sövde ner och satte märken på. Hur skulle jag kunnat spåra upp dessa älgar om jag inte hade haft annat än viltspårutbildade hundar att tillgå? Älgarna lämnade ju inget blod. Viltspårhundar kom ibland till användning vid viltkollisioner och när jag och mina hundar inte fanns tillgängliga. En av skogvaktarna fick oftast bli vägvisare. Någon gång hände det att en älg blött kraftigt och låg död en bit bort och att spåret följdes av viltspårhunden. Men de flesta eftersöken misslyckades helt. Det inträffade till och med att en sådan hund inte ville lämna bilen eftersom älglukten avskräckte. För att inte tala om de tillfällen då det luktade vildsvin.

För några år sedan medverkade jag vid ett tillfälle i en jakttidning med ett uttalande om eftersök på skadat klövvilt. Jag nämnde att en attackhund ofta var en värdefull tillgång vid sådana eftersök. I en insändare ondgjorde sig då en dam över att jag hittat på termen "attackhund". Den benämningen har enligt hennes utsago aldrig funnits, finns inte och kommer aldrig att finnas. I hennes fantasivärld var en viltspårhund den enda hund man i den situationen kunde lita på.

Hon hade uppenbarligen missat att det var Christer Swedrup som först av alla talade om attackhund. Jag fann inte anledning att kommentera ett så naivt inlägg och var förvånad över att tidningen över huvudtaget tog in insändaren.

Det har under årens lopp kommit allt fler klagomål på att allt för stor procent av de så kallade viltspårhundarna har misslyckats vid eftersök. Man har velat att provreglerna ska ändras. Kritikerna vände sig ofta till Öster-Malma och bad om åtgärder.Vid dessa diskussioner föreslog Mia Lennartsson, som arbetade där med ett projekt, att man skulle samla in åsikter från kunniga eftersöksjägare runt om i landet. Hon uppmuntrades av Britt-Marie Nordquist och fick även stöd från Jimmy Pettersson och hans medhjälpare. Man beslöt att meddela de verksamhetsområden som landet delats uppdelats i, att man avsåg att genomföra ett "svenskt mästerskap" med ett eftersöksekipage från vart och ett av områdena. De tävlande skulle komma att ställas inför många av de olika problem som kan uppstå vid eftersök. Varje ekipage skulle dömas av två domare.

Bäst lyckades två pojkar från Värmland som jobbade tillsammans på ett speciellt sätt. Den ene hade en lugn och spårsäker labrador. Paret tog sig fram tyst, klokt och försiktigt. Diskret släpande ett hagelhåll bakom kom en jämthundsägare med sin hund. Om den skadade älgen gick upp och föraren av labben inte kom till skott, skulle det andra paret ta över. Jämten skulle släppas som attackhund och föraren smyga sig på ståndet. Pojkarna hade insett att ibland kan det vara bra att vara två. Båda hade sådan pli på sina hundar att de inte behövde någon medföljande skytt som ställde till trassel. Attackparet tog över när så behövdes, men störde minst om de höll sig en bit bakom tills det blev deras tur. Ett nytt intressant grepp.

Jag hade turen att tillsammans med Jimmy få döma de unga värmlänningarna och deras hundar. Det var härligt att kunna konstatera att det finns unga, erfarna, lagkunniga pojkar som på sitt eget sätt kan bevisa att talet om vår tids oskicklighet bland unga jägare inte gäller alla. Det finns ungdomar som vet bättre. Det kan tilläggas, att då det gällde att snabbt svara på frågor om vad lagen säger i en viss situation om jägarens rättigheter,var det av rättviseskäl mot de övriga tävlande, labbens förare den som fick svara. För Jimmy Pettersson och mig var det en förmån att få bedöma de värmländska pojkarnas och deras hundars förmåga.

Under de diskussioner som deltagarna och domarna hade på kvällarna, framgick att viltspårproven i sin nuvarande form inte stod högt i kurs. Många kloka påpekanden, inte minst från domarna, gav gott hopp. Här finns mycket att göra. Initiativet från Öster-Malma kommer att bli en betydelsefull milstolpe på vägen fram till målet att få effektiva eftersök på allt skadat vilt. Det behövs även goda råd från erfarna jägare runt om i landet. Målet bör vara att finna bra sätt att träna unga jakthundar. Man måste få dem att intressera sig för att följa måttligt blodade spår, där blodflödet minskar på det sätt som är vanligt hos skadeskjutna eller på annat sätt skadade djur. Hunden måste fortsätta spårningen även då blödningen upphört. Det gäller att få fram spår utan människovittring bredvid.

Varje jägare som i framtiden skaffar sig en jakthund ska känna det som sin plikt att dressera och träna sin hund och sig själv på ett sådant sätt att de vid behov kan klara ett enkelt eftersök och befria ett skadat djur från lidande. Föraren måste också ha lärt sig att inse sin egen och hundens begränsning och avbryta eftersöket om han märker att det behövs en attackhund. Detta gäller såväl vid fågeljakt som vid jakt på hårvilt, hjortdjur och stora rovdjur.

Allt tyder på att man äntligen kommer att inse att nuvarande metoder inte är bra.

Det är fyrtio år sedan jag dömde ut viltspårprovet, nu gäller det att ta nya friska tag. Många frågor pockar på en snar lösning. Hur en prövningsordning för eftersökshundar på vildsvin ska se ut hör till de knepigaste bland de problem som måste lösas.

Hua med septemberoxe vid Stortjärn.

I min bok har jag gång på gång skrivit jägaren som maskulinum. Egentligen borde jag kanske ha skrivit jägaren som hon/han. Men detta skulle ha blivit tjatigt. Ingen får tro att jag inte insett att damer kan vara mycket skickliga jägare och hunddressörer. Därför tar jag nu det bästa till sist i mina memoarer.

Under 50-talet träffade jag ofta Brita Söderberg, Mariebergs kennel, på utställningar och jaktprov. Vi hade långa och givande diskussioner om vad som behövde ändras för att de olika jakthundsrasernas användbarhet skulle förbättras. Bland de kvinnliga jägare jag då kom i kontakt med var hon den skickligaste. Hennes taxar och pointrar, alltid förda av henne själv, toppade ofta jaktprovens resultatlistor. Om hennes hundar ibland blev dömda av oskickliga domare vid utställningar eller jaktprov och inte fick den placering de var värda, tog hon detta med ett stilla leende.

Idag har jagande flickor blivit allt vanligare. Om båda makarna är jägare och barnen får följa med ut i markerna har vi kommit nära mitt ideal. Jag skulle kunna räkna upp många duktiga tjejer som tillhör den kategorin (eller snart är där), men nöjer mig med att nämna värmländskan Britt-Marie Nordquist. Hon kan framhållas som ett föredöme för de flickor som vill lära sig jaga. Det är nu många år sedan Britt-Marie slog mig på fingrarna när jag första gången skrev hur norrlandsjägarnas lilla ryggsäck ska vara packad. Hon sa:

– Du har ju glömt det lilla klena repet som en tjej måste ha när hon ska välta upp en stor älg på rygg som hon skjutit. Du förstår väl att älgen ska vara snyggt urtagen när gubbarna kommer dit.

Så ska det låta! Hon är själv ganska liten men proppfull av energi och humor. Hon hinner med att vara mor men har, mycket tack vare en väl injagad och barnkär man, gjort snabb karriär inom Svenska Jägareförbundet och sitter nu som chef för ett av landets verksamhetsområden. Hon är utställningsdomare och dömer även jaktprov, men är kritisk mot prövningsordningen för älghundar. Viltspårprov har hon slutat att döma.

Fram med tjejer som älskar livet ute i skog och mark och som i sällskap med sin karl och barn tillbringar sin fritid ute i markerna. Det är ni som har möjlighet att få svensk jaktvård på rätt köl igen.

www.ingramcontent.com/pod-product-compliance
Ingram Content Group UK Ltd.
Pitfield, Milton Keynes, MK11 3LW, UK
UKHW021709190726
13853UKWH00001B/469

9 789170 400698